经济预测科学丛书

外汇汇率预测研究
——基于多模态数据驱动综合集成方法论

孙少龙　魏云捷　汪寿阳　著

科学出版社
北京

内 容 简 介

精准预测汇率走势对评估国际贸易的运行有着重要的指导意义和预警意义。本书从多模态数据驱动建模角度出发，通过整合汇率理论模型、计量经济模型、人工智能技术和综合集成方法，聚焦汇率数据特点、汇率数据解构、投资者关注度和外汇新闻情感四个方面的重点和难点问题，形成了四个新的多模态数据驱动汇率预测方法，该综合集成预测方法有效提高了汇率预测精度。本书对预测领域的理论研究和方法体系的完善起到了积极的推动作用。

本书内容逻辑清晰、深入浅出、注重理论与方法创新，既可作为高等院校及科研院所相关专业的研究生、教师及研究人员的参考用书，亦可供政府部门、相关企业决策部门及科技工作者阅读参考。

图书在版编目（CIP）数据

外汇汇率预测研究：基于多模态数据驱动综合集成方法论 / 孙少龙，魏云捷，汪寿阳著. —北京：科学出版社，2023.1

（经济预测科学丛书）

ISBN 978-7-03-073239-2

Ⅰ. ①外… Ⅱ. ①孙… ②魏… ③汪… Ⅲ. ①汇率－经济预测－研究 Ⅳ. ①F820.2

中国版本图书馆 CIP 数据核字(2022)第 176912 号

责任编辑：徐　倩/责任校对：王萌萌

责任印制：张　伟/封面设计：无极书装

科学出版社 出版

北京东黄城根北街 16 号

邮政编码：100717

http://www.sciencep.com

北京盛通商印快线网络科技有限公司印刷

科学出版社发行　各地新华书店经销

*

2023 年 1 月第　一　版　开本：720×1000　1/16

2023 年 9 月第二次印刷　印张：11 1/2

字数：240 000

定价：118.00 元

（如有印装质量问题，我社负责调换）

丛书编委会

总　序

中国科学院预测科学研究中心（以下简称中科院预测中心）是在全国人民代表大会常务委员会原副委员长、中国科学院原院长路甬祥院士和中国科学院院长白春礼院士的直接推动和指导下成立的，由中国科学院数学与系统科学研究院、中国科学院地理科学与资源研究所、中国科学院科技政策与管理科学研究所、中国科学院遥感应用研究所、中国科学院大学和中国科技大学等科研与教育机构中从事预测科学研究的优势力量组合而成，依托单位为中国科学院数学与系统科学研究院。

中科院预测中心的宗旨是以中国经济与社会发展中的重要预测问题为主要研究对象，为中央和政府管理部门进行重大决策提供科学的参考依据和政策建议，同时在解决这些重要的预测问题中发展出新的预测理论、方法和技术，推动预测科学的发展。其发展目标是成为政府在经济与社会发展方面的一个重要咨询中心，成为一个在社会与经济预测预警研究领域中有重要国际影响的研究中心，成为为我国和国际社会培养经济预测高级人才的主要基地之一。

自 2006 年 2 月正式挂牌成立以来，中科院预测中心在路甬祥副委员长和中国科学院白春礼院长等领导的亲切关怀下，在政府相关部门的大力支持下，在以全国人民代表大会常务委员会原副委员长、著名管理学家成思危教授为前主席和汪同三学部委员为现主席的学术委员会的直接指导下，四个预测研究部门团结合作，勇攀高峰，与时俱进，开拓创新。中科院预测中心以重大科研任务攻关为契机，充分发挥相关分支学科的整体优势，不断提升科研水平和能力，不断拓宽研究领域，开辟研究方向，不仅在预测科学、经济分析与政策科学等领域取得了一批有重大影响的理论研究成果，而且在支持中央和政府高层决策方面做出了突出贡献，得到了国家领导人、政府决策部门、国际学术界和经济金融界的重视与高度好评。例如，在全国粮食产量预测研究中，中科院预测中心提出了新的以投入占用产出技术为核心的系统综合因素预测法，预测提前期为半年以上，预测各年度的粮食丰、平、歉方向全部正确，预测误差远低于西方发达国家；又如，在外汇汇率预测和国际大宗商品价格波动预测中，中科院预测中心创立了 TEI@I 方法论并成功地解决了多个国际预测难题，在外汇汇率短期预测和国际原油价格波动等预测中处于国际领先水平；再如，在美中贸易逆差估计中，中科院预测中心提出了计算国际贸易差额的新方法，从理论上证明了出口总值等于完全国内增加值和完全进口值之和，提出应当以出口增加值来衡量和计算一个国家的出口规模和两个国家之间的贸易差额，发展出一个新的研究方向。这些工作不仅为中央和政府高层科学决策提供了重要的科学依据和政策建议，所提出的新理论、新方法和新技术也为中国、欧洲、美国、日本、东南亚和中东等国家和地区的许多研究机构所广泛关注、学习和采用，产生了广泛的社会影响，并且许多预测报告的重要观点和主要结论为众多国内外媒体大量报道。最近几年来，中科院预测中心获得了 1 项国家科技进步奖、6 项省部级科技奖一等奖、8 项重要国际奖励，以及张培刚发展经济学奖和孙冶方经济科学奖等。

中科院预测中心杰出人才聚集，仅国家杰出青年基金获得者就有 18 位。到目前为止，中心学术委员会副主任陈锡康教授、中心副主任黄季焜教授、中心主任汪寿阳教授、中心学术委员会成员胡鞍钢教授、石勇教授、张林秀教授和杨晓光教授，先后获得了有“中国管理学诺贝尔奖”之称的“复旦管理学杰出贡献奖”。中科院预测中心特别重视优秀拔尖人才的培养，已经有 2 名研究生的博士学位论文被评为“全国优秀博士学位论文”，4 名研究生的博士学位论文获得了“全国优秀博士学位论文提名奖”，8 名研究生的博士学位论文被评为“中国科学院优秀博士学位论文”，3 名研究生的博士学位论文被评为“北京市优秀博士学位论文”。

为了进一步扩大研究成果的社会影响和推动预测理论、方法和技术在中国的研究与应用，中科院预测中心在科学出版社的支持下推出这套“经济预测科学丛书”。这套丛书不仅注重预测理论、方法和技术的创新，而且也关注在预测应用方面的流程、经验与效果。此外，丛书的作者们将尽可能把自己在预测科学研究领域中的最新研究成果和国际研究动态写得通俗易懂，使更多的读者和其所在机构能运用所介绍的理论、方法和技术去解决他们在实际工作中遇到的预测难题。

在这套丛书的策划和出版过程中，中国科技出版传媒股份有限公司董事长林鹏先生、副总经理陈亮先生和科学出版社经管分社社长马跃先生提出了许多建议，做出了许多努力，在此向他们表示衷心的感谢！我们要特别感谢路甬祥院士，以及中国科学院院长白春礼院士、副院长丁仲礼院士、副院长张亚平院士、副院长李树深院士、秘书长邓麦村教授等领导长期对预测中心的关心、鼓励、指导和支持！没有中国科学院领导们的特别支持，中科院预测中心不可能取得如此大的成就和如此快的发展。感谢依托单位——中国科学院数学与系统科学研究院，特别感谢原院长郭雷院士和院长席南华院士的长期支持与大力帮助！没有依托单位的支持和帮助，难以想象中科院预测中心能取得什么发展。特别感谢学术委员会前主席成思危教授和现主席汪同三学部委员的精心指导和长期帮助！中科院预测中心的许多成就都是在他们的直接指导下取得的。还要感谢给予中科院预测中心长期支持、指导和帮助的一大批相关领域的著名学者，包括中国科学院数学与系统科学研究院的杨乐院士、万哲先院士、丁夏畦院士、林群院士、陈翰馥院士、崔俊芝院士、马志明院士、陆汝钤院士、严加安院士、刘源张院士、李邦河院士和顾基发院士，中国科学院遥感应用研究所的李小文院士，中国科学院科技政策与管理科学研究所的牛文元院士和徐伟宣教授，上海交通大学的张杰院士，国家自然科学基金委员会管理科学部的李一军教授、高自友教授和杨列勋教授，西安交通大学的汪应洛院士，大连理工大学的王众托院士，中国社会科学院数量经济与技术经济研究所的李京文院士，国务院发展研究中心李善同教授，香港中文大学刘遵义院士，香港城市大学郭位院士和黎建强教授，航天总公司 710 所的于景元教授，北京航空航天大学任若恩教授和黄海军教授，清华大学胡鞍钢教授和李子奈教授，以及美国普林斯顿大学邹至庄教授和美国康奈尔大学洪永淼教授等。

许国志院士在去世前的许多努力为今天中科院预测中心的发展奠定了良好的基础，而十余年前仙逝的钱学森院士也对中科院预测中心的工作给予了不少鼓励和指导，这套丛书的出版也可作为中科院预测中心对他们的纪念！

汪寿阳

2018 年夏

序 言 一

外汇汇率预测对评估国家贸易运行、个体经济的繁荣程度都具有非常重要的指导意义，急需理论上的突破和分析技术上的创新。随着我国经济快速发展，人民币国际化程度不断加深，人民币在国际上的影响力与日俱增，人民币结算规模逐步增大。这些现象，一方面表明人民币在国际贸易中获得认可的程度不断加深；另一方面预示着基于人民币结算的汇率波动将引起国际社会的持续关注。因此，汇率的预测工作在有效规避外汇汇率市场风险防范中发挥着重要的作用。如何拓展预测理论和如何提高预测方法的准确性具有重要的理论和现实意义。

外汇市场是一个典型的复杂系统，外汇数据更是表现出典型的非线性、非平稳性、高频波动性等特征。提高外汇预测的精准度，不仅需要有效捕捉外汇市场数据潜在的市场信息，而且需要科学地评估突发事件等扰动因素给外汇市场带来的影响。因此，外汇预测工作是一项非常艰难的研究任务。

庆幸的是，我国学者长期致力于预测理论和预测方法体系的研究，积累了丰富的研究经验和研究成果，能够在相关的预测研究工作中处于国际领先梯队行列，也让我们看到了我国学者的治学精神。汪寿阳教授牵头的研究团队是国内较早研究预测理论、完善预测方法体系的研究小组之一，他们围绕预测工作在社会、经济中的重要地位和关键影响，形成了一系列的重要成果，特别是 TEI@I 等综合集成方法理论体系的提出与完善，为解决我国众多经济社会问题提供了决策指导，其团队研究成果更是多次获得国家层面的应用。相信该书也将给读者带来全新的研究视角和研究体验。

该书基于外汇市场数据非线性、随机性、高波动性等独特性，从聚类视角下的非线性集成学习方法切入，提出分解–聚类–集成学习的汇率预测方法、基于聚类的非线性集成学习汇率预测方法等。该书所提出的预测方法在汇率的短期、中期和长期趋势预测中均表现出较好的预测性能，从而验证了聚类思想在集成学习方法中的优越性。

同时，该书对深度学习预测方法体系中的集成方式和集成效果做了充分探讨，提出了一套集成深度学习的预测框架。该书中的预测框架在解答投资者情绪的影响机制等方面，具有较为独到的思考，最终的预测效果更加证实了该书预测框架的科学性与实用性。

我相信这部专著的出版一定能为预测领域的理论研究和方法体系的完善起到积极的推动作用。我也期待汪寿阳教授团队与国内外同行一道在新经济阶段，特别是数字化社会治理阶段，提出中国学派的预测理论与方法，解国内之难题、树国际之标杆！

汪应洛

中国工程院院士

西安交通大学管理学院名誉院长、教授

2022年8月

序　言　二

近年来在国际贸易保护主义迅速抬头和新冠疫情的冲击下，全球经济增速有所放缓，外部风险不确定性进一步加剧，人民币汇率双向波动幅度进一步增大。在世界经济波动加剧，各种突发事件频发和经济运行不确定性增大的多重背景下，如何系统、科学地分析和预测汇率的走势对社会经济发展与安全运行、政策制定以及企业的投融资决策等都具有重要意义。孙少龙研究员、魏云捷副研究员和汪寿阳研究员撰写的这部专著提出了一个新的适用于复杂动态市场价格分析与预测的多模态数据驱动综合集成方法论，具有重要理论贡献与现实指导意义。

在预测理论与方法上，该书分别从聚类的非线性集成学习、分解–聚类–集成学习、基于投资者关注度的集成深度学习以及基于在线外汇新闻情感挖掘四个角度，构建了四种多模态数据驱动汇率预测模型，进而提出一个新的适用于复杂动态市场价格分析与预测的综合集成方法框架，为汇率预测理论的研究与应用提供崭新的视角。

基于行为金融学角度，该书将互联网搜索数据与外汇市场技术分析指标作为变量，充分利用深度学习、特征工程技术和集成学习方法的优势，提出了基于集成深度学习的预测框架，并构建了一个集成 Bagging 集成学习、栈式自编码器和长短期记忆网络的基于 B-SALS 的集成深度学习的外汇汇率趋势预测方法，创新性地将投资者关注度的代理变量纳入汇率预测研究中，该方法在短期、中期和长期趋势预测中展现出优异的预测效果。

基于自然语言处理和深度学习技术，该书构建了一个基于在线外汇新闻情感挖掘的汇率预测方法，利用互信息理论首次构建了外汇领域的情感词典，进而计算出外汇新闻的情感极性，验证了外汇新闻情感极性与美元兑人民币汇率之间的格兰杰因果关系及长期协整关系。该书首次将外汇新闻情感极性以及其他金融数据引入深度学习技术中，为后续研究提供了参考与借鉴。

在大数据背景下，海量数据建模和分析方法与传统计量经济学有所不同，迫切需要采用全新的思路与方法开展研究。该书将互联网大数据、在线外汇新闻海量评论信息以及深度学习技术等进行深度融合，试图解决大数据经济学算法与建模问题，为高维大数据计量经济学分析与建模指明方向，拓宽传统计量经济学的研究范式。

该书是一部基于大数据分析和建模的汇率预测研究专著，海量的大数据处理与分析以及深度学习等技术应用为汇率及其相关经济问题方面的研究提供了新的研究思路与参考。该书的出版不仅能促进汇率经济学的研究与发展，也能为经济分析与预测领域的研究及其发展产生积极影响。

汪同三

中国社会科学院学部委员

2022 年 8 月

序 言 三

随着经济全球化趋势的逐渐加强，不论是国家、企业或是个人，都与外汇汇率有着非常紧密的联系。在数字经济时代，新的数据获取、存储、处理、分析等技术的发展，使得外汇市场的“大数据”形态和特征逐渐显现，这为有效分析外汇市场的经济机理和精准预测外汇的变化趋势提供了丰富的数据基础，也对绝大多数模型的结构、估计方法及计算稳定性、适应性等方面带来了新的挑战。

计量经济建模主要用于刻画真实经济系统的数量特征，识别经济变量之间的因果关系，揭示经济系统的运行规律。计量经济建模在管理学和经济学领域发挥着举足轻重的作用，为这些学科的数据挖掘和量化分析提供了基本的方法论和分析工具。其中，预测理论与方法是该领域非常重要的研究议题和核心内容。精准的预测结果对于管理者提前制定应对策略具有关键的指导作用。该书就外汇汇率的预测模型展开研究，不仅丰富了现有预测方法的理论体系，也为汇率预测问题的实际解决提供了重要参考。

首先，该书聚焦于大数据时代背景下汇率时间序列的建模预测问题，选题具有前沿性和针对性。从现有的研究来看，尽管针对汇率时间序列的预测模型已有很多，但多为单一的、传统的时间序列预测模型。在面对的数据信息量较大时，这类模型面临结构普适性、估计高效性、结果鲁棒性以及预测精度稳定性等方面的挑战。该书从多模态数据驱动建模的视角出发，通过集成汇率理论模型、计量经济模型、人工智能技术和综合集成方法，聚焦汇率数据特征分析、汇率数据解构、投资者关注度和外汇新闻情感挖掘这四个方面的重点、难点问题，形成了四个新颖的多模态数据驱动汇率预测方法，有效地提高了汇率预测精度。

其次，该书涉及经济学、管理学、金融学、计算机科学、运筹学等诸多学科，并推动各学科深度交叉融合。该书提出的多模态数据驱动综合集成方法将前沿算法和计算工具应用于复杂汇率数据，特别是文本数据，创新性地将投资者的情绪、情感、价值判断等信息综合集成到汇率的预测和交易中，将原来只能进行定性分析的问题转变为严谨的定量分析。这跨学科的交叉研究工作也将启发和深化各学科在多模态数据环境下的新视角和新思维。

最后，该书以综合集成思想为核心，提出了一个创新性的适用于复杂动态汇率价格分析与预测的多模态数据驱动综合集成方法论，完善和改进了集成预测的理论体系，从而为实际预测问题的应用提供充分的理论依据和方法支持。该书提出的方法论综合利用刻画复杂动态市场价格各模态之间的信息，挖掘它们之间潜在的内在联系，提高复杂动态市场价格建模分析能力，对于政府的政策制定机构、企业的投融资决策部门以及广大的投资者都具有重大的理论和现实意义。

相信该书的出版，对致力于预测理论与方法研究工作的学者以及预测实际工作者而言，将具有重要的参考和借鉴意义！

发展中国家科学院院士、世界计量经济学会会士

中国科学院大学经济与管理学院院长

2022年9月

前　言

近年来，随着人民币国际化进程的稳步推进，人民币在全球货币市场中的地位逐步上升。2016 年，国际货币基金组织（International Monetary Fund，IMF）将人民币纳入特别提款权（special drawing right，SDR）货币篮子，人民币已发展成为全球第三大贸易融资货币。环球银行金融电信协会（Society for Worldwide Interbank Financial Telecomm，SWIFT）公布的数据显示，截至 2018 年 7 月，人民币在国际支付货币活跃度排名中位列第五，占比达到 2.04%。自 2015 年 8 月 11 日人民币市场化改革与 2017 年 5 月引入逆周期调节因子以来，人民币汇率制度改革不断完善，人民币汇率双向波动弹性明显增强，因此，如何精准地预测外汇汇率走势，进而有效地规避外汇汇率风险是我国在新时代面临的重要难题之一。然而，外汇市场是一个典型的复杂系统，汇率数据更具有非线性、非平稳性、高波动性、不规则性和突现性等特征，其影响因素错综复杂。因此，构建科学有效的预测模型，提高汇率预测的准确性，具有重大的理论与现实指导意义。

本书从理论上提出了一个新的适用于复杂动态市场价格分析与预测的多模态数据驱动综合集成方法论。本书首先基于多模态数据驱动建模的角度，结合外汇市场的具体情况，从汇率数据特点、汇率数据解构、投资者关注度和外汇新闻情感四个方面，分别提出了四个新的多模态数据驱动汇率预测方法：基于聚类的非线性集成学习（ensemble learning）的汇率预测方法、基于分解-聚类-集成学习的汇率预测方法、基于投资者关注度的集成深度学习汇率预测方法和基于在线外汇新闻情感挖掘的汇率预测方法。其次，基于上述四个多模态数据驱动汇率预测方法，利用集成极限学习机（ensemble extreme learning machine，EELM）综合集成技术，构建了一个基于 EELM 的多模态数据驱动综合集成汇率预测方法。该方法不仅可以有效提高汇率预测精度，还可以为政策制定者、企业的投融资决策部门及广大投资者提供科学的决策依据。本书的主要创新点与研究特色包括以下五个方面。

（1）基于聚类的非线性集成学习的汇率预测方法。基于聚类思想将集成学习方法中的固定加权综合集成拓展到了基于数据特征的时变加权综合集成上，本书提出基于聚类的非线性集成学习方法（clustering-based nonlinear ensemble learning），从而有效解决了集成学习方法中单模型的权重估计问题，并在该方法的总体框架下，使用自回归综合移动平均（autoregressive integrated moving average，ARIMA）模型、多层感知器（multi-layer perceptron，MLP）神经网络、核极限学习机（kernel based extreme learning machine，KELM）与自组织映射神经网络（self-organizing map，SOM），构造了一个基于 SOM-KELM 的非线性集成学习汇率预测方法，并在汇率的短期、中期和长期趋势预测中均表现出较好的预测性能，从而验证了聚类思想在集成学习方法中的优越性。

（2）基于分解–聚类–集成学习的汇率预测方法。本书在分解–集成（decomposition-ensemble）学习方法的基础上，提出了分解–聚类–集成学习方法的总体框架，该方法利用聚类策略将分解–集成学习方法中的固定权值综合集成扩展到基于局部数据特征加权的综合集成，从而有效地弥补了分解–集成方法中固定权值综合集成的不足，且在分解–聚类–集成学习方法的总体框架下，使用集成经验模态分解（ensemble empirical mode decomposition，EEMD）、最小二乘支持向量回归（least squares support vector machine for regression，LSSVR）和 K 均值聚类方法构建了一个基于 EEMD-LSSVR-K 的分解–聚类–集成学习的汇率预测方法，并将该方法应用于外汇汇率预测中，实证结果表明，该方法可以显著提高外汇汇率水平预测和方向预测的准确度，从而证实了聚类策略在分解–集成学习方法中的重要性。

（3）基于投资者关注度的集成深度学习汇率预测方法。从行为金融学角度出发，本书将汇率相关的互联网搜索数据和外汇市场技术分析指标作为投资者关注度的代理变量，探究投资者关注度数据对于外汇汇率趋势的可预测性，且充分利用深度学习、特征工程技术和集成学习方法的优势，提出基于集成深度学习的预测框架，并通过此框架构建了一个融合 Bagging 集成学习、栈式自编码器（stacked autoencoder，SAE）和长短期记忆网络（long short-term memory networks，LSTM）的基于 B-SALS 的集成深度学习的外汇汇率趋势预测方法，创新性地将投资者关注度的代理变量纳入所提出的方法中，该方法在美元兑人民币汇率的短期、中期和长期趋势预测中均取得了很好的效果。

（4）基于在线外汇新闻情感挖掘的汇率预测方法。基于行为金融学理论，在自然语言处理（natural language processing，NLP）技术和深度学习方法的基础上，构建了一个基于在线外汇新闻情感挖掘的汇率预测方法。在这个方法中，使用互信息理论构建了国际上第一个外汇领域的情感词典，在所构建的外汇情感词典基础上结合本书构造的基础词典计算出外汇新闻的情感极性，研究表明外汇新闻情感极性和美元兑人民币汇率之间存在格兰杰因果关系和长期的协整关系，本书首次将外汇新闻情感极性和其他金融数据纳入深度学习方法中，该方法在美元兑人民币汇率的短期、中期和长期波动预测中效果显著。

（5）基于 EELM 的多模态数据驱动综合集成（multi-modal data-driven meta-synthetic）汇率预测方法。本书提出了一个新的适用于复杂动态市场价格分析与预测的多模态数据驱动综合集成方法论，在该方法论框架指导下，基于外汇市场的具体特征，使用 EELM 将基于聚类的非线性集成学习的汇率预测方法、基于分解–聚类–集成学习的汇率预测方法、基于投资者关注度的集成深度学习汇率预测方法和基于在线外汇新闻情感挖掘的汇率预测方法进行非线性综合集成，构建了一个基于 EELM 的多模态数据驱动综合集成汇率预测方法，并将该方法应用于美元兑人民币汇率的预测与交易中，研究结果表明，该方法取得了较高的预测精度与年化回报率。

虽然本书在基于多模态数据驱动综合集成方法论的汇率预测研究中做了一些工作，取得了一定的阶段性成果，但仍然存在局限性，在未来的研究中应该进一步地扩充与完善。总的来说包括以下三个方面：①目前主流的情感分析方法主要包括基于机器学习的和基于情感词典的两种，本书主要研究的是基于情感词典的外汇新闻情感分析，以后也可以尝试使用深度学习方法，如 CNN，来挖掘外汇新闻的情感极性，并与本书的结果进行对比；②本书涉及的非结构化数据有互联网搜索数据和外汇新闻文本数据，为了使多模态数据驱动综合集成方法论能够利用更多的数据信息，未来还应该发掘更多更具价值的新兴数据源，如外汇评论数据、社交媒体数据、微博数据等；③在多模态数据驱动综合集成方法论框架下，开发和构建更多的具体模型与技术来探索复杂动态市场的价格波动机理，并使用这些模型与技术对具体的研究对象进行建模分析，进而为多模态数据驱动综合集成方法论的进一步的完善与扩充提供可靠的支撑。

在本书的研究和写作中，我们得到了许多同行与朋友的鼓励、支持与帮助，他们包括中国科学院数学与系统科学研究院的陈锡康研究员、杨晓光研究员、杨翠红研究员、王珏研究员、张新雨研究员，中国科学院大学经济与管理学院的董纪昌教授、李建平教授、乔晗教授，香港城市大学 Kwok Leung TSUI 教授，西安交通大学郭菊娥教授、冯耕中教授，北京化工大学余乐安教授，北京航空航天大学汤铃教授等。本书的研究工作得到了国家自然科学基金青年科学基金项目（72101197，71801213），国家自然科学基金面上项目（72171223）和国家自然科学基金基础科学中心项目（71988101）的资助。

书中难免存在着不足之处，恳请专家和广大读者批评指正。

孙少龙 于西安交通大学管理学院
魏云捷 于中国科学院数学与系统科学研究院
汪寿阳 于中国科学院数学与系统科学研究院
2022 年 4 月

目　录

1 绪　　论

随着我国金融市场开放程度的不断提升和人民币国际化进程的稳步推进，外汇汇率的双向波动弹性显著增强，人民币的国际使用率不断提高。准确地预测外汇汇率走势，有利于提高政策制定的科学性，有利于企业决策，特别是有利于跨国企业汇率风险对冲，也有利于个人的投资决策。1.1 节论述外汇汇率预测的背景与意义；1.2 节概括本书的研究内容与研究框架；1.3 节归纳本书的主要创新点与研究特色。

1.1 研究背景与意义

1.1.1 研究背景

随着全球经济一体化趋势的逐渐加强，国与国之间的经济贸易往来不断扩大，外汇汇率作为两种货币的相对价格，在维系两国或者多国经济贸易往来方面，起到非常重要的桥梁和枢纽作用（Mueller et al.，2017）。不论是国家或者多国联盟经济体，或是企业与个人，都与外汇汇率有着非常紧密的联系。对于一个国家来说，外汇汇率的变动不仅影响该国的资本流动、对外贸易和外汇储备等，还会影响到该国的商品进出口、国内就业、物价水平及居民的收入等（Goodman，1979；Engel，2016；丁志杰等，2018）。对于企业与个人来说，外汇汇率的小幅波动都可能会造成巨大的损失（Mitra et al.，2015）。因此，外汇汇率一直以来都是国际金融研究领域的一个重要课题和难题。自 20 世纪 70 年代布雷顿森林体系宣告崩溃，牙买加货币体系建立以来，浮动汇率制度成为世界上最主要的汇率制度。在浮动汇率制度下，外汇汇率波动日益加剧，这就使得各种投机者进行频繁的、巨额的投机活动而牟取暴利，这又进一步促使了外汇汇率的剧烈波动，导致国际投资与贸易风险剧增。因此，外汇汇率波动风险现已成为国际金融市场中重要的风险之一

（Basher et al.，2016；Inoue et al.，2017；黄乃静和汪寿阳，2018；万蕤叶和陆静，2018）。数据显示，自 2008 年美国金融危机爆发以来，大多数国家的汇率波动幅度明显加剧，全球外汇市场的风险增大。例如，2000 年 1 月至 2007 年 12 月，美元兑日元的方差为 49.16，而 2008 年 1 月至 2017 年 12 月，美元兑日元的方差为 187.51，是 2000~2007 年的 3.81 倍[①]。

随着我国经济社会的快速发展，人民币汇率制度逐步完善。我国实行以市场供求为基础，参考一篮子货币进行调节，有管理的浮动汇率制度。且 2014 年以来，人民币对美元结束了单边升值态势，进入双向波动区间，人民币汇率波动性呈现出明显增强的趋势。2007 年，中国首次超过美国成为全球最大的货物出口国之后，又在 2013 年首次超过美国成为全球最大的货物贸易国，当年中国的货物贸易进出口总额为 4.16 万亿美元，占到全球货物进出口总额的 10.96%[①]。2015年 11 月 30日，IMF 宣布将人民币纳入 SDR 货币篮子，从 2016 年 10 月 1 日正式生效，成为可以自由使用的货币。2018 年人民币跨境使用超过了 10 万亿元，超过了 2017 年全年水平，在整个跨境使用中，人民币占比已超过 31%[①]。SWIFT 的数据显示，截至 2018 年 7 月，人民币在国际支付中占比 2.04%，在国际支付货币中排名第 5 位。

目前，人民币在投资结算与跨境贸易中的规模逐步增大，越来越多的国家和地区认可并接受人民币，人民币的国际使用率显著提高，同时人民币汇率波动日益频繁且幅度日益加剧。作为全球外汇储备第一的国家，如何精准地预测外汇汇率波动，进而有效地规避外汇汇率风险是我国在新时代面临的重要难题之一。

1.1.2 研究意义

外汇市场是一个典型的复杂动态系统，数据具有非线性、非平稳性、高波动性、突现性和不规则性等特征，其受到内外多种因素的共同作用。当前国际经济形势错综复杂，地缘政治冲突不断，导致外汇汇率的波动日益频繁，这就给理论研究与实证分析带来了新的挑战。

从外汇汇率数据本身来看，可以将其波动分解为不同因素（如投资者预期、突发事件、市场因素等）共同作用的结果，进而分别分析和预测这些不同因素对外汇汇率波动的具体影响。随着全球经济一体化和数字经济时代的到来，黑天鹅事件、灰犀牛事件等突发事件频发，不同类型的突发事件（如货币政策、汇率政策等）对外汇汇率波动造成的冲击程度及影响周期是不同的。为了准确预测外汇汇率的趋势，就必须基于外汇汇率数据自身波动的特征，进一步剖析不同类型的影响因素对外汇汇率的冲击，从而有利于准确把握外汇汇率运行机制特点及原理。

① 资料来源：Wind 数据库（http://www.wind.com.cn/）。

因此，本书从多模态数据驱动建模角度来研究不同类型的影响因素对外汇汇率波动的影响，最后构建了一个多模态数据驱动综合集成外汇汇率预测方法，该方法对于精确地分析和预测外汇汇率趋势，具有非常重要的理论意义（Ban et al.，2016；Athanasopoulos and Hyndman，2011）。

本书从理论上提出了一个新的适用于复杂动态市场价格分析与预测的多模态数据驱动综合集成方法论。在该方法论的框架指导下，基于外汇市场的具体情况，首先，本书从多模态数据驱动建模角度出发，从汇率数据特点、汇率数据解构、投资者关注度和外汇新闻情感四个方面，提出了四个新的多模态数据驱动汇率预测方法：基于聚类的非线性集成学习的汇率预测方法、基于分解-聚类-集成学习的汇率预测方法、基于投资者关注度的集成深度学习汇率预测方法和基于在线外汇新闻情感挖掘的汇率预测方法。其次，在这四个新的汇率预测方法的基础上，利用 EELM 综合集成技术，构建了一个基于 EELM 的多模态数据驱动综合集成汇率预测方法，所提出的预测方法，有效提高了汇率预测精度，可以为国家的宏观决策机构、企业的投融资决策部门及广大的投资者提供科学的决策依据。

因此，如何科学有效地分析与预测外汇汇率变化，对于国家的政策制定机构、企业的投融资决策部门及广大的投资者都具有重大的理论和现实意义。

（1）外汇汇率预测对国家的意义。外汇汇率是一个国家非常重要的经济变量之一，外汇汇率的剧烈波动会对国家的社会经济产生不利的影响（Wang et al.，2016）。准确预测外汇汇率走势，有助于为汇率政策、利率政策等相关货币政策的制定与调整提供科学的依据；有助于引导国家对外投融资活动，如在投融资活动中规避外汇汇率波动造成的风险。

（2）外汇汇率预测对涉外企业的意义。随着国际贸易经济一体化的快速发展，如今越来越多的企业将市场拓展到国际范围内，这无疑提高了对企业投融资能力的要求。外汇汇率的波动可能会对企业的产品价格、成本及利润都产生很大的影响（Ghandar et al.，2016），如何选择合适的货币种类进行交易和国际结算是涉外企业经营面临的重要难题之一。因此，准确地分析与预测外汇汇率波动，有助于企业采取正确的措施，来对冲外汇汇率波动所带来的风险，从而避免企业遭受巨大的经济损失；有助于企业做出正确的投融资决策，赚取更多的利润。

（3）外汇汇率预测对商业银行的意义。在浮动汇率制度下，外汇汇率波动日益频繁且幅度很大，导致商业银行的资产负债结构发生变化，外汇相关的业务也会受到汇率波动的影响（Yang et al.，2017）。所以合理准确地分析与预测外汇汇率趋势，可以帮助商业银行利用衍生工具合理地规避汇率波动产生的风险，也可以提高商业银行自身的外汇汇率风险管理能力，提高其对外汇汇率波动的应变能力。

（4）外汇汇率预测对于个人的意义。如今，外汇汇率的变化已经与每个人的生活息息相关（Caraiani，2017）。个人的投资组合、出国旅游、海购、留学成本都会受到外汇汇率波动的影响。

总而言之，外汇汇率预测研究，不仅对个人生活、银行和企业的风险管理具有重要的影响，而且外汇汇率的波动也会影响一个国家宏观经济变量，如消费者物价水平、国际收支、国内就业、国内生产总值、经济增长水平等。显然，外汇汇率作为重要的经济指标，对一个国家宏观经济运行和微观经济活动都具有非常重要的调节作用。因此，外汇汇率预测研究具有广泛的社会经济效益，对于国民经济的正常运行有着非常重要的意义。

1.2 研究内容与研究框架

本书的主要研究内容与研究框架结构安排如下。

第 1 章：绪论。该章主要介绍外汇汇率预测研究的背景与意义，并在此基础上介绍本书的研究内容与研究框架，以及本书的主要创新点与研究特色。

第 2 章：国内外研究现状。对目前国内外学者的相关研究从三方面进行了总结与评述：首先，对汇率预测研究的现状、影响汇率波动的主要因素及汇率预测研究方法做了一个比较全面的总结与评述；其次，对现有基于互联网搜索数据的预测研究论文进行了总结；最后，对基于情感分析的金融预测研究的相关文献进行了梳理归纳。

基于外汇市场的具体特征，本书从多模态数据驱动建模角度出发，从汇率数据特点、汇率数据解构、投资者关注度和外汇新闻情感四个方面，在第 3~6 章分别提出了四个新的多模态数据驱动汇率预测方法：基于聚类的非线性集成学习的汇率预测方法、基于分解–聚类–集成学习的汇率预测方法、基于投资者关注度的集成深度学习汇率预测方法和基于在线外汇新闻情感挖掘的汇率预测方法。

第 3 章：基于聚类的非线性集成学习的汇率预测方法。该章在非线性集成学习方法基础上使用不同的预测方法，构建了一个基于 SOM-KELM 的非线性集成学习的汇率预测模型，四个主要的外汇汇率预测的结果表明所提出的基于 SOM-KELM 的非线性集成学习汇率预测方法在水平预测性能和方向预测中都取得了很好的预测效果。

第 4 章：基于分解–聚类–集成学习的汇率预测方法。该章主要介绍了分解–聚类–集成学习方法的总体框架，并基于该框架构建了一个 EEMD-LSSVR-K 的分解–聚类–集成学习的汇率预测方法，并将该方法应用在四个主要的外汇汇率预测中，预测结果表明基于分解–聚类–集成学习的汇率预测方法的预测精度显著地优于分解–集成方法和传统的单模型的预测精度。

第 5 章：投资者关注度与汇率预测——基于集成深度学习方法。本章主要从行为金融学理论出发，采用互联网搜索数据和外汇市场技术分析指标作为投资者关注度的代理变量，探究了投资者关注度是否可以用来预测外汇汇率的趋势。具体的，本章利用深度学习、特征工程技术和集成学习方法的优势，提出了一种基于集成深度学习的预测框架，并通过此框架构建了一个融合 Bagging 集成学习、SAE 和 LSTM 的基于 B-SALS 的集成深度学习的汇率预测方法。该章所提出的 B-SALS 集成深度学习在美元兑人民币汇率的趋势预测取得了很好的预测能力。

第 6 章：基于在线外汇新闻情感挖掘的汇率预测方法。本章结合自然语言处理技术和深度学习方法的优势，构建了一个基于在线外汇新闻情感挖掘的汇率预测方法。该方法首先，提出了一种快速构造面向外汇市场情感词典方法，并利用该方法扩充外汇情感词典，在扩展的外汇情感词典基础上计算外汇新闻情感极性分数；其次，对新闻情感极性分数和美元兑人民币汇率数据之间的格兰杰因果关系与协整关系进行计算；最后，使用新闻情感极性分数和其他金融数据为预测数据，采用 LSTM 对美元兑人民币汇率的走势进行预测。

第 7 章：基于多模态数据驱动综合集成方法论的汇率预测方法。本章针对复杂动态市场价格分析与预测的问题提出了一个多模态数据驱动综合集成方法论，该方法论包括多模态数据提取模块、多模态数据驱动建模模块和综合集成模块。在该方法论框架指导下，基于外汇市场基本情况，使用 EELM，将基于聚类的非线性集成学习的汇率预测方法、基于分解–聚类–集成学习的汇率预测方法、基于投资者关注度的集成深度学习汇率预测方法和基于在线外汇新闻情感挖掘的汇率预测方法进行非线性综合集成，构建了一个基于 EELM 的多模态数据驱动综合集成汇率预测方法，该方法在美元兑人民币汇率的预测与交易中，得到了较高的预测精度与年化回报率。

为了便于从总体上了解本书的写作思路与结构，图 1.1 给出了本书写作的具体框架结构。

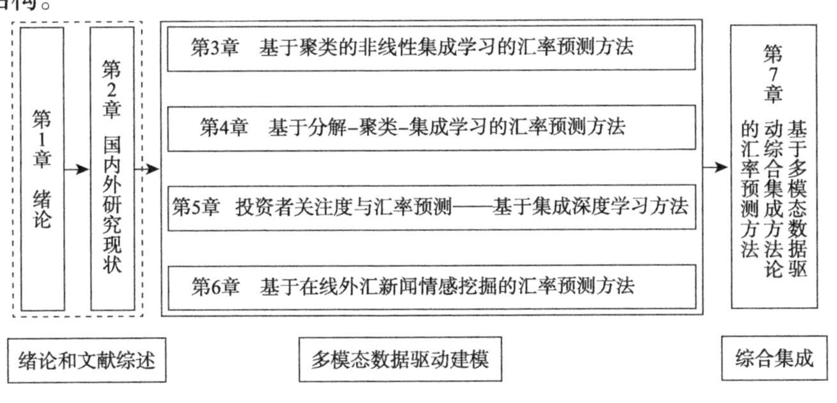

图 1.1　本书结构图

2　国内外研究现状

本章主要对汇率预测研究领域、基于网络搜索数据的预测研究领域和基于情感分析的金融预测研究领域的文献进行回顾梳理。2.1 节对汇率预测研究方面的工作进行综述；2.2 节回顾基于网络搜索数据的预测研究的文献；2.3 节对基于情感分析的金融预测研究进行梳理总结。

2.1　汇率预测研究

本节主要对汇率预测研究领域的文献进行回顾，2.1.1 节使用文献计量方法简要介绍汇率预测研究现状；2.1.2 节对影响汇率波动的主要因素进行综述回顾；2.1.3 节主要梳理汇率预测研究的方法。

2.1.1　汇率预测研究现状

本小节基于文献计量分析，对汇率预测研究领域文献进行统计分析和信息挖掘，分析该研究领域的发展现状与态势。所用的文献数据来源于 Web of Science 数据库，本小节以主题方式检索出 Web of Science 核心合集 1999~2018 年发表的外汇汇率预测方面的文献。检索的时间是 2019 年 2 月 15 日，检索的关键词为“exchange rate（s）forecasting（prediction）”。

1. 文献数量分布

在 Web of Science 核心合集数据库中，共检索了外汇汇率预测方面的文献 1 037 篇。图 2.1 给出了外汇汇率预测文献 1999~2018 年的时间分布图，从全世界的角度来看，外汇汇率预测研究文献数呈现出平稳增长的态势，2004 年是外汇汇率预测研究的低谷，发文量只有 13 篇，之后，外汇汇率预测研究的文献迅速增加，2004~2017 年的年均增长为 19.09%，2017 年发文量达到了 126 篇。

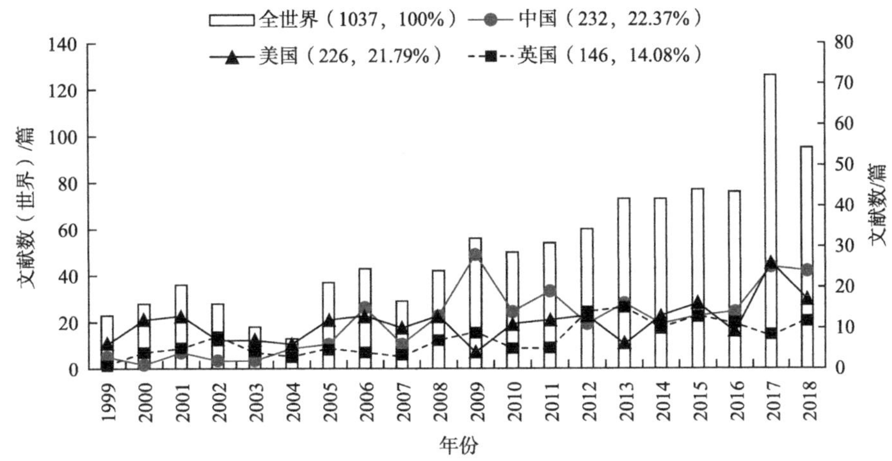

图 2.1 外汇汇率预测文献 1999~2018 年的时间分布

括号内数字为 1999~2018 年该国或者世界的发文量及占全球发文总量的比例

从国家层面来看，美国起步较早，实力强劲，中国自 2005 年后发展迅速，在发文量上赶超美国，全球排名第一。1999~2018 年，全球外汇汇率预测方法的文献有 22.37%来自中国，21.79%来自美国，英国占了 14.08%。

2. 学科分布

从涉及的学科分布角度来看，如图 2.2 所示，外汇汇率预测是一个多学科交叉的研究领域，其主要涉及经济学、金融学、计算机科学、管理学、运筹学。

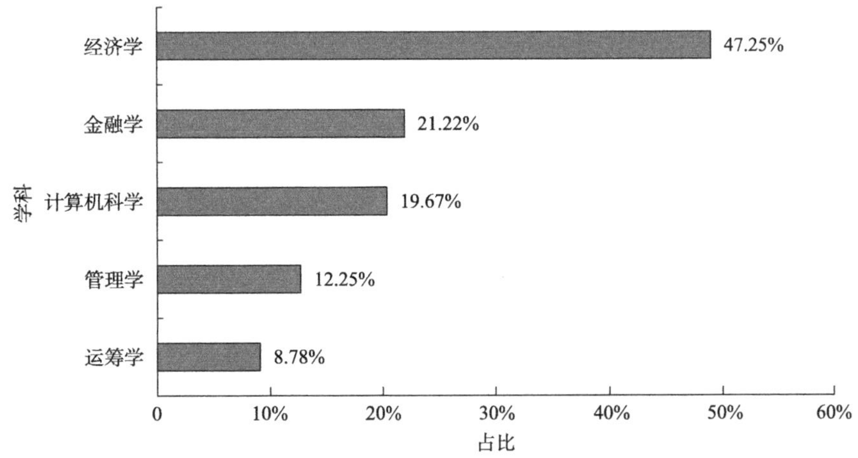

图 2.2 外汇汇率预测文献的学科分布

数字为该学科的文献数量占全部文献的比例，一篇文章可以属于多个学科

3. 高产期刊

从期刊的分布角度可以看出，外汇汇率预测研究领域的高产期刊主要来自金融学、经济学领域，也有管理学和运筹学领域的期刊。外汇汇率预测研究领域的TOP10高产期刊如表2.1所示。

表2.1 外汇汇率预测研究领域的TOP10高产期刊

序号	期刊	文献数/篇	占比	影响因子	国家
1	Journal of International Money and Finance	65	6.27%	1.623	英国
2	Journal of Forecasting	55	5.31%	0.934	英国
3	International Journal of Forecasting	40	3.86%	2.186	荷兰
4	Expert Systems with Applications	37	3.57%	3.768	英国
5	Journal of International Economics	25	2.41%	2.168	荷兰
6	Applied Economics	22	2.12%	0.750	英国
7	Economic Modelling	20	1.93%	1.696	荷兰
8	International Review of Economics Finance	19	1.83%	1.318	荷兰
9	Journal of Banking Finance	19	1.83%	1.931	荷兰
10	Applied Economics Letters	18	1.74%	0.504	英国

注：占比表示该期刊的发文量占全部文章的比例，影响因子为2017年公布的信息

4. 高产作者

在所检索的1 037篇论文中，总共有1 902位作者。根据Derek Solla Price定律（Price，1965），核心作者发表的文章约占该领域所有文献的1/2，并且核心作者的数量约等于全部作者数量的平方根。核心作者的最低文献发表量M为

$$M = 0.749 \times \sqrt{N_{\max}} \tag{2.1}$$

其中，$N_{\max}$表示研究领域内最高产作者的发文量，本章中$N_{\max} = 21$，应用式（2-1）可计算出，核心作者的最低文献发表量M=4。所以在总的1 902位作者中，发表文章在4篇及以上的作者共有51位，这51位核心作者共发表了525篇论文，占全部论文总量的50.63%，其符合Derek Solla Price定律。表2.2给出了外汇汇率预测研究领域的TOP10高产作者，其中，中国有4位，英国和德国分别有2位，丹麦与西班牙各1位。

表 2.2　外汇汇率预测研究领域的 TOP10 高产作者

序号	作者	国家	文献数/篇	被引次数	篇均被引次数	单篇最高被引次数	H 指数
1	Lai K K	中国	21	410	19.52	137	10
2	Wang S Y	中国	19	333	17.53	137	8
3	Yu L	中国	14	371	26.50	137	8
4	Chen S M	中国	12	482	40.17	91	8
5	Pierdzioch C	德国	11	73	6.64	27	5
6	Sermpinis G	英国	11	171	15.55	49	7
7	Beckmann J	德国	10	61	6.10	29	5
8	Sarno L	英国	9	282	31.33	69	8
9	Stadtmann G	丹麦	9	48	5.33	12	5
10	Rossi B	西班牙	8	471	58.88	133	7

注：国家为该作者最近发表文章的第一单位所在的国家。本章所用的 H 指数基于所检索到的 1 037 篇文章，并不代表该作者的全部文章

5. 高产机构

从研究机构的角度来看，外汇汇率预测研究领域的高产机构主要来自发达国家。表 2.3 给出了外汇汇率预测研究领域的 TOP10 高产机构，其中，英国的高产机构最多，占了 5 个，美国有 3 个，中国有 2 个。值得注意的是，中国科学院在外汇汇率预测研究领域的发文量全球排名第一。

表 2.3　外汇汇率预测研究领域的 TOP10 高产机构

序号	机构英文名称	机构中文名称	国家	文献数/篇	占本国比例	占世界比例
1	Chinese Academy of Sciences	中国科学院	中国	30	12.93%	2.89%
2	City University of Hong Kong	香港城市大学	中国	28	12.07%	2.70%
3	Federal Reserve System，USA	美国联邦储备系统	美国	24	10.62%	2.31%
4	University of California System	加州大学系统	美国	22	9.73%	2.12%
5	University of Warwick	华威大学	英国	19	13.01%	1.83%
6	Centre for Economic Policy Research，UK	英国经济政策研究中心	英国	18	12.33%	1.74%
7	Liverpool John Moores University	利物浦约翰摩尔大学	英国	17	11.64%	1.64%
8	University of Glasgow	格拉斯哥大学	英国	17	11.64%	1.64%

续表

序号	机构英文名称	机构中文名称	国家	文献数/篇	占本国比例	占世界比例
9	University of Liverpool	利物浦大学	英国	17	11.64%	1.64%
10	National Bureau of Economic Research	美国国家经济研究局	美国	16	7.08%	1.54%

6. 高被引论文

从高被引论文角度来看，美国依然实力最强，在所有的论文中，引用次数超过 100 次的有 35 篇。表 2.4 给出了外汇汇率预测研究领域的 TOP10 高被引论文信息，其中，美国占了 6 篇，英国、新西兰、中国与瑞士各有 1 篇。

表 2.4　外汇汇率预测研究的 TOP10 高被引论文

序号	作者	年份	国家	期刊	被引次数	年均被引次数
1	Anderse 等	2001	美国	Journal of the American Statistical Association	764	40.21
2	Patton	2006	英国	International Economic Review	701	50.07
3	Poon 和 Granger	2003	美国	Journal of Economic Literature	599	35.24
4	Kilian 和 Taylor	2003	美国	Journal of International Economics	343	20.18
5	Andersen 等	2007	美国	Journal of International Economics	315	24.23
6	Kim 和 Roubini	2000	美国	Journal of Monetary Economics	255	12.75
7	Cheung 等	2005	美国	Journal of International Money and Finance	244	16.27
8	Yao 和 Tan	2000	新西兰	Neurocomputing	166	8.30
9	Yu 等	2005a	中国	Computers & Operations Research	137	9.13
10	Bacchetta 和 van Wincoop	2006	瑞士	American Economic Review	125	8.93

注：国家指的是第一作者的第一单位所在的国家

2.1.2　影响汇率波动的主要因素

目前，在汇率预测研究中，影响汇率波动的主要因素包括四大类：外汇汇率时间序列数据（Dunis et al.，2011；Sermpinis et al.，2012a，2012b，2013，2014，2015；Xiong et al.，2017；Sun S L et al.，2018b）、经济金融数据（Yu et al.，2005a；余乐安等，2006；Lin and Ye，2009；Bhattacharya et al.，2011；Aydemir and Demirhan，2017；Romero，2017；魏云捷，2017）、互联网搜索数据（魏云捷，2017；Bulut，2018）和金融新闻文本数据（Nassirtoussi et al.，2015）。在基于外汇汇率数据特征

的汇率预测研究中，Sun S L 等（2018b）主要使用的变量数据是欧元兑美元（EUR/USD）、美元兑人民币（USD/CNY）、英镑兑美元（GBP/USD）和美元兑日元（USD/JPY）；Xiong 等（2017）在研究工作中主要采用的是欧元兑美元（EUR/USD）的区间数据；Sermpinis 等（2013，2015）则主要研究了以欧元为基准的欧元兑美元（EUR/USD）、欧元兑英镑（EUR/GBP）和欧元兑日元（EUR/JPY）三个汇率数据，而他们在 2014 年的研究中（Sermpinis et al.，2014），主要使用了欧元兑美元（EUR/USD）、欧元兑英镑（EUR/GBP）和欧元兑瑞士法郎（EUR/CHF）；Sermpinis 等（2012a，2012b）早期的研究只关注欧元兑美元（EUR/USD）。这些研究都是基于外汇汇率时间序列数据自身的特征来建立预测模型对其进行自回归的汇率预测，并取得了较好的预测结果。在基于经济金融数据的汇率预测研究中，Aydemir 和 Demirhan（2017）主要选取股票价格作为预测模型的自变量来预测外汇汇率趋势；Romero（2017）的研究则使用进出口数据来建立外汇汇率的预测模型；魏云捷（2017）的研究中采用了 16 个主要的经济变量，如居民消费指数（consumer price index，CPI）、生产价格指数（producer price index，PPI）、商品零售价格指数（retail price index，RPI）、货币供应量（M2）、深圳证券综合指数、上海证券综合指数（以下简称上证综指）等，实证研究也表明，这些变量作为预测模型的自变量显著地提升了外汇汇率预测的精度；Bhattacharya 等（2011）在研究中主要分析了外汇储备与外汇汇率的关系，并使用外汇储备来预测外汇汇率的趋势，且取得了较好的效果；Lin 和 Ye（2009）在研究中也证实了通货膨胀率作为预测模型自变量也可以有效地优化外汇汇率预测效果；余乐安等（2006）和 Yu 等（2005a）将出口额、通货膨胀率和利率三个经济变量作为预测模型的自变量对英镑兑美元（GBP/USD）、德国马克兑美元（DEM/USD）和日元兑美元（JPY/USD）进行了预测对比。目前，基于互联网搜索数据和金融新闻文本数据进行外汇汇率预测研究的论文还比较少，通常投资者会使用搜索引擎去检索自己所关注的事情，而这些检索的关键词数据会被搜索引擎记录下来，依据行为金融学理论，投资者所关注的关键词数据在某种程度上与外汇汇率波动有关系。魏云捷（2017）研究了百度指数数据和谷歌趋势数据与外汇汇率之间的格兰杰因果关系以及协整关系，并使用互联网搜索数据作为预测模型的自变量来预测外汇汇率的走势，在这个研究中百度指数选取的 3 个关键词分别是“离岸人民币汇率”、“人民币兑美元”和“美元兑人民币”，谷歌趋势选择了 4 个关键词，分别是“china exchange rate”、“cny”、“rmb”和“cnh”；Bulut（2018）主要研究谷歌趋势数据与 11 个 OECD（Organisation for Economic Co-operation and Development，经济合作与发展组织）国家外汇汇率之间的关系，且利用谷歌趋势数据作为预测模型自变量来预测 11 个 OECD 国家的外汇汇率趋势，分别使用 8 种语言（英语、德语、法语、丹麦语、汉语、日语、瑞典语和希伯来语）选取了 15 个谷歌趋势关键词，选取汉语关键词诸如“通货膨胀”、“价格”、“消费物价指数”、“便宜”和“现金”等。在基于金融新闻文本来预测外汇汇率的研究中，主要先使用自然语言处理技术对非结构化的新闻文本数据进行情感极性分析，再使用新闻的情感极性分数作为预测模型的自变量来进行外汇汇率的趋势预测。在 Nassirtoussi 等（2015）的研究中，他们首先使用自然语言处理技术对外汇新闻标题文本进行情感分析，验证了情感极性分数与外汇汇率数据之间的格兰杰因果关系和协整关系；其次，使用外汇新闻标题的情感极性分数作为预测模型的自变量来预测外汇汇率的趋势，实证结果也表明，该模型显著地提高了外汇汇率预测性能。

2.1.3 汇率预测研究方法

如今，外汇汇率预测研究已成为国际金融领域的重要课题之一，已经吸引了国内外大量科研机构和学者的目光。表 2.5 对部分外汇汇率预测文献基本信息进行了归纳，从表 2.5 可以看出，目前外汇汇率预测所涉及的方法主要包括四大类：汇率理论模型、计量经济模型、人工智能技术和综合集成方法。接下来我们将从这四个方面对目前常用的外汇汇率预测方法进行简要评述。

表 2.5 部分外汇汇率预测文献基本信息归纳

作者	年份	预测对象	数据频度	变量数据	预测方法	评价准则
Dash	2018	USD/CAD，USD/CHF，USD/JPY	日度	汇率	ISFL+PSNN	RMSE，MAPE，MAE，MSE，MARE
Carapuço 等	2018	EUR/USD	日度	汇率	RL	R
Bulut	2018	US against 11 OECD countries	月度	汇率+经济变量+谷歌趋势	PPP+MM	MSE，CW
Petropoulos 等	2017	US against other 10 countries	日度	汇率	Stacked generalization	MAE，MAPE，RMSE
Liu 等	2017	EUR/USD，USD/JPY，GBP/USD	日度	汇率	CNN	MSE, MAPE, DA
Morana	2017	EUR/USD	月度	汇率+经济变量	ADLM	RMSE
Zorzi 等	2017	USD/AUD, USD/CAD，GBP/USD，EUR/USD	季度	汇率+经济变量	DSGE+BVAR	RMSE
Costantini 等	2016	EUR/USD	月度	汇率+经济变量	VAR+VEC+DVAR	MSE, MAE, DA，DV

续表

作者	年份	预测对象	数据频度	变量数据	预测方法	评价准则
Kouwenberg 等	2017	USD/CAD, USD/AUD, USD/NZD, USD/BRL	季度	汇率+经济变量	TVP	MSE, CW, PT
Galeshchuk	2016	USD/EUR, JPN/USD, USD/GBP	日度，月度，季度	汇率	NNs	MAPE
Abbate 和 Marcellino	2018	US against other G10 countries	月度	汇率+经济变量	TVP+FFVAR	RMSE, DM
Ribeiro	2017	USD/CAD, EUR/USD, GBP/USD, USD/JPY	月度	汇率+经济变量	Bootstrap+KSR	RMSE, U
Ince 等	2016	US against other G10 countries	月度	汇率+经济变量	TRFM	RMSE, DMW, CW
Cavusoglu 和 Neveu	2015	GBP/USD, USD/CHF, USD/AUD, USD/JPY	月度	调查数据	Consensus forecasts	RMSE
Korol	2014	USD/JPY, GBP/USD, USD/CHF	季度	汇率+经济变量	FL+fundamental analysis	MAE, MAPE
Ince 和 Trafalis	2006	EUR/USD, GBP/USD, USD/JPY, USD/AUD	日度	汇率	SVR+MLP	MAE, MSE
Yu 等	2009	EUR/USD, USD/JPY	日度	汇率	FNN+PCA	NRMSE, DA
Yu 等	2005	USD/DEM, GBP/USD, USD/JPY	月度	汇率	BPNN+GLAR+PCA	NMSE, DA, R
Morales-Arias 和 Moura	2013	US against other 11 countries	月度	汇率+经济变量	PPP+FM+MM	MSE
Ca'Zorzi 等	2015	EUR/USD, GBP/USD, CHF/USD, USD/JPY	月度	汇率+经济变量	SBVAR	RMSE
Wright	2008	EUR/USD, GBP/USD, USD/JBP, USD/CAD	月度，季度	汇率+经济变量	BMA	MSE
McCrae 等	2002	USD/JPY, USD/PHP, USD/THB, USD/SGD	日度	汇率	ARIMA+ECM	MAE, RMSE
Moosa 和 Vaz	2016	BRL/CAD, BRL/MXN, BRL/SEK, CHF/CAD	月度	汇率+经济变量	ECM	RMSE, DA

续表

作者	年份	预测对象	数据频度	变量数据	预测方法	评价准则
Anastasakis 和 Mort	2009	GBP/USD，GBP/DEM	日度	汇率	NNs	MSE
Rime 等	2009	GBP/USD，EUR/USD，USD/JBP	日度	汇率+经济变量	OFM+macroeconomic model	SR
Byrne 等	2016	US against OECD countries	季度	汇率+经济变量	B-TVP-TR	RMSE，U，CW
Sermpinis 等	2012	EUR/USD	日度	汇率	RNN+PSNN+MA	MAE，MAPE，RMSE，U
Plakandaras 等	2015	EUR/USD，USD/JPY，AUD/NOK，NZD/BRL，ZAR/PHP	日度，月度	汇率+经济变量	EEMD+MARS+SVR+NN	MAPE，DA
Panda 和 Narasimhan	2007	USD/INR	周度	汇率	NN+AR	RMSE，MAE，MAPE，DA
Shen 等	2015	GBP/USD，USD/BRL，USD/INR	周度	汇率	DBN+CRBMs+CGM	MAE，RMSE，MAPE，DA
Chortareas 等	2011	EUR/CHF，EUR/GBP，EUR/JPY，EUR/USD	5 分钟	汇率	ARFIMA+FIGARCH	MAE，MSE，RMSE
Leung 等	2000	GBP/USD，USD/CAD，USD/JPY	月度	汇率	GRNN	MAE，RMSE，U
Sermpinis 等	2013	EUR/USD，EUR/GBP，EUR/JPY	日度	汇率	PSO-ARBFNN	MAE，MAPE，RMSE，U，PT
Joseph	2001	USD/CHF，DEM/USD，ERE/USD，GBP/USD，USD/ITL，USD/JPY	日度，周度，月度	汇率	VAR	RMSE，MAPE，U
Medeiros 等	2001	US against other 14 countries	月度	汇率	NNs+STA+Bayesian regularization	RMSE，MAE，SIGN
Sermpinis 等	2015	EUR/USD，EUR/GBP，EUR/JPY	日度	汇率	RGA-SVM	RMSE，PT，DM
Yu 等	2008	GBP/USD，EUR/USD，USD/DEM，USD/JPY	月度	汇率	RBFNN+CGV	NMSE，DA
Rapach 和 Wohar	2006	GBP/USD，DEM/USD，USD/JPY	月度	汇率	Band-TAR+ESTAR	RMSE

续表

作者	年份	预测对象	数据频度	变量数据	预测方法	评价准则
Zhang	2003	GBP/USD	周度	汇率	ARIMA+NNs	MSE，MAD
Clarida 等	2003	US against G5 countries	周度	汇率	MRS+VEC	RMSE，DM

注：自回归模型改进混洗蛙跳算法（improved shuffled frog leaping algorithm，ISFL 算法）；Psi-Sigma 神经网络（Psi-Sigma neural network，PSNN）；增强学习网络（reinforcement learning，RL）；购买力平价理论（purchasing power parity，PPP）；货币模型（monetary model，MM）；卷积神经网络（convolutional neural network，CNN）；自回归分布滞后模型（autoregressive distributed lag model，ADLM）；动态随机一般均衡模型（dynamic stochastic general equilibrium model，DSGE）；自回归模型（autoregressive，AR）；贝叶斯向量自回归模型（Bayesian vector autoregressive，BVAR）；向量自回归模型（vector autoregressive，VAR）；矢量平衡校正（vector equilibrium correction，VEC）；动态向量自回归（dynamic VAR，DVAR）；时变参数模式（time-varying parameters model，TVP 模式）；神经网络（neural network，NNs）；遗忘因子向量自回归（forgetting factor VAR，FFVAR）；厨房水槽回归（kitchen-sink regression，KSR）；泰勒规则基本模型（Taylor rule fundamental model，TRFM）；模糊逻辑（fuzzy logic，FL）；支持向量回归（support vector regression，SVR）；前馈神经网络（feedback neural network，FNN）；主成分分析（principal component analysis，PCA）；反向传播神经网络（back-propagation neural network，BPNN）；广义线性自回归（generalized linear autoregressive，GLAR）；因子模型（factor model，FM）；结构贝叶斯向量自回归模型（structural BVAR，SBVAR）；贝叶斯模型平均（Bayesian model averaging，BMA）；误差修正模型（error correction model，ECM）；订单流模型（order flow model，OFM）；用贝叶斯方法估计时变参数的泰勒规则（Taylor rules with time-varying parameters estimated by Bayesian method，B-TVP-TR）；循环神经网络（recurrent neural network，RNN）；模型平均（model averaging，MA）；多元自适应回归样条（multivariate adaptive regression splines，MARS）；深度信念网络（deep belief network，DBN）；连续受限玻尔兹曼机（continuous restricted Boltzmann machines，CRBMs）；共轭梯度法（conjugate gradient method，CGM）；自回归分形综合移动平均模型（autoregressive fractal integrated moving averaging，ARFIMA）；分形积分广义自回归条件异方差模型（fractal integrated generalized autoregressive conditional heteroskedasticity model，FIGARCH）；广义回归神经网络（general regression neural network，GRNN）；粒子群优化的自适应径向基函数神经网络（adaptive radial basis function neural network optimized by particle swarm optimization，PSO-ARBFNN）；平滑过渡自回归（smooth transition autoregression，STA）；滚动遗传算法优化支持向量机（support vector machine optimized by rolling genetic algorithm，RGA-SVM）；径向基神经网络（radical basis function neural network，RBFNN）；条件广义方差极小化（conditional generalized variance minimization，CGV）；带阈值自回归模型（band threshold autoregressive model，Band-TAR）；指数平滑过渡自回归模型（exponential smooth transition autoregressive model，ESTAR）；马尔科夫机制转换（Markov regime switching，MRS）；均方根误差（root mean square error，RMSE）；平均绝对百分比误差（mean absolute percentage error，MAPE）；平均绝对误差（mean absolute error，MAE）；均方误差（mean square error，MSE）；平均绝对相对误差（mean absolute relative error，MARE）；年回报率（annual return rate，R）；克拉克和韦斯特统计量（Clark and West statistic，CW）；方向精度测量（directional accuracy measure，DA）；方向值度量（directional value measure，DV）；Pesaran 和 Timmermann 统计量（Pesaran and Timmermann statistic，PT）；Diebold 和 Mariano 统计量（Diebold and Mariano statistic，DM）；U 统计量（U-statistic，U）；迪博尔德、马里亚诺和韦斯特统计量（Diebold，Mariano and West statistic，DMW）；归一化均方根误差（normalized root mean square error，NRMSE）；夏普比率（Shape ratio，SR）；符号预测（sign predictions，SIGN）；平均绝对偏差（mean absolute deviation，MAD）

1. 汇率理论模型

在市场经济中，外汇汇率作为最重要的经济变量联系并协调着各种宏观及微观经济指标，影响着一个国家对内和对外经济的一般均衡，外汇汇率预测的精确程度很大程度上取决于研究人员对外汇汇率的行为与决定因素的准确理解与把握（Chinn and Zhang，2018）。许多研究人员表示外汇汇率的波动是由开放经济系统中的宏观及微观经济因素引起的，所以基于汇率理论的预测就是将外汇汇率放在整个开放经济系统均衡的框架下，通过分析外汇汇率与其相关的其他宏观及微观经济因素之间的关系，进而建立能描述外汇行为特征的经济结构方程和揭示外汇汇率决定因素的外汇汇率理论模型，并在此基础之上对外汇汇率进行有效、精准的预测（Rapach and Wohar，2004）。

现有的研究表明汇率理论模型对于长期的外汇汇率预测是很好用的，但对中短期的外汇汇率预测不尽如人意。目前，基于汇率理论模型的外汇汇率预测研究也非常广泛，包括 PPP（Cassel，1918；MacDonald，1993；Taylor and Sarno，1998；Taylor A M，2002；Taylor M P，1995，2003；Lothian and Taylor，2000，2008；Cuestas，2009；Lee and Chou，2013；Bahmani-Oskooee et al.，2016；Ma et al.，2017）、利率平价理论（Interest rate parity，IRP）（Keynes，1923；Frankel，1979；Engle and Granger，1987；Hoffman and Rasche，1996；Chinn and Zhang，2018）、固定汇率制度下的流量汇率理论（Robinson，1943；Edwards，1988；Crespo et al.，2018）、浮动汇率制度下的资产平衡理论（Dornbusch，1976；Groen，2000；Mark and Sul，2001；Rapach and Wohar，2004；Clements and Lan，2010）、货币替代模型（Kouri，1976；Girton and Roper，1977；Calvo and Rodriguez，1977）、资产市场组合模型（Fama，1965；Hansen and Hodrick，1980；Evans，1986；Wolff，1987），还有一些比较新的汇率理论，如基于新开放宏观经济学的汇率理论（Obstfeld and Rogoff，2000；Molodtsova and Papell，2009）、基于市场微观结构的汇率理论（Bacchetta and van Wincoop，2006；Spronk et al.，2013）、基于检验外汇市场有效性的汇率理论（Junttila and Korhonen，2011；Nikolsko-Rzhevskyy and Prodan，2012；Ince，2014；Ince and Molodtsova，2017）等。

为了分析和预测外汇汇率的行为，Cassel（1918）和 Keynes（1923）分别从商品市场与资产市场均衡的角度提出了 PPP 理论和 IRP 理论，用以检验一个国家的商品价格和利率对外汇汇率的影响，这两种理论是使用宏观及微观经济变量变化来解释和预测外汇汇率的开山之作。PPP 理论的核心思想是两国货币的汇率是由其价值决定的，而货币的价值可以由货币购买力直接反映出来，因此两国货币的购买力最终决定了两国货币汇率的水平。IRP 理论是从国际资本流动和资产市场均衡角度出发，其主要观点认为两国货币汇率是由两国货币资产的相对价格决定的。

IRP 理论主要是研究金融市场中的套利行为，目前的研究中主要可分为套补利率平价理论（covered interest rate parity，CIP）和无套补利率平价理论（uncovered interest rate parity，UIP）。从一些研究工作来看，基于 PPP 和 IRP 汇率理论来解释和预测浮动汇率制度下外汇汇率行为得不到有力的实证支持（Mark，1990；Grilli and Kaminsky，1991；Johansen，1991；Doganlar，1999；Coe and Serletis，2002；Basher and Mohsin，2004），尤其在布雷顿森林体系崩塌之后，这两种传统的汇率理论基本上已经失效了。但是，PPP 和 IRP 理论作为现代汇率理论的先驱，在很大程度上为新的汇率理论的建立奠定了坚实的思想基础。有关这些汇率理论模型更加详细的内容，感兴趣的读者可以参考上述文献。

2. 计量经济模型

由于汇率理论模型本身是静态的，无法刻画与解释实际外汇汇率系统复杂的动态过程，自 20 世纪 80 年代初以来，计量经济学的研究得到了快速的发展，在此背景下，从事外汇汇率研究的学者就开始将计量经济模型运用到外汇汇率的预测分析之中。计量经济模型主要是使用汇率自身的时间序列数据建立单变量的时间序列预测模型。在外汇汇率预测研究中，最早使用的计量经济模型是随机游走模型（Meese and Rogoff，1983），随着计量经济学研究的巨大发展，研究者提出了很多新的计量经济和时序分析模型，这些模型被广泛应用于外汇汇率预测之中，如 ARIMA、自回归条件异方差（autoregressive conditional heteroskedasticity，ARCH）模型、ECM、向量误差修正模型（vector error correction model，VECM）、VAR、ADLM、平滑过渡自回归模型（smooth transition autoregressive model，STAR）等，以及这些模型的改进版本，如 ARFIMA、广义自回归条件异方差（generalized autoregressive conditional heteroskedasticity，GARCH）模型、BVAR、ESTAR、自我激励阈值自回归（self-exciting threshold autoregressive，SETAR）模型等。（Reinsel and Ahn，1992；West and Cho，1995；Hann and Steurer，1996；Chappell et al.，1996；Moshiri and Cameron，2000；Vilasuso，2002；Boero and Marrocu，2002；Marcellino et al.，2003；郭琨和汪寿阳，2008；Thomson et al.，2013；Korobilis，2013；Rossi，2013；Batten et al.，2014；Burns and Moosa，2015；Barunik et al.，2016；Epaphra，2016；Berg，2016；Zhang et al.，2016；Beckmann and Schüssler，2016；Gaglianone and Marins，2017；Degiannakis and Potamia，2017；Sun L M et al.，2018）。

以上这些计量经济模型都有特定的假设条件。但是在实际情况中，这些假设条件很难达到。因此，面对实际的预测应用，这些计量经济模型预测误差比较大，有时候这些模型的预测性能还不如随机游走模型（Groen，2000；Faust et al.，2003；Kilian and Taylor，2003；Evans and Lyons，2005；Christou et al.，2018）。

3. 人工智能技术

由于外汇汇率数据本身所具有的非线性、高波动性、不规则性等特征，在实际的应用中，以往的汇率理论模型和计量经济模型的预测效果并不能满足要求。随着计算机技术和信息技术的飞速发展，越来越多的研究人员使用一些人工智能技术来对外汇汇率进行建模预测，并取得了不错的预测效果（Fischer and Krauss，2018）。这些人工智能技术主要包括人工神经网络（artificial neural network，ANN）（Zhang and Hu，1998；Hu et al.，1999；马骊等，2015）、支持向量机（support vector machine，SVM）（Özorhan et al.，2017）、进化计算（evolutionary computation，EC）（Karatahansopoulos et al.，2014；Ozturk et al.，2016）、混沌理论（chaos theory，CT）（Yu et al.，2018a）和模糊逻辑（fuzzy logic，FL）（Zhang and Wan，2007）。表 2.6 给出了这五种技术的基本思想及优缺点的基本概述。

表 2.6　人工智能技术的基本概述

人工智能技术	基本思想	优点	缺点
ANN	能够使用各种模拟人类学习的算法从样本中学习模式	适用于分类、聚类、预测、优化、函数逼近等多种任务	通过调参，找到训练算法的最优参数组合，需要大量的训练数据和时间
SVM	找到一个超平面，它将高维数据完美地分为两个类	训练相对简单，并且可以很好地扩展到高维数据，并生成全局最优解	需要选择一个好的核函数
EC	为了解决非线性、非凸的全局优化问题，模拟达尔文的进化论	能够在不陷入局部极小值的情况下找到非线性、非凸函数的近全局最优解	收敛速度慢，除非通过适当的直接搜索方法加以改进，否则无法保证收敛到全局最优解
CT	通过将动力系统转换为等效相空间来表征其特性	它为系统中的确定性复杂行为建模	目前还不清楚构建相空间集需要多少数据，而且容易受到初始条件的影响
FL	模糊集可以对数据中的不精确性和模糊性进行建模。其通过适当的模糊数学将人的经验知识引入模型	能够推导出人类可理解的“if-then”模糊规则；它具有较低的计算复杂度	通常成员函数的选择是不科学的

ANN 是一个具有许多简单处理元素（神经元、计算元素或节点）的大规模并行分布式系统，其功能取决于它的体系结构、连接权重及在节点上执行的处理。在外汇汇率预测中，常用的 ANN 包括 MLP（Hill et al.，1996；Zhang，2007；Adeodato et al.，2011；Sermpinis et al.，2016）、FNN（Zhang et al.，1998，2001；Zhang and Qi，2005；Chong et al.，2017）、GRNN（Huang et al.，2004；Zhang and Kline，2007）、径向基神经网络（radical basis function neural network，RBFNN）

（Qi and Zhang，2008；Ni and Yin，2009）、PNN（Saad et al.，1998；Kim and Chun，1998；Chen et al.，2003）、循环神经网络（recurrent neural network，RNN）（Setiono et al.，2008；Dunis et al.，2011；Zhao et al.，2018）、自组织神经网络（self-organizing neural network，SONN）（Giles et al.，2001；Sun et al.，2018b）、误差修正神经网络（error correction neural network，ECNN）（Chen and Leung，2004）、Psi-Sigma 神经网络（Sermpinis et al.，2012b；Zhao et al.，2018），还有现如今比较流行的深度神经网络，包括 DBN（Kuremoto et al.，2014；Zheng et al.，2017）、随机时间强度神经网络（stochastic time strength neural network，STNN）（Wang J and Wang J，2017）、长短期记忆网络（long short-term memory network，LSTM）（Fischer and Krauss，2018）、CNN（Liu et al.，2017）、增强学习网络（Carapuço et al.，2018）、极限学习机（extreme learning machine，ELM）（Yang and Lin，2017；Sun S L et al.，2018b；Wei et al.，2018）等。

在外汇汇率预测中，研究人员主要根据 SVR 对外汇汇率数据进行建模预测。以前的研究表明 SVR 在外汇汇率预测中产生了很好的效果，从而验证了该方法所具有的收敛性好、过拟合小、抗噪声能力强等优点（Bao et al.，2014a；Exterkate et al.，2016；Plakandaras et al.，2017）。一些改进和扩展的 SVR 模型也被广泛地应用于外汇汇率预测中，包括 LSSVR（Lin et al.，2012）、局部加权支持向量回归（locally weighted support vector regression，LWSVR）（Sermpinis et al.，2017b）、多项式光滑支持向量回归（polynomial smooth support vector regression，PSSVR）（Yuan，2013）、支持向量神经网络（support vector neural network，SVNN）（Sun S L et al.，2018c）、基于优化的 SVR（Huang et al.，2010；Psaradellis and Sermpinis，2016；Stasinakis et al.，2016；Özorhan et al.，2017）。

进化计算是一个包括了许多技术的领域，这些技术将生物进化原理引入算法，用于寻找问题的最优解，它们都是建立在达尔文“适者生存”原则之上的（Bäck and Schwefel，1993）。进化算法的主要思路是对给定的潜在解决方案进行搜索或操作，以找到接近某些标准的最优解决方案，并朝着更好的结果搜索（Karathanasopoulos et al.，2016），最经典的进化算法主要是遗传算法（genetic algorithm，GA）（Holland，1975）和粒子群优化算法（particle swarm optimization，PSO）（Eberhart and Kennedy，1995）。进化算法不仅具有有效搜索种群空间的能力，而且有与问题相对应的种群模型，它们可以捕获系统变量之间的非线性依赖关系（Sermpinis et al.，2017a），如今它们的用途非常广泛，经常用于解决数据挖掘中的特征选择、分类、回归、聚类、关联规则挖掘和异常值检测问题（Krishna and Ravi，2016）。这些算法都易于实现，且可以很好地处理非线性、非平稳性的数据。因此，很多研究人员使用各种进化算法来预测外汇汇率，这些包括遗传算法（Shin and Han，2000；Izumi and Ueda，2001；Evans et al.，2013；Ozturk et al.，2016）、PSO（Bao et al.，2014b）、微分进化算法（differential evolution，DE）（Rout et al.，2014）、基因表达算法（gene expression，GE）（Karatahansopoulos et al.，2014）、磷虾群算法（krill herd，KH）（Sermpinis et al.，2017a）、人工鱼群算法（artificial fish swarm，AFS）（Li and Fan，2013）、遗传规划算法（genetic programming，GP）（Karatahansopoulos et al.，2014）、减数分裂遗传算法（meiosis genetic algorithm，MGA）（Nayakovit et al.，2010）、扩展紧致遗传规划（extended compact genetic programming，ECGP）（Chen et al.，2006）、递归笛卡尔遗传规划（recurrent cartesian genetic programming，RCGP）（Rehman et al.，2014）等。

混沌理论是用来研究确定性、非线性和动态性系统的。混沌是发生在确定性系统中的一种看似随机、不可预测的行为。利用滞后和嵌入维数，从单变量时间序列中重构相应的相空间，可以对其进行建模。Takens（1981）在数学上解释了这种方法。通常相空间重构后，可将预测模型应用于相空间。自 Frank 和 Stengos（1988）以及 Scheinkman 和 LeBaron（1989）研究发现外汇市场存在混沌行为后，混沌理论就被广泛地应用于外汇汇率预测中，并取得了不错的效果（Huang et al.，2010；Ravi et al.，2017；Pradeepkumar and Ravi，2018）。

模糊逻辑是布尔逻辑的一种推广，它建立在局部真值的概念上，即在“完全真”和“完全假”之间的真值，其主要处理的是近似推理而不是精确推理。因为影响外汇汇率的因素非常之多，包括政治、社会、心理、经济等，其中很多变量难以测量，这就使得它们具有不确定性、模糊性、半真性、近似性、非线性等特点。所以，如今很多研究人员使用基于模糊逻辑的方法来构建外汇汇率的预测模型（Zhang and Wan，2007）。目前的研究也表明基于模糊逻辑的预测方法在外汇汇率预测中取得了较好的效果（Tseng et al.，2001；Khashei et al.，2008；Khashei et al.，2009；Leu et al.，2009；Bagheri et al.，2014）。有关这些人工智能技术更加详细的内容，感兴趣的读者可以参考上述文献。

4. 综合集成方法

现有的外汇汇率预测研究也表明，很少有单一的模型能够在所有情况下都获得最佳的预测效果，如汇率理论模型适用于长期的外汇汇率趋势预测，计量经济模型适合于中长期的汇率波动预测，人工智能技术非常适合外汇汇率的短期预测，在实践中，每个单模型都有自己的优点和缺点。目前，综合集成方法在外汇汇率预测中的应用非常广泛，其是将多个不同的单模型进行综合加权集成而构建一个利用每个单模型优点的综合集成模型（Wang et al.，2015）。Bates 和 Granger（1969）在他们关于集成预测的开创性论文中也指出，相对于单模型的预测结果，每个单模型预测结果的线性组合将会获得一个更小的误差方差。从那时起，有关综合集成预测的研究就得到了飞速的发展。其中，Ginzburg 和 Horn（1994）也提出综合集成几个 FNN 模型能够提高金融时间序列预测的性能。Clemen（1989）也对这方面的研究工作做了文献综述，感兴趣的读者可以参阅。

如今，外汇汇率预测研究中出现的综合集成预测方法主要包括五大类：混合模型（hybrid model）（van Gestel et al.，2006；Rubio et al.，2011）、组合模型（combined model）（Winkler and Clemen，1992；Barrow and Crone，2016a；Wang Q et al.，2018）、分解集成方法（decomposition ensemble approach）（Yu et al.，2017；Sun S L et al.，2018a，2018c）、集成学习方法（ensemble learning approach）（Zhang and Berardi，2001；Sermpinis et al.，2014；Barrow and Crone，2016b）和 TEI@I 方法论（Wang，2004；Wang et al.，2005）。混合模型的核心思想是在外汇汇率预测时，将不同的数据预处理方法与预测方法结合使用，从而提高外汇汇率的预测精度，如数据压缩方法与预测方法相结合（Rubio et al.，2011），时间序列去噪方法与预测方法相结合（Yu et al.，2010）等。组合模型的主要思想是通过某种综合集成策略集成几个单预测方法从而获得一个误差更小的最终预测结果，常用的综合集成策略包括线性集成和非线性集成（Dunis and Huang，2002；Garratt and Mise，2014；Lin et al.，2017）。分解集成方法的基本流程是使用一种数据分解方法将非线性汇率数据分解成有限个具有经济意义的子模态序列，然后使用预测方法分别对这些子模态序列建模预测，最后使用一种综合集成策略将这些子模态序列的预测结果进行综合集成，从而获得最终预测结果，常出现的数据分解方法主要包括傅里叶变换（Fourier transform，FT）（Chen M Y and Chen B T，2014）、小波变换（wavelet transform，WT）（Hsieh et al.，2011）、奇异谱分析（singular spectrum analysis，SSA）（Lahmiri，2018）、经验模态分解（empirical mode decomposition，EMD）（Yang and Lin，2017）、压缩感知（compressive sensing，CS）（Yu et al.，2014）、变分模态分解（variational mode decomposition，VMD）（Sun S L et al.，2018c）等。集成学习方法的主要思路是，首先，对原始的外汇汇率数据进行有限次重采样；其次，使用预测方法对每一个重采样序列进行建模预测；最后，每一个重采样序列的预测结果通过取均值或者取分位数而获得最终的预测结果。在外汇汇率预测中常出现的集成学习方法有基于机器学习的方法（Sun S L et al.，2018b；Wei et al.，2018）、Bagging 方法（Inoue and Kilian，2008）、随机森林方法（random forest）（Thakur and Kumar，2018）等。TEI@I 方法论也是以集成思想为核心，以神经网络为系统集成技术，再将文本挖掘、计量建模、智能技术综合集成起来。该方法论不仅在外汇汇率预测中效果显著（Yu et al.，2010），也被广泛应用于其他经济预测领域，包括原油价格（Wang et al.，2005；余乐安等，2006）、国际收支（范洋，2015）、航空客运需求（郑雅菲，2016）、港口物流（田歆等，2009；Tian et al.，2013）、房价（闫妍等，2007；郭琨等，2012）、通货膨胀（张嘉为等，2010）等。

2.2 基于网络搜索数据的预测研究

随着互联网的全面普及与信息技术的不断提高，已有大量的学者使用用户搜索产生的互联网搜索数据来对各类社会经济行为进行分析和预测研究。当一个用户在做决策之前，一般都会利用互联网进行相关信息的检索，这个过程中搜索引擎会自动记录下用户的搜索信息，相关的研究已经表明这些用户累积生产的互联网搜索数据蕴含了大量的与社会经济行为相关的特征信息，全球主要的综合性搜索引擎都会对这些用户搜索产生的互联网搜索数据进行处理后再发布，如谷歌趋势、百度指数等。近年来，随着搜索引擎的互联网搜索数据的开放，基于网络搜索数据的预测研究受到了学术界广泛的关注，并迅速从最初的公共健康与疾病监测领域向宏观经济指标预测、行业市场预测各领域扩展，并取得了丰富的研究成果。

通过对现有相关研究的研读和梳理归纳发现，基于互联网搜索数据的预测研究几乎均出自 2009 年以后，因此，这方面的研究目前还处于初级阶段。接下来，我们主要从公共健康与疾病监测、宏观经济指标预测和行业市场预测三方面对现有的研究进行综述。表 2.7 统计了部分代表性研究的基本信息。

表 2.7 部分代表性研究的基本信息归纳

<table>
<tr><th>类型</th><th>研究对象</th><th>作者</th><th>年份</th><th>数据频度</th><th>数据类型</th><th>分析方法</th></tr>
<tr><td rowspan="4">公共健康与疾病监测</td><td>流感疫情</td><td>Ginsberg 等</td><td>2009</td><td>周度</td><td>谷歌趋势</td><td>LR</td></tr>
<tr><td>抑郁症发病率</td><td>Yang 等</td><td>2010</td><td>周度</td><td>谷歌趋势</td><td>EMD</td></tr>
<tr><td>流产率</td><td>Reis 和 Brownstein</td><td>2010</td><td>周度</td><td>谷歌趋势</td><td>LR</td></tr>
<tr><td>自杀率</td><td>Song 等</td><td>2014</td><td>月度</td><td>谷歌趋势</td><td>LR</td></tr>
<tr><td rowspan="6">宏观经济指标预测</td><td rowspan="2">失业率</td><td>Smith</td><td>2016</td><td>周度</td><td>谷歌趋势</td><td>MIDAS</td></tr>
<tr><td>王勇和董恒新</td><td>2017</td><td>季度</td><td>百度指数</td><td>SVR</td></tr>
<tr><td rowspan="4">消费与经济指标</td><td>Vosen 和 Schmidt</td><td>2011</td><td>月度</td><td>谷歌趋势</td><td>LR</td></tr>
<tr><td>张崇等</td><td>2012</td><td>周度</td><td>谷歌趋势</td><td>LR</td></tr>
<tr><td>Li 等</td><td>2015</td><td>周度</td><td>谷歌趋势</td><td>MIDAS</td></tr>
<tr><td>Harchaoui 和 Janssen</td><td>2018</td><td>日度</td><td>谷歌趋势</td><td>MIDAS</td></tr>
</table>

续表

类型	研究对象	作者	年份	数据频度	数据类型	分析方法
行业市场预测	金融市场	Engelberg 和 Gao	2011	周度	谷歌趋势	VAR
		Perlin 等	2017	周度	谷歌趋势	VAR
	能源市场	Wang 等	2018	月度	谷歌趋势	ELM
		Yu 等	2019	月度	谷歌趋势	SVR
	零售业	Fang 等	2017	周度	百度指数	MIDAS
		Boone 等	2018	周度	谷歌趋势	ARIMA
	房地产业	董倩 等	2014	周度	百度指数	SVR
		Wu 和 Brynjolfsson	2015	月度	谷歌趋势	AR
	影视与旅游业	Li 等	2018	月度	百度指数	PCA+NN
		Sun 等	2019	月度	百度指数和谷歌趋势	KELM

注：线性回归模型（Linear regression model，LR）；混频回归模型（mixed frequency data sampling regression models，MIDAS）

2.2.1 公共健康与疾病监测

研究人员首次利用互联网搜索数据是在疾病监测领域，Ginsberg 等（2009）利用自己构建的变量自动选择技术对谷歌趋势搜索关键词进行筛选并对流感病的趋势进行仿真模拟，实证分析表明被选择的关键词的搜索量与流感发病率之间存在先行滞后关系，同时构建了基于互联网搜索数据的流感病预测模型，该预测模型可以提前 1~2 周预知流感的暴发，还可以精确预测到不同区域实际流感发病数及发病的时间。Araz 等（2014）也使用谷歌趋势数据预测了美国奥马哈市的流感病例数，实证分析表明谷歌趋势数据可以很好地对该市的流感病例数进行建模预测。对于流感的预测，Yuan 等（2013）使用逐步回归方法从大量的相关网络搜索关键词中筛选出具有预测性能的关键词并构建互联网流感监测指数来对我国的流感病例数进行预测，实证分析表明流感监测指数与我国历史上流感病例数存在先行滞后关系，预测结果也表明基于互联网流感监测指数的预测取得了较好的结果。Kang 等（2013）和 Xie 等（2014）的研究也表明互联网搜索数据在流感预测方面的效果十分显著。

在社会心理健康监测领域，Song 等（2014）利用谷歌趋势获得了与自杀相关的网络搜索关键词数据，并利用这些关键词来研究韩国的自杀率，实证分析表明“压力”“饮酒”等网络搜索关键词与自杀率呈现正相关关系，他们也建议非常有必要对这些与自杀相关的网络搜索关键词进行实时监测以了解韩国自杀事件发生的趋势。Yang 等（2010）使用谷歌趋势数据对全球范围内的人群季节性的抑郁症发病率进行研究，实证分析表明人对于“沮丧”关键词的搜索趋势与地区的温度及纬度等相关，并对这些结果给出了有意思的解释。

在流产率监测领域，Reis 和 Brownstein（2010）也使用互联网搜索数据研究了美国的健康政策和不同区域流产率之间的关系，他们通过谷歌趋势收集了与流产相关的网络搜索关键词趋势数据并以此建立了预测模型，实证分析表明这些与流产相关的网络搜索关键词趋势数据与流产率之间存在负相关关系。

此外，互联网搜索数据在癫痫病、梅毒、埃博拉病毒、登革热、肠胃炎、肾结石、乳腺癌、前列腺癌、肺癌、乙肝、艾滋病等疾病的监测与预测方面也展现出了一定的能力。有关这方面的研究，感兴趣的读者可以参阅张斌儒（2017）文献综述部分。

2.2.2 宏观经济指标预测

基于网络搜索数据的宏观经济市场预测研究主要涉及失业率、消费及其他经济指标。就失业率预测来说，Smith（2016）使用谷歌趋势中与失业相关的网络搜索数据来预测英国失业率的变化，实证结果表明相关关键词搜索量与英国失业率之间存在很强的相关关系，并将这些相关关键词搜索量数据与调查数据纳入 MIDAS（mixed frequency data sampling regression models，混频回归模型）准确地预测了英国的失业率变化。王勇和董恒新（2017）研究了网络搜索数据与中国失业率之间的关系，实证分析表明网络搜索数据与中国失业率之间存在先行滞后关系，并将网络搜索数据纳入 SVR 模型来预测中国季度失业率，预测结果表明，基于网络搜索数据的失业率预测能够比官方公布的数据更早反映出失业率的趋势变化，显著地提高了失业率预测的准确性与时效性。Baker 和 Fradkin（2017）、D’Amuri 和 Marcucci（2017）等研究人员也开展过互联网搜索数据与失业率之间相关性分析与预测的研究，同样都得出类似的结论。

在消费与其他经济指标分析预测方面，张崇等（2012）研究了 CPI 和互联网搜索数据之间的相关关系，研究表明互联网搜索数据与 CPI 之间确实存在很强的相关关系，并通过构建预测模型来预测 CPI 变化，预测结果表明基于互联网搜索数据的 CPI 预测具有时效性，其预测结果比官方公布的数据提前 1 个月左右。Li 等（2015）为了研究谷歌趋势数据与中国 CPI 之间的关系，提出了一个集成框架，包括构造相关的关键词以及提取这些关键词的搜索数据，然后将这些相关互联网搜索数据融入 MIDAS 模型来预测中国 CPI，实证分析也表明互联网搜索数据与官方公布的 CPI 之间存在先行滞后关系，且基于互联网搜索数据的 MIDAS 模型的预测性能显著地优于基准模型，均方根误差平均降低了 32.9%。Harchaoui 和 Janssen（2018）也开展过美国 CPI 与互联网搜索数据相关性分析与预测的研究，得出了类似的结论。Vosen 和 Schmidt（2011）基于谷歌趋势搜索数据提出了一种新的私人消费指标，并在此基础之上构建模型预测私人消费，实证分析表明基于互联网搜索数据的私人消费指标的预测性能显著优于其他两个基于调查的消费者信心指数的预测性能。Götz 和 Knetsch（2019）也研究了德国国内生产总值（gross domestic product，GDP）与谷歌趋势数据之间的相关性，研究表明相关关键词搜索数据与德国 GDP 具有很强的相关性，他们还将相关的关键词搜索数据纳入桥方程模型（bridge equation model，BEM）来对德国 GDP 进行预测，通过与基准模型比较，发现基于互联网搜索数据的预测结果具有很好的准确性与时效性。

2.2.3 行业市场预测

在基于互联网搜索数据的行业市场预测研究中，研究人员主要开展了互联网搜索数据在金融市场、能源市场、零售业、房地产业、影视与旅游业等方面的研究工作，也取得了丰硕的研究成果。对金融市场预测来说，Engelberg 和 Gao（2011）将谷歌搜索量指数作为投资者关注度的代理变量，研究了股票波动与投资者关注度之间的关系，通过对 2004~2008 年的 Russell 3 000 只股票样本的实证分析发现，谷歌搜索量指数的上升预示着未来两周股价将走高，年内股价最终将出现逆转。Perlin 等（2017）采用一个新的选择关键词的方法和 VAR 模型研究了与金融相关的关键词搜索量数据对股票的收益率、收益波动性和交易量的影响，他们的研究表明，基于“stock”关键词搜索量的增加会导致下周股票波动性地增加和指数回报的减少，这些相关互联网搜索数据对股票市场波动具有很强的预测价值，如果合理利用互联网搜索数据进行投资策略的制定，有助于降低股票市场的风险。Vozlyublennaia（2014）、Ding 和 Hou（2015）也开展过股票市场波动与互联网搜索数据之间的相关性分析与预测研究，也得出类似的结论。

在能源市场预测方面，Wang 等（2018b）使用双变量经验模型分解（bidimensional empirical mode decomposition，BEMD）方法研究了国际原油价格波动与相关的互联网搜索数据之间的相关性，实证分析表明原油价格波动与相关互联网搜索数据存在很强的相关性，并且将这些相关的互联网搜索数据纳入 ELM 来预测国家原油价格的波动，预测结果也表明该模型取得了很好的预测精度。Yu 等（2019）也研究了石油消费与相关谷歌趋势数据之间的关系，研究表明石油消费与相关谷歌趋势数据之间存在格兰杰因果关系和长期均衡关系，并将相关的谷歌趋势数据纳入 SVR 模型来对石油消费进行预测，预测结果表明他们所提出的模型显著优于基准模型。Afkhami 等（2017）的研究也表明相关的谷歌搜索数据与原油价格波动、传统的汽油价格波动、天然气价格波动和燃料油价格波动之间存在先行滞后关系，并利用这些相关的网络搜索数据作为投资者关注度的代理变量来预测能源价格的波动，预测结果表明网络搜索数据对这四种能源价格的波动存在显著的预测能力。此外，Park 和 Kim（2018）也研究了相关谷歌关键词数据与家庭用电量之间的关系，他们研究发现家庭用电量与“renewable”关键词搜索量之间存在负相关关系，在谷歌搜索“renewable”这个关键词时，该关键词搜索量每增加一个单位，家庭用电量就减少 1 601.7 万千瓦时。

在零售业预测方面，Boone 等（2018）研究了一家在线零售商产品销量与消费者网络搜索数据之间的关系，将消费者网络搜索数据纳入时间序列模型，显著地提高了在线零售商产品销量的预测精度。Fang 等（2017）使用百度指数来预测中国消费者购买华为 Mate7 智能手机的行为，研究发现纳入“Mate 7”“华为”等关键词数据的预测模型显著提高了手机销量的预测精度，与基准模型相比，预测性能提高了 55.2%。Fantazzini 和 Toktamysova（2015）也使用相关的谷歌趋势搜索数据建立多变量模型来预测德国 10 个汽车品牌的月度销量，实证分析也表明了网络搜索数据对汽车销量存在显著的预测能力。此外，Goel 等（2010）也使用相关的互联网搜索数据来预测视频游戏首月的销量与 Billboard 百强单曲榜上的歌曲排名，研究结果发现，在所有情况下，基于互联网搜索数据的预测模型性能都是最优的。

在房地产领域，主要涉及房地产销量预测、房屋价格预测、房价指数预测等。董倩等（2014）使用百度指数提供的关键词网络搜索数据来预测我国大中城市新房价格和二手房价格，并构建了 SVR 预测模型，预测结果表明，基于互联网搜索数据的房价预测结果具有很好的准确性与时效性，且比官方公布的数据提前了两周。Wu 和 Brynjolfsson（2015）使用谷歌趋势收集与房地产行业相关的互联网搜索数据来对美国房地产市场销量和价格进行预测，分析表明，美国房屋销量及价格与这些相关的互联网搜索数据高度相关，预测结果显示，互联网搜索数据的纳入显著提高了模型的预测能力。

在影视与旅游领域，学者主要开展了互联网搜索数据在游客流量、酒店客房需求、酒店入住率、电影票房等方面的预测。Sun 等（2019）为了研究北京市游客量与互联网搜索数据之间的关系，使用百度指数和谷歌趋势分别收集了与旅游相关关键词的数据，并用构建的指数合成法分别对百度搜索数据和谷歌搜索数据进行互联网指数合成，实证表明北京市游客量分别与这两个互联网搜索指数存在格兰杰因果关系和长期均衡关系，最后将互联网搜索指数纳入 KELM 模型来预测北京市游客量趋势，预测结果表明该方法的预测性能显著优于其他基准模型。Li 等（2018）也开展过旅游客流量与互联网搜索数据之间的相关性分析与预测研究，也得出类似的结论。Pan 等（2012）使用谷歌趋势收集了与旅游目的地酒店相关的互联网搜索数据来对美国查尔斯顿酒店客房需求进行预测，将相关的互联网搜索数据纳入带外生变量自回归移动平均（autoregressive moving average with extra input，ARMAX）模型进行预测，结果表明，纳入互联网搜索数据提高了模型预测能力，对酒店客房需求预测具有显著的贡献。在影视方面，Goel 等（2010）利用相关的互联网搜索数据预测了故事片上映首周末的票房收入，预测结果表明互联网搜索数据的纳入显著地提升了预测模型的精度。Kulkarni 等（2012）也开展过互联网搜索数据与电影票房之间的相关性分析与预测研究，也得出了类似的结论。

2.3 基于情感分析的金融预测研究

随着大数据时代的到来以及计算机性能的不断提高，如今有越来越多的学者利用自然语言处理技术来研究财经新闻、财经评论、社交媒体等非结构化文本数据的情感极性，并使用这些非结构化文本数据的情感极性来预测金融市场的波动。目前，基于财经类文本数据情感分析的金融市场预测主要应用于外汇汇率预测、股价波动预测和原油价格波动预测。本小节主要从这三方面对现有的相关研究进行归纳总结。表 2.8 给出了部分代表性文献的基本信息统计。

表 2.8 部分基于情感分析的金融预测文献的基本信息归纳

研究对象	作者	年份	数据集	模型	性能评价
外汇汇率预测	Evans 和 Lyons	2008	宏观新闻	GMM	方向精度
	Jin 等	2013	金融新闻	MVR	方向精度
	Chatrath 等	2014	宏观新闻	MVR	方向精度
	Crone 和 Koeppel	2014	社交媒体+金融新闻	MLP	水平精度
	Nassirtoussi 等	2015	金融新闻	SVM	方向精度
股价波动预测	Antweiler 和 Frank	2004	股票留言板	SVM	收益率
	Das 和 Chen	2007	股票留言板	HM	方向精度
	Tetlock	2007	金融新闻	VAR	方向精度
	Loughran 和 McDonald	2011	10-K	MVR	方向精度
	Oliveira 等	2017	微博	SVM	收益率

续表

研究对象	作者	年份	数据集	模型	性能评价
原油价格波动预测	Yu 等	2005	宏观新闻	RSTM	方向精度
	Li 等	2019	金融新闻	SVR	水平精度

注：广义矩估计（generalized method of moments，GMM）；多元回归（multivariate regression，MVR）；混合模型（Hybrid model，HM）；粗糙集文本挖掘（rough set text mining，RSTM）

2.3.1 外汇汇率预测

随着互联网的普及，现在人们的生活与互联网息息相关，如通过互联网了解自己关注的新闻、对自己感兴趣的话题进行讨论、使用社交软件与朋友进行交流并发表评论等，于是这就直接推动了行为金融学的快速发展。在此背景下，有学者开始研究这些非结构化数据的情感极性与外汇汇率波动之间的关系，并将这些非结构化数据的情感极性作为投资者情绪的代理变量来对外汇汇率波动进行预测。通过对 2004~2019 年相关研究的研读和梳理归纳发现，基于情感分析的外汇汇率预测研究均出自 2008 年以后，截至 2019 年已发表期刊文章不超过 5 篇，因此，这方面的研究目前还处于初级阶段。Evans 和 Lyons（2008）研究了外汇汇率波动与宏观新闻之间的关系，分析表明每日的宏观新闻会影响到市场参与者的情绪，从而会导致外汇汇率波动，研究还发现宏观新闻的情感极性可能导致每日外汇汇率波动 30%以上，宏观新闻会影响大约三分之二的汇率波动。Jin 等（2013）为了研究金融新闻对外汇汇率波动的预测能力，提出了一种称为 Forex-foreteller 的方法，该方法集成了语言模型、主题聚类和情感分析，它可以用来挖掘金融新闻情感极性并预测外汇汇率的走势，实证结果表明该方法可以准确地预测外汇汇率的趋势变化。Chatrath 等（2014）为了研究宏观新闻与汇率波动的关系，分析了 2005~2010 年四种货币日内 5 分钟的汇率数据，研究结果表明，货币跳升是新闻发布的一个很好的代理变量，发现 9%~15%的货币升值与美国宏观新闻发布有关，值得注意的是，新闻效应可以解释 5 分钟跳跃收益中的 22%~56%，也表明美国经济好于预期的新闻对货币跳升有负面影响，共同跳跃的统计数据严格依赖于欧洲货币之间的宏观新闻消息，尤其是欧元和瑞士法郎之间的消息。Crone 和 Koeppel（2014）探讨金融新闻和社交媒体数据的情绪指标作为预测澳元兑美元汇率收益的有效性，他们将新闻和社交媒体数据的情绪指标作为 MLR（multiple linear regression，多元线性回归）和 MLP 的解释变量对澳元兑美元汇率进行预测，实证结果表明，情绪指标能够很好地解释汇率收益的市场变动，非线性 MLP 的精度优于线性的 MLR，交叉验证的样本外方向精度为 60.26%。Nassirtoussi 等（2015）

使用金融新闻标题的情感极性来对外汇汇率走势进行预测，也得出了类似的结论。

通过对现有相关论文的研读和梳理，我们可以得出：①新闻文章（如突发新闻等）非常有利于外汇汇率的短期预测，它有助于我们了解盘中外汇汇率的走向；②这些研究以宏观新闻为主，很少使用专业性的外汇新闻，因此，将两者结合起来，可以获得更高的预测精度；③许多方法（GMM、MVR、MLP 和 SVM）正在被频繁应用，不仅需要目前这些方法，还需要探索其他新的预测理论方法；④大部分研究都是考虑新闻的标题，如果我们考虑整篇新闻文章的情感极性，也可能会取得更好的预测性能。

2.3.2 股价波动预测

当今世界上最大的经济体拥有很高的股票市值，每个市场都受到供需平衡的约束。在股票市场预测中，人为干预是有限的。研究人员与交易员都一直在努力预测股票的价格波动，到目前为止还没有一种方法可以稳健、准确预测股票价格的变动，因此，股票市场价格的波动预测是困难的。随着行为金融学研究的迅速发展，有研究表明股票市场行为依赖于非结构化的财经新闻、股票评论等文本数据，从这些非结构化数据中提取的知识有助于投资者进行有效的投资决策。Antweiler 和 Frank（2004）研究了超过 150 万条雅虎金融留言板信息与道琼斯工业平均指数和中概互联网指数中 45 家公司的暴涨行情之间的效应，研究发现，这些留言板信息有助于预测股票市场波动，他们还使用积极情绪的信息预测了第二天的股票回报，统计检验也表明积极情绪的信息对股票回报的影响在统计上是显著的。Das 和 Chen（2007）开发了一个从股票留言板信息中提取情绪的模型，他们通过集成学习的投票策略结合了不同的算法，预测结果表明，考虑到较低误报率和准确性，该模型的预测性能更好，也表明综合横截面信息和时间序列可以提高情绪指数的质量，实证分析表明科技部门的公告与股票指数水平、成交量和波动性确实强相关，他们还评估了管理层公告、新闻稿、第三方新闻和监管变化对投资者意见的影响。同年，Tetlock（2007）探究了《华尔街日报》一个热门专栏的日常内容的情感极性和股票市场波动之间的关系，研究发现，媒体高度悲观的情绪预示着股票市场价格将面临下行压力，随后将回归基本面，异常高的悲观情绪表明股票市场交易量将很大。Loughran 和 McDonald（2011）、Oliveira 等（2017）也开展过金融文本数据的情感极性与股票市场波动之间相关性分析与预测研究。

通过对现有相关研究的研读和梳理归纳，我们可以得出：①现有大部分研究都是基于新闻的标题情感极性来预测股票市场的波动，以后需要更多关注新闻文章的情感极性，来构建股票预测模型；②随着越来越多的文本数据（如财经新闻、股票评论）每天被生成，我们需要开发更复杂的技术来提取里面的知识；③许多研究基于特定的新闻来源（金融新闻、公司新闻等）。然而，结合多类型的新闻文章可以取得更好的股票预测性能。

2.3.3 原油价格波动预测

国际原油价格受到众多因素的交互影响，如供给需求、经济情况、自然灾害、投机、军事和政治因素等，这些因素都会以不同的载体形式（如新闻、评论、微博等）汇集在互联网上，因此，这些新闻、评论和微博等数据包含了影响国际原油价格运行机制的重要信息。目前，只有少数学者研究这些非结构化数据情感极性与国际原油价格波动之间的关系。Yu 等（2005b）为了研究新闻情感对国际原油价格的可预测性，提出一种基于粗糙集的文本挖掘方法（RSTM）用于国际原油价格趋势的预测，实证结果表明，RSTM 模型预测性能优于其他基准模型，这就说明了基于新闻情感极性挖掘的方法是一个有效的国际原油市场趋势预测工具。Li 等（2019）使用 CNN 提取在线新闻标题中隐藏的情感极性，研究发现新闻情感极性与原油价格波动具有显著关系，并将新闻情感极性纳入 SVR 模型来预测原油价格的趋势，也取得了不错的结果，此外，研究表示新闻的情感极性和金融数据在原油价格预测方面具有互补性。

2.4 本 章 小 结

本章首先从汇率预测研究现状、影响汇率波动的主要因素和汇率预测研究方法三个方面对汇率预测研究进行了系统全面的总结。基于文献计量分析，从文献数分布、学科分布、高产期刊、高产作者、高产机构、高被引论文六个方面对汇率预测研究领域进行统计分析和文献信息挖掘，详细地分析该领域的发展现状和态势；通过对目前该领域研究工作的研读和梳理归纳，从外汇汇率数据、经济金融数据、网络搜索数据和金融新闻数据四个层面对影响汇率波动的主要因素进行了简要概述，这为本书第 3~7 章的基础数据创新提供了可靠支持；并从汇率理论模型、计量经济模型、人工智能技术和综合集成方法四个方面对汇率预测方法进行了详细的评述，这为本书第 3~7 章的方法创新提供了理论支撑。在对近 20 年来汇率预测研究领域论文的重要理论和实践贡献进行了详细的梳理和归纳，在汇率预测研究综述的基础上，我们发现了现有研究的几点不足，值得注意的是，现有研究的局限性也为今后的研究奠定了基础：①目前，综合集成方法在外汇汇率预测中应用非常广泛，但是现有的研究还没有从理论上有效解决综合集成方法中值得关注的几个问题。例如，选择什么类型的弱预测器？选择多少个弱预测器？非线性集成为什么效果好？这些都是未来研究值得关注的问题。②从图2.2 可以看出，外汇汇率预测是一个涉及多学科的研究领域，其主要包括经济学、计算机科学、管理学、金融学等。目前，基于机器学习的外汇汇率预测研究越来越多，且预测的效果非常好，但是这些研究都缺少经济方面的解释，在以后的研究中，应该借助信息经济学理论与行为金融学理论来对这些研究进行更加深入的分析。③如今，虽然有少数研究人员已经使用互联网搜索数据、网络流量数据、外汇新闻文本数据等来预测外汇汇率趋势，但这些数据在外汇汇率预测方面仍有巨大的应用价值，在以后研究中，还应该利用其他一些非结构化的大数据来进行外汇汇率预测，如金融论坛评论数据、新浪微博数据、Twitter 数据等。④从现有的外汇汇率预测研究来看，大部分文章都是基于点的汇率预测，基于区间的外汇汇率预测文献寥寥无几，因此，以后应该更多地关注外汇汇率的区间预测，为决策者提供更加可靠的区间预测信息。⑤虽然研究人员在外汇汇率预测研究中提出了非常多的方法，但是仍需要积极探索新理论和新方法。例如，以后可以利用混频建模技术来预测外汇汇率趋势，也应该多关注多模态数据建模的方法。

其次，从公共健康与疾病监测、宏观经济市场预测和行业市场预测三个研究领域对基于网络搜索数据的社会经济行为预测研究进行了详细的论述。通过对现有研究论文的梳理和归纳发现，目前已有大量的学者使用用户搜索产生的互联网搜索数据来对各类社会经济行为进行分析和预测研究，并取得了丰富的研究成果。但是，基于互联网搜索数据的外汇汇率分析和预测研究较少，目前还处于初级阶段，因此探讨相关的互联网搜索数据对外汇汇率趋势的可预测性就是本书第 6 章研究的出发点。

最后，从外汇汇率预测、股价波动预测和原油价格波动预测三个领域对基于情感分析的金融预测研究进行了系统的总结。通过对现有该领域研究的研读和梳理归纳发现，基于情感分析的股票市场预测居多，但是基于情感分析的外汇汇率预测研究均出自 2008 年以后，且已发表期刊文章较少，这方面的研究目前还处于初级阶段，因此探究外汇新闻的情感极性对外汇汇率趋势的可预测性是本书第 7 章研究的出发点。

3 基于聚类的非线性集成学习的汇率预测方法

本章主要介绍了基于聚类的非线性集成学习方法，并且构建了一个基于SOM-KELM的非线性集成学习方法来对外汇汇率进行预测，该预测方法巧妙采用了聚类的思想将集成学习中固定加权综合集成拓展到了基于数据特征的时变加权综合集成上，有效克服了集成学习中单模型权值估计问题。在外汇汇率的预测中，取得了很好的预测性能，其预测性能显著优于一般的集成学习方法，从而说明了聚类思想在非线性集成学习中的优越性。

本章主要包括以下内容：3.1 节简要介绍相关研究；3.2 节详细介绍基于聚类的非线性集成学习方法的框架；3.3 节对基于 SOM-KELM 的非线性集成学习方法的构建过程进行详细的介绍；3.4 节利用构建的基于 SOM-KELM 非线性集成学习方法，对四个外汇汇率进行短期、中期和长期预测，同时与传统的单一基准模型和其他集成方法进行比较，并给出统计检验的分析结果；3.5 节为本章小结。

3.1 引　　言

外汇市场是一个动态的、复杂的、高波动的和不规则的市场。汇率受到许多不稳定因素的影响，包括整体经济状况、政治事件和交易者的预期（Evans and Lyons，2005）。因此，汇率预测被认为是一个具有挑战性的任务（Goodman，1979；Yu et al.，2005a）。准确预测汇率具有重要意义，因为它可以为投资者和决策者制定战略和对冲风险提供必要的依据。因此，许多研究人员将注意力集中在汇率预测上。汇率预测的困难，通常是因为大多数传统预测模型具有局限性，从而促使研究人员探索更有效的预测方法。

为了应对这一挑战，研究人员提出了各种各样的方法，包括：计量经济和统计方法，如经典的 ARIMA 模型（Chortareas et al.，2011）、误差修正模型（Moosa and Vaz，2016）、协整模型（McCrae et al.，2002）、VAR 模型（Joseph，2001）、结构模型（Meese and Rogoff，1983；Wolff，1987；Rogoff and Stavrakeva，2008）、广义自回归条件异方差模型（West and Cho，1995；Barunik et al.，2016）、MLR 模型（Rapach and Wohar，2006）、贝叶斯理论（Medeiros et al.，2001；Byrne et al.，2016）、马尔可夫机制转换模型（Markov regime switching model，MRSM）（Clarida et al.，2003）、函数型非参数模型（Ince，2014；Beckmann and Schüssler，2016）；人工智能技术，如模糊逻辑理论（Korol，2014）、ANN（Zhang et al.，1998；Hu et al.，1999；Dunis and Huang，2002；Panda and Narasimhan，2007；Sermpinis et al.，2012a）、SVR 模型（Sermpinis et al.，2015）、智能优化算法（Sermpinis et al.，2013）和深度学习技术（Shen et al.，2015）。正如这些研究所表明的，计量建模和统计方法是基于一系列假设的，其对于非线性的时间序列预测能力比较差（Yu et al.，2008b）。与此同时，人工智能技术通常存在参数选择和过拟合问题（Yu et al.，2008a）。为了解决这些问题，研究人员开发了许多综合集成方法以提高预测性能，如协整模型与误差修正组合（McCrae et al.，2002；Moosa and Vaz，2016）、基于压缩技术的贝叶斯模型（Wright，2008）、卡尔曼滤波与神经网络组合（Sermpinis et al.，2012a）、基于遗传算法的支持向量回归模型（Sermpinis et al.，2015）、分解-集成方法（Yu et al.，2008a；Plakandaras et al.，2015）。

在实践中，很少有单一模型能够在所有情况下都获得最佳的预测性能。每个模型都有自己的优点和缺点。如果有许多可用的单模型，那就可以将它们综合集成起来，形成一个具有每个单模型优点的综合集成模型。Bates 和 Granger（1969）在他们关于集成预测的开创性文章中指出，相对于单一模型的预测结果，每个模型预测结果的线性组合将会获得更小的误差方差。从那时起，有关综合集成预测的研究就得到了飞速的发展。其中，Ginzburg 和 Horn（1994）也提出综合集成几个 FNN 模型能够提高时序预测的能力。Clemen（1989）也对这方面的研究工作做了一个文献综述，感兴趣的读者可以参阅相关文献。

然而，以前的综合集成预测方法主要存在两个缺点：第一，这些方法的组合被限制为线性加权集成，可能不一定适用于所有情况；第二，由于弱预测器预测误差的特征可能随时间而变化，采用固定权重集成进行预测的效果不佳。因此，需要根据每个弱预测器的预测数据的类簇来改变弱预测器集成的权重。为了尝试解决这两个问题，本章提出了一种基于聚类的非线性集成学习方法。在这个方法中，首先，采用 ARIMA、MLP 和 KELM 模型做单一预测；其次，我们利用 SOM 神经网络将单模型的预测结果划分为几个特征相似的类簇；最后，使用 KELM 模型对每个类簇中的单模型预测进行非线性集成预测，从而形成最终的集成预测结果。为了检验所提出的 SOM-KELM 非线性集成学习方法的预测能力，将对四个主要的外汇汇率进行预测。

本章研究的主要目的在于：一是说明如何构造 SOM-KELM 非线性集成学习方法；二是揭示如何使用所提出的方法预测样本外汇汇率；三是展示各种方法在汇率序列预测中的水平精度和方向精度的比较；四是探讨 SOM 技术如何影响所提出方法的最终预测性能。接下来我们主要介绍该方法的构建过程，利用所构建的 SOM-KELM 非线性集成学习方法对四个主要外汇汇率（EUR/USD、USD/CNY、GBP/USD 和 USD/JPY）进行预测，并进行实证分析。

3.2 基于聚类的非线性集成学习方法框架

集成预测的关键问题是如何将选定的弱预测器组合集成从而形成集成输出，而集成输出被认为是更准确的输出。一般来说，集成预测器的一般形式可以定义如下：

$$\hat{f}_c(x)=\sum_{i=1}^{m}w_i\hat{f}_i(x) \tag{3.1}$$

其中，$\hat{f}_c(x)$表示集成输出；m 表示弱预测器个数；w_i表示第i个弱预测器集成权重，通常这些弱预测器的权重和为 1。

很显然，在集成预测中，主要的问题是如何估计这些集成权重。通常，简单平均法（simple averaging）和加权平均法（weight averaging）是解决这一问题的两种主要集成方法。加权平均法有三种变体，即简单均方误差法（simple mean square error）、叠加回归法（modified MSE）和基于方差的加权方法（variance-based weight）（Yu et al.，2008a）。

简单平均法是一种常用的集成方法，易于实现和理解。研究表明，该方法是提高弱预测器性能的有效途径。通常，简单平均集成学习定义如下：

$$\hat{f}_c(x)=\sum_{i=1}^{m}w_i\hat{f}_i(x)=\frac{1}{m}\sum_{i=1}^{m}\hat{f}_i(x) \tag{3.2}$$

其中，每一个弱预测器的权重$w_i=1/m$。

虽然简单平均加权法是一种易于实现的集成策略，但它对每个弱预测器都进行了相同的加权处理，这意味着它不强调可以对最终泛化做出更多贡献的弱预测器。也就是说，它没有考虑到一些基于神经网络的弱预测器的预测性能可能比其他基于传统计量模型的弱预测器更准确的事实。如果弱预测器模型的方差相差很大，简单平均加权法可能不会得到更好的结果。此外，由于集成中的权值不稳定，在实践中，简单平均加权法可能不是好的选择。

加权平均法比简单平均法更通用。加权平均法通过考虑弱预测器的个体信息和交互信息，可以获得较高的预测精度。让 $e_i = f(x) - \hat{f}_i(x)$，$i = 1,2,\cdots,m$，表示第 i 个弱预测器的预测误差，那么集成预测的误差可以表示如下：

$$e_c = f(x) - \hat{f}_c(x) = \sum_{i=1}^{m} w_i e_i \tag{3.3}$$

因此，为了得到最优的集成权重，加权平均法最小化了集成预测的样本内平方和误差（sum of squares due to error，SSE），如下所示：

$$\begin{aligned} &\min \quad J = e_c^2 = \sum_{i=1}^{m}\sum_{j=1}^{m} w_i w_j e_i e_j \\ &\text{s.t.} \quad \begin{cases} \sum_{i=1}^{m} w_i = 1 \\ w_i \geqslant 0, \quad i = 1,2,\cdots,m \end{cases} \end{aligned} \tag{3.4}$$

为了节省空间，这里没有列出简单均方误差法、叠加回归法和基于方差的加权方法，这些方法的详细信息可参考 Yu 等（2008a）研究。

根据以前的研究，在估计集成权重时，加权平均法通常比简单平均法获得的预测更准确，反映了各弱预测器的不同比例贡献。然而，每个弱预测器的预测误差可能随时间而变化，甚至有些优秀的弱预测器的性能有时也不理想。因此，固定的集成权重不能很好地反映各弱预测器的有效性，这可能是现有的基于加权平均或简单平均的集成策略存在的不足之处。为了解决这个难题，我们首次提出了基于聚类的非线性集成学习方法，其主要的核心思想就是允许集成权重根据弱预测器的预测数据的类簇进行改变。基于聚类的非线性集成学习的表示形式如下：

$$\hat{f}_{c,k}(x) = \sum_{i=1}^{m} w_{i,k} \hat{f}_{i,k}(x), \quad k = 1,2,\cdots,K \tag{3.5}$$

其中，$\hat{f}_{c,k}(x)$ 为类簇 k 的集成预测结果；m 为弱预测器的个数；$w_{i,k}$ 表示第 i 个弱预测器在类簇 k 中的集成权重，通常每个类簇中的弱预测器的集成权重和为 1。在 3.3 小节中，将会详细介绍 SOM-KELM 聚类非线性集成学习方法的构建过程。

总而言之，基于聚类的非线性集成学习主要包括三个步骤：①构建弱预测器，在训练集数据中构建 m 个不同的弱预测器；②聚类策略，利用聚类方法将 m 个弱预测器的预测结果划分成 k 个类簇，其中每个类簇都有自己独有的特征；③非线性集成，利用非线性集成方法估计每个类簇中弱预测器的权重，从而可以使用对应每一类簇中的集成权重获得最终的预测结果。其流程如图 3.1 所示。

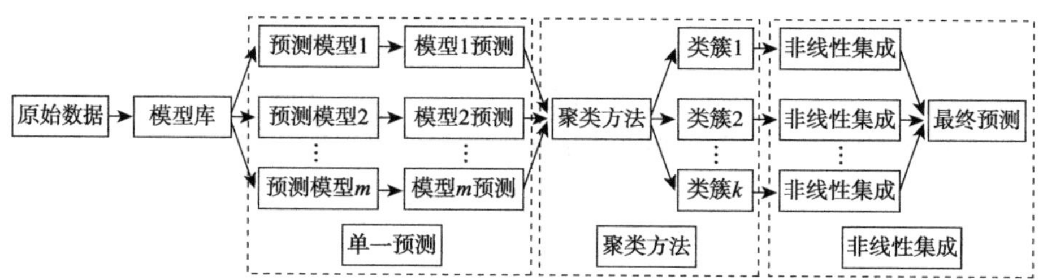

图 3.1　基于聚类的非线性集成学习方法的流程图

3.3　基于 SOM-KELM 非线性集成学习方法构建

本小节主要介绍基于 SOM-KELM 非线性集成学习方法的构建过程，其中，我们会简要介绍该方法涉及的 ARIMA、MLP、KELM 和 SOM 模型。首先，ARIMA 模型用于识别自变量和因变量之间的关系，自变量和因变量可以是外生变量或因变量的滞后，并将其用于预测汇率的线性部分。其次，将两种有监督的学习技术——以反向传播算法为训练算法的 MLP 和 KELM 应用到该方法中来预测外汇汇率的非线性部分。最后，利用基于 SOM 的无监督学习聚类方法，将弱预测器的预测数据集划分为多个类簇，每个类簇都有自己独有的特征。

3.3.1　自回归综合移动平均模型

ARIMA 实质上是自回归移动平均（autoregressive moving average，ARMA）模型的扩展，是 Box 和 Jenkins 提出的著名线性模型之一。ARMA 模型的构建需要时间序列满足平稳性，但在实践中，时间序列都会具有一定的趋势或周期特征，很难满足平稳性的假设要求，因此不能直接使用 ARMA 模型。如果非平稳的时间序列通过 d 阶差分后保持平稳，则可以利用 ARMA（p，q）模型对平稳时间序列进行建模，然后通过逆变换得到原始序列。一般来说，ARIMA 模型的形式如下所示：

$$\varphi_p\left(1-B\right)^d Z_t=\theta_0+\theta_q\left(B\right)\alpha_t \tag{3.6}$$

其中，Z_t 表示原始的时间序列；α_t 假设为独立且相同分布，平均值为零，方差为 σ^2，即 $\alpha_t \sim \text{IID}\left(0,\sigma^2\right)$；$B$ 为一个后移算子；φ_p 为自回归操作项；p 为自回归阶数；θ_q 为移动回归操作项；q 为移动回归阶数。根据式（3.6），ARIMA 模型可以很好地拟合时间序列的线性模式。然而，ARIMA 的不足之处是其无法捕捉汇率时间序列的非线性特征部分。有关该模型详细的内容，感兴趣的读者可以参考文献Box等（2015）。

3.3.2　多层感知器神经网络

人工神经网络技术在金融时间建模和预测中已得到广泛应用（Nag and Mitra，2002；Panda and Narasimhan，2007；Sermpinis et al.，2012a）。由于外汇市场具有高波动性、非线性和不规则性，许多神经网络模型已被应用于外汇汇率预测中，如MLP（Panda and Narasimhan，2007）、RBFNN（Yu et al.，2008a）和RNN（Galeshchuk，2016）。

MLP具有输入和输出之间复杂映射的能力，使得网络能够近似任何非线性函数。单隐层MLP是时间序列建模和预测中应用最广泛的网络形式。该模型的特点是其由三层简单的处理单元通过非循环链路连接而成。其输入变量（$y_{t-1}, y_{t-2}, \cdots, y_{t-p}$）与输出变量（$y_t$）的关系如下：

$$y_t = \alpha_0 + \sum_{j=1}^{q} \alpha_j f\left(\beta_{oj} + \sum_{i=1}^{p} \beta_{ij} y_{t-i}\right) + \varepsilon_t \tag{3.7}$$

其中，$\alpha_j\left(j=0,1,\cdots,q\right)$和$\beta_{ij}\left(i=0,1,\cdots,p; j=1,2,\cdots,q\right)$表示网络的参数；$p$和$q$表示输入层和输出层的节点个数。在本章研究中，隐含层的激活函数使用logistic函数，即$f\left(y\right)=1/\left(1+\exp\left(-y\right)\right)$。一般可以使用智能优化算法对MLP参数进行估计，本章使用反向传播算法对网络参数进行估计，并遵守一般的增量规则最小化总平方误差原则。

在利用MLP建模时，具有挑战性的任务是确定隐藏层的数量、每个层中的神经元数量、学习速率和动量参数。这些参数可以通过试错法确定，也可以采用粒子群优化算法来优化MLP的最佳结构。确定最优输入和输出是一项困难的工作。这个问题可以用经济学的基本理论来解决，从而确定潜在的变量。在本章研究中，自回归模型可以帮助我们识别输入变量。有关MLP更详细的内容，感兴趣的读者可以参考相关文献（Haykin and Lippmann，1994）。

3.3.3　基于核的极限学习机

ELM是由Huang等（2004b）首先提出的一种单隐层前馈神经网络（single hidden layer feedforward neural networks，SLFNs），是一种快速的深度学习算法。ELM模型以其强大的学习速度和泛化能力在许多领域得到了广泛的应用。ELM模型的重点是输入权值和偏差是随机产生的，不需要对隐含层参数进行调整。输出权值是通过简单的矩阵计算得到的，因此计算时间很短。

对于 N 个任意样本 (x_i, y_i)，$x_i \in \Re^N$，$y_i \in \Re^N$，$i=1,2,\cdots,N$。如果隐含层的激活函数为 $h(x)$，输出矩阵为 $\boldsymbol{Y}$，则 SLFNs 一般形式表示如下：

$$\boldsymbol{Y}=\begin{bmatrix} y_{1j} \\ y_{2j} \\ \vdots \\ y_{mj} \end{bmatrix}_{m\times N}=\begin{bmatrix} \sum_{i=1}^{l}\beta_{i1}h\left(\omega_i x_j+b_i\right) \\ \sum_{i=1}^{l}\beta_{i2}h\left(\omega_i x_j+b_i\right) \\ \vdots \\ \sum_{i=1}^{l}\beta_{im}h\left(\omega_i x_j+b_i\right) \end{bmatrix}_{m\times N} \quad (j=1,2,\cdots,N) \tag{3.8}$$

其中，β 表示隐含层与输出层之间的网络输出权值；ω_i 为输入层与隐含层之间的网络输出权值；l 为隐含层的节点数目；b 为隐含层的阈值。式（3.8）也可以表示为如下形式：

$$\boldsymbol{H}\beta=\boldsymbol{Y},\quad \boldsymbol{Y}\in\Re^{N\times m},\beta\in\Re^{N\times m},\ \boldsymbol{H}=\boldsymbol{H}(\omega,b)=h(\omega x+b) \tag{3.9}$$

其中，$\boldsymbol{H}$ 表示隐含层的输出矩阵。根据 Huang 等（2004b）的研究，输入层的权值和阈值是随机产生的，而不是调整的。唯一一个未知的参数就是可以用普通最小二乘法求解得出的输出权值。因此，上述方程的解为

$$\hat{\beta}=\boldsymbol{H}^{\dagger}\boldsymbol{Y},\quad \boldsymbol{H}^{\dagger}=\boldsymbol{H}^{T}\left(\boldsymbol{H}\boldsymbol{H}^{T}\right)^{-1} \tag{3.10}$$

其中，$\boldsymbol{H}^{\dagger}$ 表示矩阵 $\boldsymbol{H}$ 的摩尔–彭罗斯广义逆。根据岭回归理论和正交投影法，可以通过增加一个正惩罚因子 $1/C$ 来计算 β，如下所示：

$$\hat{\beta}=\boldsymbol{H}^{T}\left(1/C+\boldsymbol{H}\boldsymbol{H}^{T}\right)^{-1}\boldsymbol{Y} \tag{3.11}$$

因此，ELM 的输出函数可以表示如下：

$$f(x)=\boldsymbol{H}\hat{\beta}=\boldsymbol{H}\boldsymbol{H}^{T}\left(1/C+\boldsymbol{H}\boldsymbol{H}^{T}\right)^{-1}\boldsymbol{Y} \tag{3.12}$$

所以，ELM 模型克服了传统基于梯度的学习算法存在的过拟合、局部极小值和计算时间长等缺点。ELM 的拓扑结构如图 3.2 所示。

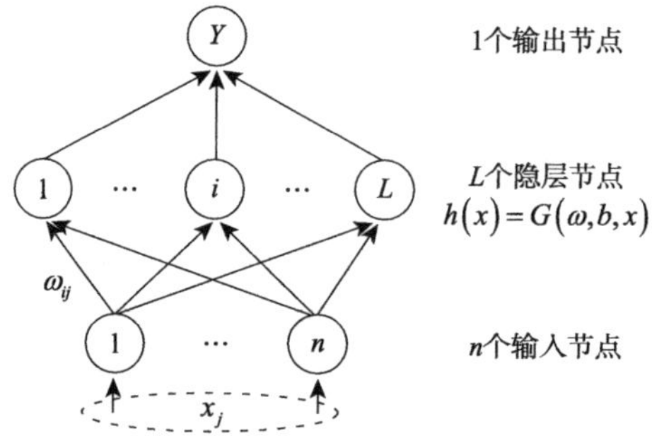

图 3.2　ELM 拓扑结构图

Huang（2014）提出了 KELM。根据 Mercer 条件，将隐含层的激活函数 $h(x)$ 替换为一个核函数。KELM 的输出函数可以表示如下：

$$f(x)=h(x)\hat{\beta}=\begin{bmatrix}k(x,x_1)\\k(x,x_2)\\\vdots\\k(x,x_n)\end{bmatrix}^T\left(1/C+\boldsymbol{H}\boldsymbol{H}^T\right)^{-1}\boldsymbol{Y} \tag{3.13}$$

在式（3.13）中，特征映射 $h(x)$ 不需要为用户所知，用户使用其相应的核函数即可。这就意味着核函数代替了 ELM 的随机映射，使得 ELM 输出的权值更稳定。因此，KELM 的泛化性能优于 ELM。在本章研究中，KELM 的核函数采用径向基核函数。有关 KELM 更详细的内容，感兴趣的读者可以参考文献 Huang（2014）。

3.3.4 自组织映射神经网络

SOM 算法最早由 Kohonen（1990）提出，是目前最流行的基于无监督竞争学习的 ANN 模型之一。SOM 可以从过去的样本中学习，建立连续高维输入空间 Φ 到离散低维输出空间 χ 的映射。这个离散输出空间由 q 个神经元组成，这些神经元按照某种固定的拓扑结构排列，如二维矩形或六边形网格。这个映射 $c(X):\varphi\to\chi$ 由权重向量 $\boldsymbol{W}=(w_1,w_2,\cdots,w_q)$ 来定义，并将神经元指标赋给输入向量 $\boldsymbol{x}(t)$：

$$i^*(t)=\arg\min_{\forall i}\left\{\left\|\boldsymbol{x}(t)-w_i(t)\right\|\right\} \tag{3.14}$$

其中，$\left\|\boldsymbol{x}(t)-w_i(t)\right\|$ 表示欧氏距离；t 为当前迭代。重要的是要注意权重向量与输入模式具有相同的维度。

将竞争学习规则应用于权重向量的训练。当输入向量进入网络时，权重向量与输入向量最相似的神经元及其相邻神经元的权重向量更新如下：

$$w_i(t+1)=w_i(t)+\alpha(t)h(i^*,i;t)\left[\boldsymbol{x}(t)-w_i(t)\right] \tag{3.15}$$

然后自适应神经元的权重向量稍微向输入向量移动。移动速度由学习速率 α 控制，且学习速率随时间呈指数下降。受这种自适应性影响的神经元数量是由一个邻域函数 $h(x)$ 决定的。高斯函数是最常见的邻域函数，如下所示：

$$h(i^*,i;t)=\exp\left(-\frac{\left\|r_i(t)-r_{i^*}(t)\right\|^2}{2\sigma^2(t)}\right) \tag{3.16}$$

其中，$\left\|r_i(t)-r_{i^*}(t)\right\|$ 为输出空间 χ 中神经元 i 和神经元 i^* 的距离；$\sigma(t)$ 为 t 时刻邻

域函数的半径，其以指数形式减小，以保证训练过程中邻域的缩小。

低维输出空间能够显示隐藏在高维数据中的结构模式，如类簇和空间关系（Vesanto and Alhoniemi，2000）。因此，使用 SOM 将历史数据划分为几个类簇，每个类簇都有自己独特的数据特征。

3.3.5 基于 SOM-KELM 非线性集成学习方法

上文已经简要介绍了基于 SOM-KELM 非线性集成学习方法所要用到的单模型，有三个弱预测器：ARIMA 模型用于拟合外汇汇率数据的线性模式；MLP 和 KELM 主要用于捕获外汇汇率走势的非线性特征；SOM 神经网络主要用于对弱预测器的预测结果进行聚类。按照图 3.1 的总体框架及上述的方法技术，基于 SOM-KELM 非线性集成学习方法的流程见图 3.3。

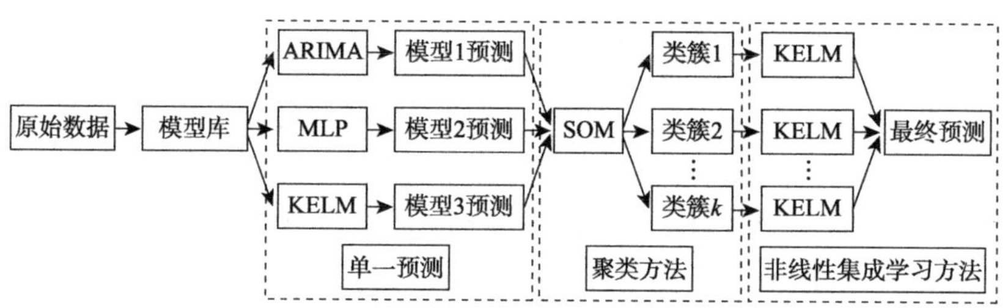

图 3.3 基于 SOM-KELM 非线性集成学习方法的流程图

由图 3.3 可以看出，所提出的基于 SOM-KELM 非线性集成学习方法主要由以下三个步骤组成。

（1）使用 ARIMA、MLP、KELM 作为弱预测器分别对原始的外汇汇率数据进行建模预测，因此，弱预测器对应的预测结果都可以获得。

（2）SOM 神经网络聚类方法被用来识别所有弱预测器预测结果之间的数据特征差异，并且依据它们的特性对这些数据划分为 k 个类簇，具体而言，SOM 方法将 ARIMA、MLP 和 KELM 的预测值划分成不同的类簇，各个类簇间具有彼此相似的数据特征。

（3）使用 k 个 KELM 模型对每个类簇分别进行非线性集成预测，从而产生原始时间序列的最终预测值，因为，相同类簇中的数据集，拥有很多共同的特点，所以对它们分别建立集成模型比对含有不同特性的数据直接建模精度要高得多，且各自的集成模型可以更加充分地学习输入集与输出集之间的映射关系。

本章所提出的基于聚类非线性集成学习框架的 SOM-KELM 非线性集成学习方法可以简写为 CNE。

为了验证 CNE 方法的有效性，对四个主要外汇汇率数据进行建模测试，具体详见 3.4 节。

3.4 实证研究

在本节中，有两个主要问题：①评价我们提出的 CNE 汇率预测方法的有效性；②与其他几种常用的基准模型的预测性能相比，证实所提出的 CNE 方法的优越性。因此，我们采用了四个主要的外汇汇率数据来测试所提出的 CNE 学习方法。3.4.1 小节简要介绍研究数据与评价准则，3.4.2 小节详细地给出预测性能的比较，预测结果的统计检验与分析见 3.4.3 小节。

3.4.1 数据描述与评价准则

在本章研究中使用四个主要的外汇汇率：欧元兑美元（EUR/USD）、美元兑人民币（USD/CNY）、英镑兑美元（GBP/USD）和美元兑日元（USD/JPY）进行预测比较。数据是从 2016 年 1 月 4 日到 2018 年 12 月 31 日的日度数据，数据取自 Wind 数据库。四个外汇汇率时间序列趋势如图3.4~图 3.7 所示。为了检验模型的预测能力，这些数据被划分为训练集与测试集，如表 3.1 所示。为了节省空间，具体的数据我们这里没有列出，感兴趣的读者可从 Wind 数据库或笔者处获取。

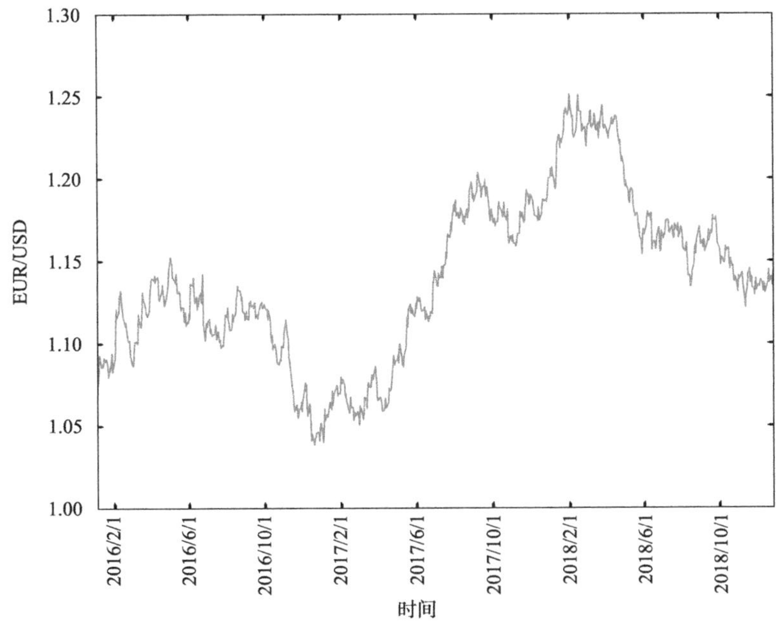

图 3.4 日度 EUR/USD 时间序列的趋势图

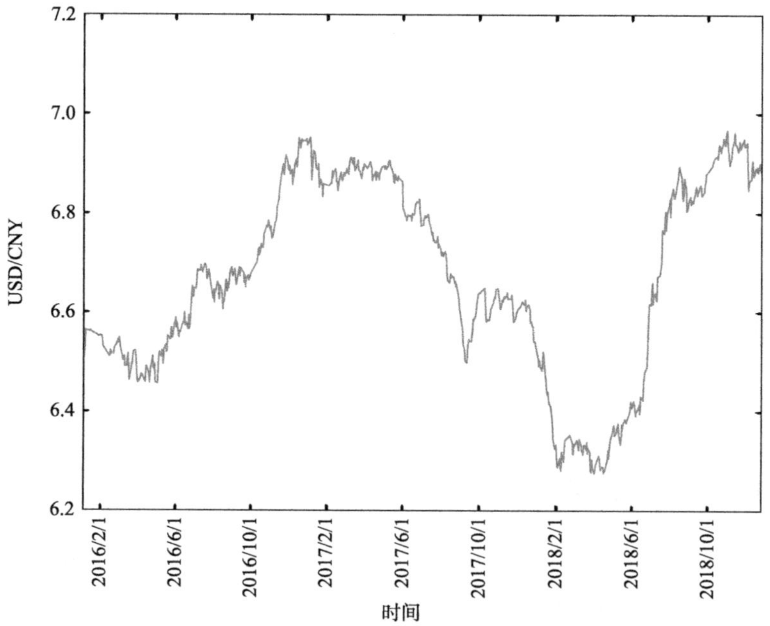

图 3.5　日度 USD/CNY 时间序列的趋势图

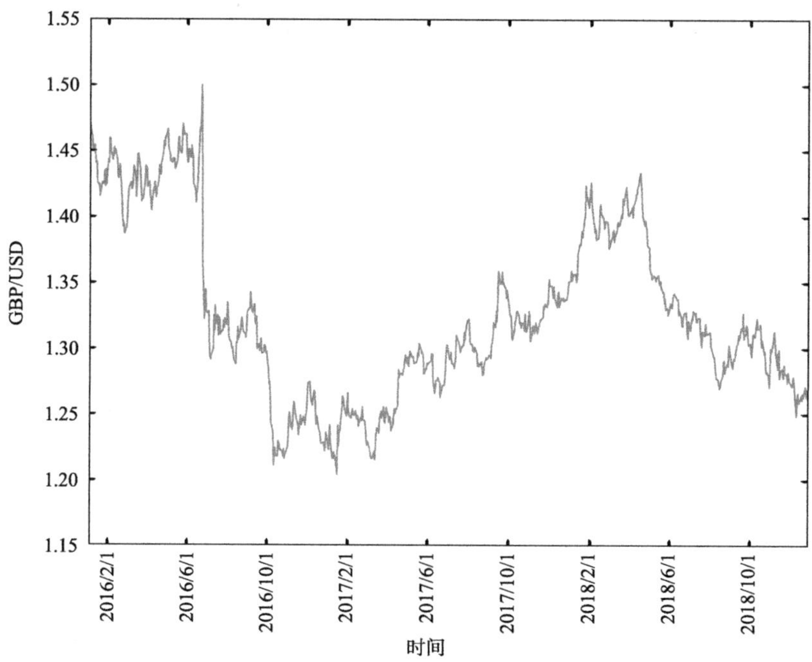

图 3.6　日度 GBP/USD 时间序列的趋势图

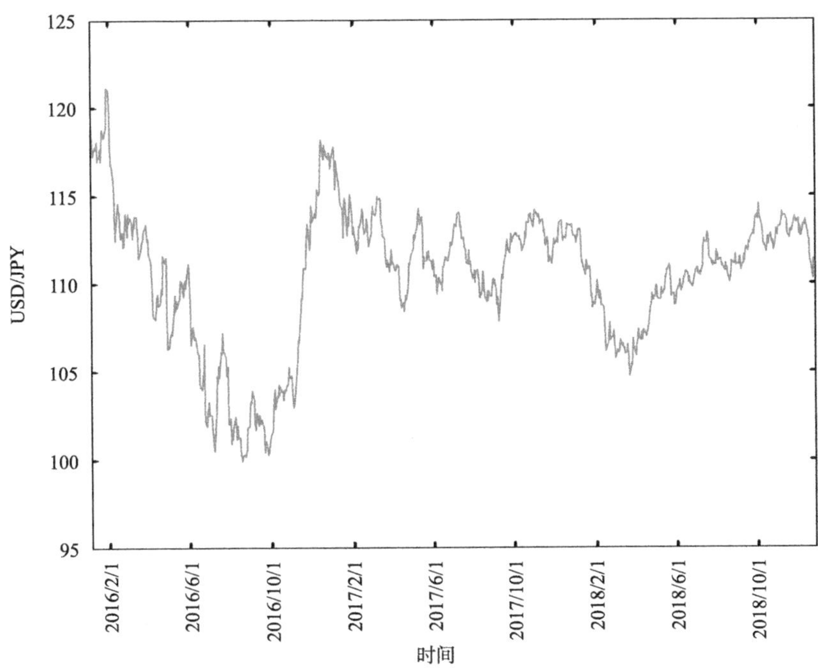

图 3.7 日度 USD/JPY 时间序列的趋势图

表 3.1 四个外汇汇率训练集与测试集的划分

汇率样本	样本类型	起始日期	截止日期	样本量
EUR/USD	训练集	2016.1.4	2018.5.31	629
	测试集	2018.6.1	2018.12.31	152
USD/CNY	训练集	2016.1.4	2018.5.31	587
	测试集	2018.6.1	2018.12.31	144
GBP/USD	训练集	2016.1.4	2018.5.31	629
	测试集	2018.6.1	2018.12.31	152
USD/JPY	训练集	2016.1.4	2018.5.31	629
	测试集	2018.6.1	2018.12.31	152

表 3.2 给出了四个外汇汇率数据的描述性统计，它清楚地表明这四个外汇汇率数据的统计特征是不同的，特别是外汇汇率时间序列的波动是不稳定的。此外，采用偏态统计量来描述数据的对称性，偏态的绝对值越大，不对称性越明显，还采用了峰度，即汇率数据的陡度来描述这组数据，对于这个统计量，大于 0 的值

表明数据集的分布比标准高斯分布更陡，小于 0 的值表明数据集的分布小于标准高斯分布，如果这个值等于 0，那么变量的分布和标准高斯分布是相同的。

表 3.2　四个外汇汇率数据简单统计描述

汇率	最小值	最大值	平均值	标准差	偏度	峰度
EUR/USD	1.038 8	1.251 1	1.139 3	0.049 9	0.139 6	2.363 3
USD/CNY	6.276 4	6.967 0	6.670 6	0.191 6	−0.288 6	1.995 6
GBP/USD	1.204 5	1.500 2	1.326 3	0.066 4	0.477 4	2.297 7
USD/JPY	99.920 0	121.120 0	110.445 3	3.954 2	−0.623 3	3.309 0

此外，为了评估所提出 CNE 方法与其他一些基准模型的水平预测精度和方向预测精度。本章采用两个评价标准对训练集和测试集的预测能力进行比较：平均绝对百分比误差（MAPE）和方向对称性（DS），具体公式如下：

$$\text{MAPE}=\frac{1}{T}\sum_{i=1}^{T}\left|\frac{x_i-\hat{x}_i}{x_i}\right|\times 100\% \qquad (3.17)$$

$$\text{DS}=\frac{1}{T}\sum_{i=1}^{T}d_i\times 100\%,\text{where}\quad d_i=\begin{cases}1, & (x_i-x_{i-1})(\hat{x}_i-x_{i-1})\geqslant 0\\ 0, & \text{其他}\end{cases} \qquad (3.18)$$

其中，T 为观测点个数；x_i 和 $\hat{x}_i$ 分别表示 i 时刻的真实值与预测值。MAPE 测量真实值和预测值之间的偏差，较小的值表示较高的精度。方向预测精度的性能由 DS 进行评价，方向预测精度越高，预测性能越好。

为了进一步从统计视角比较不同预测模型的水平预测精度，DM 统计量被用来测试不同预测模型的统计显著性（Diebold and Mariano，2002）。DM 主要是测试不同模型的预测能力期望预测精度相等的零假设。在本章研究中，损失函数选择均方预测误差（MSE），零假设是所测试模型 A 的 MSE 不小于基准模型 B。DM 统计量定义如下：

$$S_{\text{DM}}=\frac{\bar{g}}{\sqrt{\hat{V}_{\bar{g}}/T}} \qquad (3.19)$$

其中，$\bar{g}=\sum_{t=1}^{T}g_t/T$，$g_t=(x_t-\hat{x}_{A,t})^2-(x_t-\hat{x}_{B,t})^2$；$\hat{V}_{\bar{g}}=\gamma_0+2\sum_{l=1}^{\infty}\gamma_l$，$\gamma_l=\text{cov}(g_t,g_{t-l})$；$\hat{x}_{A,t}$ 和 $\hat{x}_{B,t}$ 为 t 时刻测试模型 A 和基准模型 B 分别计算的预测值。在这里单侧检验被用来测试 S_{DM} 统计量，当 S_{DM} 值和 p 值小于 α 显著性水平（0.05 或 0.01），则拒绝原假设，否则，不能拒绝原假设。

本章还使用 PT 统计量从统计视角检验预测模型的方向预测能力（Pesaran and

Timmermann，1992）。在 PT 检验中，零假设假定真实的与预测的运动趋势是相互独立的。因此，PT 统计量在零假设条件下渐近地服从 $N(0,1)$ 分布，其可定义如下：

$$S_{\mathrm{PT}}=\left[\frac{P_*(1-P_*)}{T}\right]^{-0.5}\left(\hat{P}-P_*\right) \tag{3.20}$$

其中，$\hat{P}=\frac{1}{T}\sum_{t=1}^{T}H_t\left[(\hat{x}_{t+1}-\hat{x}_t)(x_{t+1}-x_t)\right]$ 表示依据趋势移动正确预测的比例项，$P_*=p_1\hat{p}_1+(1-p_1)(1-\hat{p}_1)$ 为实际的与预测的运动趋势是相互独立的成功比率，其中，$p_1=1/T\sum_{t=1}^{T}H_t\left[(x_{t+1}-x_t)\right]$，$\hat{p}_1=1/T\sum_{t=1}^{T}H_t\left[(\hat{x}_{t+1}-\hat{x}_t)\right]$，$H(z)$ 为 Heaviside 函数，如果 $z\leqslant 0$，那么 $H(z)=0$，否则 $H(z)=1$。同样地，将 S_{PT} 值和对应的 p 值进行比较，可以从统计的视角评估不同模型的方向预测能力。

值得注意的是，在本章研究中，我们不仅使用提前 1 步预测尺度来评价所提出的 CNE 方法的短期外汇汇率预测性能，而且提前 3 步与提前 6 步也被用来测试其中期、长期的预测性能。假设给定一个外汇汇率时间序列 $x_t\,(t=1,2,\cdots,T)$，提前 h 步预测定义如下：

$$\hat{x}_{t+h}=f\left(x_t,x_{t-1},\cdots,x_{t-(l-1)}\right) \tag{3.21}$$

其中，$\hat{x}_{t+h}$ 为 t 时间提前 h 步的预测值，在本章研究中 $h=1,3,6$；x_t 为 t 时间的实际值；l 为汇率时间序列数据的滞后阶数。

3.4.2 预测性能比较

为了对比所提出的 CNE 方法的样本外预测性能，3 个传统的单模型和 4 个主要的集成学习方法被用作基准模型，包括 ARIMA、MLP、KELM、SA、SMSE、VW、NE①。在本章研究中，ARIMA（*p-d-q*）模型中的参数使用施瓦茨准则极小化进行估计，MLP 单模型中隐含层神经元数目是 7，输出层神经元个数为 1，训练阶段的迭代次数为 10 000 次。MLP 和 KELM 模型的输入格式由自相关函数与偏相关函数确定，KELM 的隐含层神经元个数利用试错法确定，输出层神经元个数为 1，其核函数选择高斯核函数，惩罚参数 C 与带宽 σ 使用网格搜索算法确定。所有的单模型、集成方法和 SOM 神经网络都是通过 Matlab 2017b 软件实现的。

依据水平预测精度和方向预测精度准则，在不同的预测尺度下，每个模型的预测性能见表 3.3~表 3.5。从这三个表中，通过对比 MAPE 和 DS，我们可以清楚

① SA，基于简单平均集成学习；SMSE，基于简单的均方误差的集成学习；VW，基于方差加权的集成学习；NE，基于非线性集成学习；CNE，基于聚类非线性集成学习。

地看到每个模型在四个外汇汇率数据集上的预测性能。显而易见，实证结果表明，在提前 1 天、提前 3 天和提前 6 天的预测尺度下，我们本章所提出的基于聚类的非线性集成方法 CNE 在四个外汇汇率预测中都要优于单预测模型和其他集成预测方法。这说明所提出的 CNE 是一种有效的外汇汇率预测工具。

表 3.3　模型预测性能比较：提前 1 天预测结果（一）

模型	EUR/USD		USD/CNY		GBP/USD		USD/JPY	
	MAPE	DS	MAPE	DS	MAPE	DS	MAPE	DS
ARIMA	1.269	48.61	1.143	47.92	1.756	49.31	1.211	49.31
MLP	1.012	57.64	0.978	52.08	1.352	55.56	1.339	56.25
KELM	0.896	59.87	0.714	57.64	0.725	59.21	0.715	60.53
SA	0.581	63.16	0.597	61.11	0.636	64.47	0.606	63.82
SMSE	0.426	68.42	0.381	65.28	0.414	67.77	0.399	67.11
VW	0.374	69.74	0.348	67.36	0.391	70.39	0.358	69.08
NE	0.196	73.03	0.190	68.75	0.235	70.34	0.210	73.68
CNE	0.181	78.29	0.133	71.53	0.202	78.95	0.157	77.63

表 3.4　模型预测性能比较：提前 3 天预测结果（一）

模型	EUR/USD		USD/CNY		GBP/USD		USD/JPY	
	MAPE	DS	MAPE	DS	MAPE	DS	MAPE	DS
ARIMA	1.609	47.22	1.584	46.53	1.804	45.14	1.736	44.44
MLP	1.438	50.00	1.326	50.69	1.513	49.31	1.537	48.61
KELM	1.035	55.26	1.005	54.86	1.156	54.61	1.191	53.95
SA	1.010	57.89	0.936	59.03	1.117	59.87	0.943	59.21
SMSE	0.771	63.16	0.765	61.11	0.846	62.50	0.787	61.84
VW	0.682	67.11	0.714	63.19	0.708	66.45	0.725	65.79
NE	0.597	68.42	0.585	65.97	0.607	67.76	0.633	67.11
CNE	0.536	70.05	0.452	68.75	0.511	69.08	0.496	68.42

表 3.5 模型预测性能比较：提前 6 天预测结果（一）

模型	EUR/USD		USD/CNY		GBP/USD		USD/JPY	
	MAPE	DS	MAPE	DS	MAPE	DS	MAPE	DS
ARIMA	3.145	46.53	3.026	45.83	3.369	44.44	3.378	43.75
MLP	2.739	47.92	2.735	49.31	2.958	47.22	3.011	47.92
KELM	2.053	53.95	2.254	52.78	2.382	53.29	2.447	52.63
SA	1.843	57.24	1.895	57.64	2.036	53.95	2.151	55.26
SMSE	1.369	65.13	1.489	59.72	1.605	57.89	1.793	58.55
VW	1.253	66.45	1.391	61.81	1.491	65.13	1.502	63.82
NE	1.059	67.76	1.106	64.58	1.203	65.79	1.290	65.13
CNE	0.968	69.08	0.914	67.36	1.025	67.76	1.021	67.13

从表 3.3 的提前 1 天预测结果中我们可以得出结论：①我们所提出的 CNE 在四个外汇汇率预测结果中 DS 和 MAPE 均是最高的，在 GBP/USD 预测中，DS 达到了 78.95%，而在 USD/CNY 中，MAPE 最小，为 0.133%，USD/CNY 预测的 DS 是四个汇率中最小的，这也暗示着在美元兑人民币汇率测试集中波动较大。②五个集成预测模型的 MAPE 和 DS 明显好于三个单模型，原因是集成方法综合考虑了三个单模型预测性能，从而显著提高了汇率预测能力。③在三个单模型中，KELM 和 MLP 的预测性能均优于 ARIMA 模型，并且 ARIMA 模型的方向精度均小于 50%，这说明机器学习方法在非线性时间序列预测中要优于传统计量模型。④在五个集成预测方法中，其 DS 均高于 61%，所提出的 CNE 的方向精度要比最差的 SA 集成学习高出 10.42%~15.13%，这也就说明基于聚类的思想显著地提高了非线性集成学习的预测精度。

从表 3.4 和 3.5 的提前 3 天和提前 6 天的预测结果中，我们也可以得出一些结论：①随着预测尺度的增长，每个模型的预测性能都有所减弱，如所提出 CNE 方法在 USD/CNY 的预测中，在提前 1 天、提前 3 天和提前 6 天的预测结果里，MAPE 分别为 0.133%、0.452%和 0.914%，DS 分别是 71.53%、68.75%和 67.36%，可能的原因是随着预测尺度的增加大量预测信息浪费了。②所提出的 CNE 在四个外汇汇率预测结果中方向预测精度（DS）和水平预测精度（MAPE）依然是最好的。例如，在提前 3 天预测结果里面，DS 最高的是 EUR/USD 预测，高达 70.05%，USD/CNY 预测的 MAPE 最小，为 0.452%，仍然是四个汇率中最差的。③五个集成预测模型的 MAPE 和 DS 仍优于三个单模型，其中的原因是集成方法综合考虑了三个单模型预测性能从而显著提高了汇率预测性能。④在三个单模型中，KELM 和 MLP 的预测性能仍优于 ARIMA 模型，ARIMA 模型的方向精度均小于 48%，这表明机器学习方法在非线性时间序列多尺度预测中也要优于传统计量模型。⑤在五个集成预测方法中，SA 模型除了在 GBP/USD 的提前 6 天预测中 DS 为 53.95%，其余 DS 均高于 55%，在多尺度预测中也揭示出基于聚类的策略显著地提高了非线性集成学习的预测能力。

3.4.3　统计检验与分析

为了进一步验证所提出的 CNE 方法的统计优势，我们计算了预测结果的 DM 统计量，本章研究采用均方误差作为 DM 损失函数。表 3.6~表 3.8 分别是提前 1 天预测、提前 3 天预测和提前 6 天预测的 DM 检验结果。

表 3.6　模型预测性能 DM 检验：提前 1 天预测结果（一）

汇率	模型	CNE	NE	VW	SMSE	SA	KELM	MLP
EUR/USD	NE	−1.985 9 (0.023 5)						
	VW	−2.148 5 (0.015 8)	−2.095 8 (0.018 0)					
	SMSE	−2.478 3 (0.006 6)	−2.215 4 (0.013 4)	−1.965 3 (0.024 7)				
	SA	−3.105 5 (0.000 9)	−3.056 9 (0.001 1)	−3.004 1 (0.001 3)	−2.996 8 (0.001 4)			
	KELM	−3.395 6 (0.000 3)	−3.267 8 (0.000 5)	−3.185 3 (0.000 7)	−3.062 4 (0.001 1)	−1.965 3 (0.024 7)		
	MLP	−3.695 8 (0.000 1)	−3.556 3 (0.000 2)	−3.402 2 (0.000 3)	−3.365 1 (0.000 4)	−2.516 5 (0.005 9)	−1.841 2 (0.032 8)	
	ARIMA	−4.602 2 (0.000 0)	−4.511 6 (0.000 0)	−4.336 8 (0.000 0)	−4.214 3 (0.000 0)	−3.895 1 (0.000 0)	−2.996 1 (0.001 4)	−2.346 8 (0.009 5)
USD/CNY	NE	−2.102 9 (0.017 7)						
	VW	−2.265 1 (0.011 8)	−2.013 6 (0.022 0)					
	SMSE	−2.574 4 (0.005 0)	−2.369 8 (0.008 9)	−1.984 1 (0.023 6)				
	SA	−3.339 6 (0.000 4)	−3.206 9 (0.000 7)	−3.021 4 (0.001 3)	−2.899 6 (0.001 9)			
	KELM	−3.694 1 (0.000 1)	−3.514 2 (0.000 2)	−3.401 7 (0.000 3)	−3.215 7 (0.000 7)	−1.956 8 (0.025 2)		
	MLP	−3.714 8 (0.000 1)	−3.601 2 (0.000 2)	−3.512 0 (0.000 2)	−3.401 5 (0.000 3)	−2.439 6 (0.007 4)	−1.825 3 (0.034 0)	
	ARIMA	−4.691 8 (0.000 0)	−4.547 8 (0.000 0)	−4.401 1 (0.000 0)	−4.312 4 (0.000 0)	−3.915 6 (0.000 0)	−3.112 5 (0.000 9)	−2.451 9 (0.007 1)

续表

汇率	模型	CNE	NE	VW	SMSE	SA	KELM	MLP
GBP/USD	NE	−1.965 4 (0.024 7)						
	VW	−2.102 5 (0.017 8)	−2.041 7 (0.020 6)					
	SMSE	−2.531 4 (0.005 7)	−2.367 1 (0.009 0)	−1.956 8 (0.025 2)				
	SA	−3.341 5 (0.000 4)	−3.214 7 (0.000 7)	−3.152 4 (0.000 8)	−2.889 7 (0.001 9)			
	KELM	−3.445 8 (0.000 3)	−3.304 1 (0.000 5)	−3.231 6 (0.000 6)	−3.096 3 (0.001 0)	−1.965 8 (0.024 7)		
	MLP	−3.665 2 (0.000 1)	−3.596 3 (0.000 2)	−3.432 1 (0.000 3)	−3.367 1 (0.000 4)	−2.612 0 (0.004 5)	−1.894 1 (0.029 1)	
	ARIMA	−4.506 3 (0.000 0)	−4.491 8 (0.000 0)	−4.396 0 (0.000 0)	−4.125 9 (0.000 0)	−3.879 1 (0.000 1)	−3.210 5 (0.000 7)	−2.339 6 (0.009 7)
USD/JPY	NE	−2.114 8 (0.017 2)						
	VW	−2.306 5 (0.010 5)	−2.206 3 (0.013 7)					
	SMSE	−2.614 4 (0.004 5)	−2.456 8 (0.007 0)	−1.899 4 (0.028 8)				
	SA	−3.542 0 (0.000 2)	−3.369 7 (0.000 4)	−3.154 3 (0.000 8)	−2.913 6 (0.001 8)			
	KELM	−3.536 7 (0.000 2)	−3.425 3 (0.000 3)	−3.314 7 (0.000 5)	−3.102 9 (0.001 0)	−1.964 7 (0.024 7)		
	MLP	−3.741 2 (0.000 1)	−3.601 8 (0.000 2)	−3.512 4 (0.000 2)	−3.341 0 (0.000 4)	−2.714 4 (0.003 3)	−1.902 2 (0.028 6)	
	ARIMA	−4.569 3 (0.000 0)	−4.412 5 (0.000 0)	−4.365 8 (0.000 0)	−4.226 1 (0.000 0)	−3.914 3 (0.000 0)	−3.310 5 (0.000 5)	−2.259 1 (0.011 9)

表 3.7 模型预测性能 DM 检验：提前 3 天预测结果（一）

汇率	模型	CNE	NE	VW	SMSE	SA	KELM	MLP
EUR/USD	NE	−1.889 4 (0.029 4)						
	VW	−1.961 7 (0.024 9)	−1.914 3 (0.027 8)					
	SMSE	−2.203 6 (0.013 8)	−2.142 3 (0.016 1)	−1.861 4 (0.031 3)				
	SA	−2.815 5 (0.002 4)	−2.521 0 (0.005 9)	−1.997 1 (0.022 9)	−1.803 6 (0.035 6)			
	KELM	−3.531 4 (0.000 2)	−3.341 2 (0.000 4)	−2.789 5 (0.002 5)	−2.125 3 (0.016 8)	−1.899 6 (0.028 7)		

续表

汇率	模型	CNE	NE	VW	SMSE	SA	KELM	MLP
EUR/USD	MLP	−3.714 3 (0.000 1)	−3.614 9 (0.000 2)	−3.364 1 (0.000 4)	−3.110 3 (0.000 9)	−1.996 4 (0.022 9)	−1.796 9 (0.036 5)	
	ARIMA	−4.451 8 (0.000 0)	−4.336 7 (0.000 0)	−4.140 2 (0.000 0)	−3.810 2 (0.000 1)	−3.321 0 (0.000 4)	−2.698 1 (0.003 5)	−2.415 0 (0.007 9)
USD/CNY	NE	−1.964 1 (0.024 8)						
	VW	−2.201 3 (0.013 9)	−1.954 2 (0.025 3)					
	SMSE	−2.296 5 (0.010 8)	−2.104 3 (0.017 7)	−1.894 2 (0.029 1)				
	SA	−2.941 0 (0.001 6)	−2.741 3 (0.003 1)	−1.996 8 (0.022 9)	−1.896 1 (0.029 0)			
	KELM	−3.596 3 (0.000 2)	−3.396 4 (0.000 3)	−2.694 1 (0.003 5)	−2.412 6 (0.007 9)	−1.865 1 (0.031 1)		
	MLP	−3.687 1 (0.000 1)	−3.459 2 (0.000 3)	−3.241 6 (0.000 6)	−3.105 4 (0.001 0)	−2.364 8 (0.009 0)	−1.801 6 (0.035 8)	
	ARIMA	−4.463 2 (0.000 0)	−4.367 8 (0.000 0)	−4.152 3 (0.000 0)	−3.963 4 (0.000 0)	−3.451 6 (0.000 3)	−2.016 3 (0.021 9)	−2.304 5 (0.010 6)
GBP/USD	NE	−1.801 1 (0.035 8)						
	VW	−1.915 4 (0.027 7)	−1.796 3 (0.036 2)					
	SMSE	−2.013 6 (0.022 0)	−1.954 1 (0.025 3)	−1.825 6 (0.034 0)				
	SA	−2.314 2 (0.010 3)	−2.026 9 (0.021 3)	−1.961 0 (0.024 9)	−1.862 9 (0.031 2)			
	KELM	−3.415 7 (0.000 3)	−3.214 2 (0.000 7)	−2.521 3 (0.005 8)	−2.361 8 (0.009 1)	−1.896 3 (0.029 0)		
	MLP	−3.559 2 (0.000 2)	−3.314 2 (0.000 5)	−3.136 7 (0.000 9)	−3.003 6 (0.001 3)	−1.976 9 (0.024 0)	−1.851 4 (0.032 1)	
	ARIMA	−4.175 3 (0.000 0)	−4.003 6 (0.000 0)	−3.901 5 (0.000 0)	−3.714 5 (0.000 1)	−3.512 6 (0.000 2)	−2.895 1 (0.001 9)	−2.216 9 (0.013 3)
USD/JPY	NE	−1.861 4 (0.031 3)						
	VW	−1.954 3 (0.025 3)	−1.816 3 (0.034 7)					
	SMSE	−2.114 5 (0.017 2)	−2.026 3 (0.021 4)	−1.869 3 (0.030 8)				
	SA	−2.714 2 (0.003 3)	−2.415 6 (0.007 9)	−1.925 6 (0.027 1)	−1.874 6 (0.030 4)			
	KELM	−3.514 3 (0.000 2)	−3.352 7 (0.000 4)	−2.412 8 (0.007 9)	−2.102 8 (0.017 7)	−1.804 4 (0.035 6)		
	MLP	−3.612 5 (0.000 2)	−3.413 9 (0.000 3)	−3.201 7 (0.000 7)	−3.016 2 (0.001 3)	−1.968 9 (0.024 5)	−1.896 3 (0.029 0)	
	ARIMA	−4.302 9 (0.000 0)	−4.125 3 (0.000 0)	−3.896 3 (0.000 0)	−3.638 7 (0.000 1)	−3.251 3 (0.000 6)	−2.667 8 (0.003 8)	−2.103 7 (0.017 7)

表 3.8 模型预测性能 DM 检验：提前 6 天预测结果

汇率	模型	CNE	NE	VW	SMSE	SA	KELM	MLP
EUR/USD	NE	−1.810 2 （0.035 1）						
	VW	−1.968 5 （0.024 5）	−1.865 4 （0.031 1）					
	SMSE	−2.214 3 （0.013 4）	−2.125 3 （0.016 8）	−1.785 3 （0.037 1）				
	SA	−2.692 5 （0.003 5）	−2.435 9 （0.007 4）	−1.854 1 （0.031 9）	−1.783 2 （0.037 3）			
	KELM	−3.330 6 （0.000 4）	−3.142 6 （0.000 8）	−2.201 4 （0.013 9）	−1.914 2 （0.027 8）	−1.715 2 （0.043 2）		
	MLP	−3.410 8 （0.000 3）	−3.312 5 （0.000 5）	−3.114 2 （0.000 9）	−2.901 5 （0.001 9）	−1.886 5 （0.029 6）	−1.685 4 （0.046 0）	
	ARIMA	−4.214 6 （0.000 0）	−4.063 7 （0.000 0）	−3.896 2 （0.000 0）	−3.753 6 （0.000 1）	−3.125 8 （0.000 9）	−2.652 3 （0.004 0）	−2.102 2 （0.017 8）
USD/CNY	NE	−1.751 2 （0.040 0）						
	VW	−1.814 3 （0.034 8）	−1.785 6 （0.037 1）					
	SMSE	−2.002 9 （0.022 6）	−1.956 2 （0.025 2）	−1.776 9 （0.037 8）				
	SA	−2.576 3 （0.005 0）	−2.378 8 （0.008 7）	−1.823 7 （0.034 1）	−1.784 2 （0.037 2）			
	KELM	−3.378 5 （0.000 4）	−3.012 5 （0.001 3）	−2.351 4 （0.009 4）	−1.996 3 （0.023 0）	−1.695 2 （0.045 0）		
	MLP	−3.402 2 （0.000 3）	−3.310 5 （0.000 5）	−3.114 9 （0.000 9）	−3.102 5 （0.001 0）	−1.874 5 （0.030 4）	−1.726 3 （0.042 1）	
	ARIMA	−4.296 3 （0.000 0）	−4.105 8 （0.000 0）	−3.856 1 （0.000 1）	−3.594 1 （0.000 2）	−2.901 5 （0.001 9）	−2.214 1 （0.013 4）	−2.003 9 （0.022 5）
GBP/USD	NE	−1.801 5 （0.035 8）						
	VW	−1.912 4 （0.027 9）	−1.895 4 （0.029 0）					
	SMSE	−2.042 6 （0.020 5）	−1.968 5 （0.024 5）	−1.801 6 （0.035 8）				
	SA	−2.481 2 （0.006 5）	−2.298 7 （0.010 8）	−1.841 9 （0.032 7）	−1.801 1 （0.035 8）			
	KELM	−3.325 6 （0.000 4）	−3.146 8 （0.000 8）	−2.263 7 （0.011 8）	−2.014 7 （0.022 0）	−1.743 6 （0.040 6）		
	MLP	−3.410 6 （0.000 3）	−3.285 4 （0.000 5）	−3.140 5 （0.000 8）	−2.852 6 （0.002 2）	−1.901 7 （0.028 6）	−1.785 4 （0.037 1）	
	ARIMA	−4.105 9 （0.000 0）	−4.002 （0.000 0）	−3.795 3 （0.000 1）	−3.584 0 （0.000 2）	−2.836 5 （0.002 3）	−2.412 8 （0.007 9）	−2.103 3 （0.017 7）

续表

汇率	模型	CNE	NE	VW	SMSE	SA	KELM	MLP
USD/JPY	NE	−1.716 2 (0.043 1)						
	VW	−1.834 1 (0.033 3)	−1.725 8 (0.042 2)					
	SMSE	−1.901 6 (0.028 6)	−1.896 2 (0.029 0)	−1.801 5 (0.035 8)				
	SA	−2.025 8 (0.021 4)	−1.896 7 (0.028 9)	−1.936 4 (0.026 4)	−1.815 2 (0.034 7)			
	KELM	−3.153 6 (0.000 8)	−3.004 9 (0.001 3)	−2.415 2 (0.007 9)	−1.996 2 (0.023 0)	−1.763 5 (0.038 9)		
	MLP	−3.417 6 (0.000 3)	−3.332 7 (0.000 4)	−3.114 2 (0.000 9)	−3.102 9 (0.001 0)	−1.896 4 (0.029 0)	−1.685 2 (0.046 0)	
	ARIMA	−4.102 8 (0.000 0)	−3.986 3 (0.000 0)	−3.752 6 (0.000 1)	−3.584 3 (0.000 2)	−2.985 4 (0.001 4)	−2.361 0 (0.009 1)	−2.012 4 (0.022 1)

根据表 3.6~表 3.8 的检验结果，我们可以得到一些结论：①在四个外汇汇率的提前 1 天、提前 3 天和提前 6 天的预测中，我们所提出的 CNE 方法被当作测试模型时，其他模型的 DM 检验结果均小于−1.68，所对应的 p 值小于 0.05，这就意味着所提出的方法的预测性能在 95%的置信水平下优于其他所有的基准模型，内在原因是综合集成思想显著提高了模型的预测能力。②在四个外汇汇率的提前 1 天、提前 3 天和提前 6 天的预测中，当 ARIMA 模型作为检验模型时，其他测试模型的 DM 检验结果小于−2，所对应的 p 值小于 0.01，这就表明五个集成方法与其他两个机器学习方法的预测性能在 99%的置信水平下优于 ARIMA 模型，可能的原因是外汇汇率的非线性、高波动性和不规则性，导致 ARIMA 模型在外汇汇率预测中性能较差。③基于四个外汇汇率的提前 1 天、提前 3 天和提前 6 天的预测数据，比较五个集成方法的预测性能可知，CNE 最好，接下来依次是 NE、VW、SMSE 和 SA，表明我们所提出的基于聚类策略显著地提升了非线性集成学习的预测精度。④在四个外汇汇率的提前 1 天、提前 3 天和提前 6 天的预测中，当 KELM 为测试模型，MLP 为比较模型时，DM 检验结果均小于−1.68，所对应的 p 值小于 0.05，表明 KELM 的水平预测性能在 95%的置信水平下优于 MLP 模型，内在原因可能是 KELM 的泛化能力要强于 MLP。⑤在四个外汇汇率预测中，随着预测尺度的增加，可以发现 DM 检验的 p 值会稍微增大，也就是说所有模型在提前 1 天预测时预测能力最好，其余依次是在提前 3 天预测和提前 6 天预测中，这内在的可能原因是，随着预测尺度的增加，在实际的汇率预测中，有些数据的信息没有被模型训练，从而导致预测性能逐渐减弱。

此外，本章也采用了 PT 统计量来检验外汇汇率的实际值和预测值的方向变化是否相同。换句话说，它检查的是汇率时间序列实际涨落之后预测值的涨落情况。原假设是研究中的模型对相关汇率没有预测能力。表 3.9~表 3.12 提供了所有模型对欧元兑美元（EUR/USD）、美元兑人民币（USD/CNY）、英镑兑美元（GBP/USD）和美元兑日元（USD/JPY）汇率的样本外预测的 PT 检验结果。

表 3.9 模型预测性能 PT 检验：日度 EUR/USD 数据（一）

模型	提前 1 天	提前 3 天	提前 6 天
ARIMA	1.985 6（0.047 1）	1.833 5（0.066 7）	1.209 6（0.226 4）
MLP	2.201 3（0.027 7）	2.010 9（0.044 3）	1.980 3（0.047 7）
KELM	2.995 3（0.002 7）	2.694 1（0.007 1）	2.401 9（0.016 3）
SA	3.114 5（0.001 8）	2.845 2（0.004 4）	2.512 4（0.012 0）
SMSE	3.894 1（0.000 1）	3.635 2（0.000 3）	3.410 2（0.000 6）
VW	3.925 6（0.000 1）	3.725 6（0.000 2）	3.358 6（0.000 8）
NE	4.365 8（0.000 0）	4.041 1（0.000 1）	3.632 6（0.000 3）
CNE	4.902 1（0.000 0）	4.423 5（0.000 0）	4.102 5（0.000 0）

表 3.10 模型预测性能 PT 检验：日度 USD/CNY 数据（一）

模型	提前 1 天	提前 3 天	提前 6 天
ARIMA	1.992 1（0.046 4）	1.843 5（0.065 3）	1.210 9（0.225 9）
MLP	2.210 3（0.027 1）	2.012 7（0.044 1）	1.993 4（0.046 2）
KELM	2.985 2（0.002 8）	2.663 5（0.007 7）	2.415 6（0.015 7）
SA	3.116 9（0.001 8）	2.874 6（0.004 0）	2.525 8（0.011 5）
SMSE	3.896 3（0.000 1）	3.674 3（0.000 2）	3.414 2（0.000 6）
VW	3.942 6（0.000 1）	3.752 8（0.000 2）	3.496 3（0.000 5）
NE	4.395 8（0.000 0）	4.115 4（0.000 0）	3.741 5（0.000 2）
CNE	4.915 2（0.000 0）	4.452 6（0.000 0）	4.002 5（0.000 1）

表 3.11 模型预测性能 PT 检验：日度 GBP/USD 数据（一）

模型	提前 1 天	提前 3 天	提前 6 天
ARIMA	1.973 5（0.048 4）	1.803 7（0.071 3）	1.200 3（0.230 0）
MLP	2.198 0（0.027 9）	2.001 4（0.045 3）	1.980 2（0.047 7）
KELM	2.886 3（0.003 9）	2.787 4（0.005 3）	2.213 5（0.026 9）

续表

模型	提前 1 天	提前 3 天	提前 6 天
SA	3.112 5（0.001 9）	2.743 6（0.006 1）	2.478 4（0.013 2）
SMSE	3.742 8（0.000 2）	3.542 6（0.000 4）	3.384 2（0.000 7）
VW	3.802 5（0.000 1）	3.644 1（0.000 3）	3.415 6（0.000 6）
NE	4.214 6（0.000 0）	4.025 3（0.000 1）	3.674 3（0.000 2）
CNE	4.758 2（0.000 0）	4.401 6（0.000 0）	3.985 2（0.000 1）

表 3.12　模型预测性能 PT 检验：日度 USD/JPY 数据（一）

模型	提前 1 天	提前 3 天	提前 6 天
ARIMA	1.982 5（0.047 4）	1.795 3（0.072 6）	1.195 2（0.232 0）
MLP	2.183 3（0.029 0）	1.995 2（0.046 0）	1.973 3（0.048 5）
KELM	2.652 3（0.008 0）	2.725 6（0.006 4）	2.154 1（0.031 2）
SA	3.025 9（0.002 5）	2.698 2（0.007 0）	2.352 8（0.018 6）
SMSE	3.542 3（0.000 4）	3.352 4（0.000 8）	3.241 0（0.001 2）
VW	3.687 4（0.000 2）	3.486 1（0.000 5）	3.296 7（0.001 0）
NE	4.214 0（0.000 0）	3.874 9（0.000 1）	3.541 6（0.000 4）
CNE	4.636 7（0.000 0）	4.296 4（0.000 0）	3.901 6（0.000 1）

表 3.9~表 3.12 的 PT 检验结果表明：①在四个外汇汇率的提前 1 天、提前 3 天和提前 6 天的预测中，本章所提出的 CNE 方法的 PT 检验结果均大于 3.9，对应的 p 值小于等于 0.000 1，表明所提出 CNE 方法的预测结果几乎在 100%置信水平下拒绝了与实际的运动方向独立的假设，也就意味着在本章提及的预测模型中，CNE 是方向预测性能最好的，也可以看出 ARIMA 模型的方向预测能力是最差的。②在四个外汇汇率的提前 1 天、提前 3 天和提前 6 天的预测中，五个集成方法预测结果的 PT 检验值显著大于三个单一模型，这就意味着集成方法的方向预测能力要优于单模型的预测性能，这主要的原因是集成思想显著提升了单模型的方向预测能力。③在四个外汇汇率的提前 1 天、提前 3 天和提前 6 天的预测中，从五个集成方法的 PT 检验结果可以看出，CNE 的方向预测精度是最高的，接下来依次是 NE、VW、SMSE 和 SA，主要得益于基于聚类策略显著提升了非线性集成学习的方向预测能力。④在四个外汇汇率的提前 1 天、提前 3 天和提前 6 天的预测中，从三个单模型的 PT 检验结果可得到，KELM 的方向预测能力稍微好于 MLP 模型，

ARIMA 模型基本是无效的，主要归因于外汇汇率数据具有非线性、高波动、不规则等特征，单模型很难保证方向预测的精度。⑤在四个外汇汇率预测中，随着预测尺度的增加，可以发现每个预测模型的 PT 值都会减小，也就是说所有模型在提前 1 天预测时方向预测性能是最优的，其余依次是提前 3 天预测和提前 6 天预测，可能原因是随着预测尺度的增加，在实际的汇率预测中，有些数据的信息没有被模型训练，从而导致每个模型方向预测能力的逐渐减弱。

3.5　本 章 小 结

本章利用聚类策略与非线性集成技术，提出了一种新的基于聚类的非线性集成学习方法，依此方法框架构建了一个融合 SOM、KELM、MLP 和 ARIMA 的基于 SOM-KELM 的非线性集成学习方法。利用该方法对四个主要国际货币的汇率进行了预测比较，基于得到的实证结果，可以得到五个结论：①在四个外汇汇率的提前 1 天、提前 3 天和提前 6 天的预测中，本章所提出 SOM-KELM 非线性集成预测方法在水平预测精度和方向预测精度上显著优于单预测模型和其他四种集成预测方法。②在四个外汇汇率的提前 1 天、提前 3 天和提前 6 天的预测中，五个集成方法的水平预测与方向预测性能均好于其他三个单模型，这主要的原因是集成学习的思想显著提升了单模型的水平预测和方向预测性能。③在四个外汇汇率的提前 1 天、提前 3 天和提前 6 天的预测中，从五个集成方法的预测中比较可得，本章所提出的 CNE 方法的水平预测和方向预测性能均是最好的，接下来依次是 NE、VW、SMSE 和 SA，主要得益于基于聚类策略显著地提升了非线性集成学习的水平预测和方向预测能力。④在四个外汇汇率的提前 1 天、提前 3 天和提前 6 天的预测中，从三个单模型预测结果可得到，KELM 的水平预测和方向预测能力均好于 MLP，线性的 ARIMA 模型预测效果基本是无效的，这主要归因于 KELM 的泛化能力要好于 MLP，另外就是外汇汇率数据所具有的非线性、高波动、不规则等特征，导致线性的 ARIMA 模型水平预测和方向预测均失效。⑤在四个外汇汇率预测中，随着预测尺度的增加，可以发现每个模型的预测性能均会逐渐减弱，也就是说所有模型在提前 1 天预测时水平预测和方向预测性能是最优的，其余依次是在提前 3 天预测和提前 6 天预测中，可能的原因是随着预测尺度的增加，在实际的汇率预测中，有些数据的信息没有被模型训练，从而导致每个模型的水平预测和方向预测能力逐渐减弱。

4　基于分解-聚类-集成学习的汇率预测方法

本章主要介绍了分解-聚类-集成学习方法构建过程，并提出了一个基于EEMD-LSSVR-K的分解-聚类-集成方法来对汇率的走势进行预测。该方法利用聚类策略将分解-集成学习方法中固定权值综合集成扩展到基于局部数据特征加权的综合集成上，从而克服了分解-集成方法中固定权值综合集成的不足。同时将该方法应用于外汇汇率预测，与分解-集成方法和传统的单模型相比较，有较高的预测精度，从而说明了基于聚类的策略在分解-集成学习方法中的重要性。

本章主要包括以下内容：4.1 节主要对相关研究进行简单介绍；4.2 节介绍分解-聚类-集成学习方法的框架；4.3 节对基于 EEMD-LSSVR-K 的分解-聚类-集成学习方法的构建过程进行详细的介绍；4.4 节利用构建的集成预测模型，对四个外汇汇率进行短期、中期和长期预测，同时与传统的单一基准模型和综合集成基准模型进行比较，并给出统计检验的分析结果；4.5 节为本章小结。

4.1　引　　言

随着人民币国际化进程的不断深入、资本账户的逐步开放和人民币汇率制度的改革完善，人民币的国际影响力与日俱增，人民币跨境使用发展迅速，其作为全球支付货币的功能在稳步增强，作为计价、储备与投资货币的功能也在逐渐显现。SWIFT 的报告显示，2016 年 12 月，人民币在全球支付中占比为 1.68%，是全球第六大活跃货币。2015 年 11 月，IMF 宣布启动包括人民币在内的新的 SDR 计价篮子。2016 年 10 月 1 日，人民币正式加入 IMF 的 SDR 的货币篮子，自此 SDR 的价值由美元、欧元、人民币、日元、英镑这五种货币所构成的一篮子货币的当期汇率确定，它们所占权重分别为 41.73%、30.93%、10.92%、8.33%和 8.09%，由此人民币权重超过日元和英镑，成为 SDR 中第三大储备货币。随着中国经济的发展，人民币的国际影响力也在迅速提升，准确预测外汇汇率走势，科学分析外汇汇率变动，对投资者和决策者制定策略、规避风险具有重要意义。然而，由于汇率数据的非线性和高度复杂性，汇率预测被认为是一项具有挑战性的任务，开发一种更有效的汇率预测方法，提高汇率的预测性能，在理论和实践上都是非常重要的。

因此，探索一种具有足够学习能力的更有效的预测模型对于外汇汇率预测是非常有必要的。在实践中，每个单模型都有自己的优点和缺点，因此单个模型不可能在所有情况下都具有最佳性能。为了克服单一模型的不足，提高预测性能，就提出了集成学习方法，其核心思想是通过某种组合策略将单模型集成在一起，其充分考虑了单模型的优点，显著地提高了单模型预测性能（Clarida et al.，2003；Wright，2008；Sermpinis et al.，2013，2015；Sun et al.，2017；Zorzi et al.，2017；Yu et al.，2018b）。在这些研究中，Yu 等（2008b）提出了一种预测原油价格的分解–集成学习方法，该方法首先将原始的原油价格分解为多个子模态，其次分别对子模态进行建模预测，最后使用集成学习方法将子模态的预测结果进行综合集成，形成最终的原油价格预测结果。目前，该方法框架在时间序列预测中得到了广泛的应用，如金融时间序列预测（Plakandaras et al.，2015；Sun S L et al.，2018b）、国际原油价格预测（He et al.，2012；Zhang et al.，2015；Yu et al.，2016）、核能消费预测（Tang et al.，2012）等。

集成学习方法被证实是提高预测能力的有效方法。但是现有的研究也表明不同预测方法的简单组合往往存在一些缺陷，首先，这些方法的组合被限制为线性加权集成，不一定适用于所有情况。此外，这些弱预测器预测误差的特征可能随时间而变化，这就导致了第二个缺点。S.L. Sun 等（2018b）的研究证实了 CNE 可以有效解决集成学习中存在的以上两个不足。基于 Sun 等的研究工作，本章我们提出了分解–聚类–集成的学习方法来预测外汇汇率走势。

在本章中，我们构建了基于 EEMD-LSSVR-K 的分解–聚类–集成学习方法来对四个主要的外汇汇率进行预测。在这个方法中，第一，利用 EEMD 将原始外汇汇率时间序列分解成有限个本征模态函数和残差部分；第二，利用 LSSVR 模型分别对各个本征模态函数与残差进行建模预测；第三，采用 K 均值作为聚类方法对模态序列和残差项的预测结果进行聚类，并得到聚类中心；第四，利用另一个 LSSVR 模型来估计每个类簇中模态成分和残差项的集成权重，然后利用相应类簇的集成权重得到最终的集成预测结果。

本章研究的主要内容：一是为了克服传统的分解–集成学习方法的不足而提出了一种新的分解–聚类–集成学习方法；二是探索本章所提出的分解–聚类–集成学

习方法的预测能力。接下来我们主要介绍该方法的建立过程，利用构建的基于EEMD-LSSVR-K 的分解–聚类–集成学习方法对四个主要外汇汇率（EUR/USD、USD/CNY、GBP/USD、USD/JPY）进行预测，并进行实证分析。

4.2 分解–聚类–集成学习方法框架

4.2.1 分解–集成学习方法

受到 TEI@I 方法论的启发（Wang, 2004; Wang et al., 2005），Yu 等（2008b）在 2008 年首次使用“分而治之”的策略构建了一个新的原油现货价格预测框架。在他们的研究中，“分而治之”的原则可以通俗地理解成“分解–集成”学习框架，其中，数据分解的主要目的是简化难以预测的任务，将其分解成比较容易预测的子任务，集成的目的是将子任务的预测结果综合集成为最终的预测结果。首先，利用 EMD 将原始的原油现货价格分解成几个独立的本征模态函数和残差项；其次，利用 FNN 得到每个本征模态函数和残差项；最后，将所有本征模态函数和残差项的预测结果利用 ALNN 进行聚合，从而生成一个原始原油价格序列的集成预测结果（Yu et al., 2008b）。分解–集成学习方法的研究框架如图 4.1 所示。

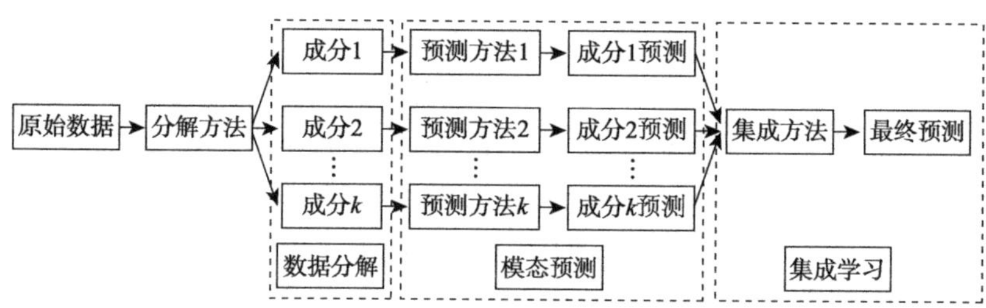

图 4.1 分解–集成学习方法的研究框架

从图 4.1 可以看出，分解–集成学习方法主要由三个步骤组成。

（1）数据分解。使用数据分解方法，将原始时间序列分解成相对简单且有意义的子模态成分。

（2）模态预测。采用预测方法分别对每个子模态进行建模预测。

（3）集成学习。利用综合集成方法，将每个子模态的预测结果进行综合集成从而形成最终的预测结果。

从图 4.1 可以看出，我们使用不同的数据分解算法、预测模型及综合集成策略，可以构建不同类型的分解-集成学习方法。目前，基于分解-集成学习的预测框架在很多领域都有实际应用，如金融时间序列预测（Yu et al.，2009）、国际原油价格预测（Yu et al.，2014，2015，2016；Tang et al.，2015）、核能消耗预测（Tang et al.，2012）、水力发电消耗预测（Wang et al.，2011）等。

4.2.2　分解-聚类-集成学习方法

通过上述对分解-集成学习方法的详细分析，我们可以看出，集成学习对于最终的预测结果是至关重要的。目前的研究工作也表明，基于机器学习的（ANN 或 SVR）集成策略的预测效果要显著好于直接对于各子模态相加集成的预测效果。然而，由于在模态预测之后，各个子模态预测成分不同时刻的属性特征可能不同，如果直接使用机器学习方法或是简单相加集成很难捕获各子模态预测成分不同时刻的属性特征。我们将在分解-集成学习方法中引入“聚类”的策略，这样就有效避免了分解-集成学习方法在集成学习阶段以固定的权值综合集成的缺陷，从而可以显著地提高最终的预测精度。在子模态预测完成后，我们使用聚类的方法将各个子模态的预测结果根据属性相似原理划分成不同的类簇，再对每个类簇中的子模态预测成分分别进行最终的集成学习建模，故称其为分解-聚类-集成学习方法。分解-聚类-集成学习方法的总体理论框架流程如图 4.2 所示。

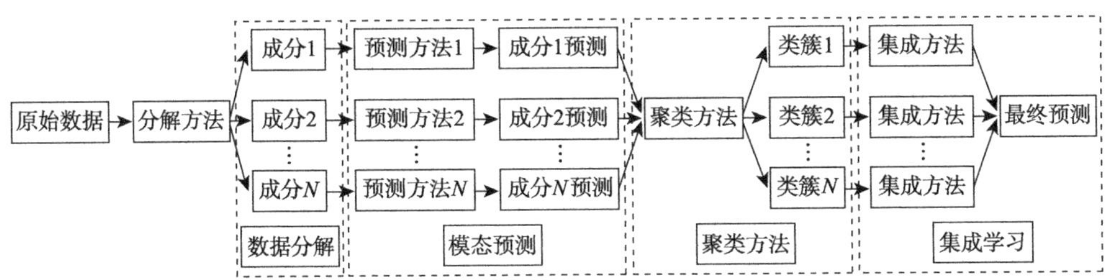

图 4.2　分解-聚类-集成学习方法的总体理论框架流程

从图 4.2 可以看出，分解-聚类-集成学习方法主要包括四个步骤。

（1）数据分解。数据分解步骤与分解-集成学习方法相同，使用数据分解方法，将原始时间序列分解成相对简单且有意义的子模态成分。

（2）模态预测。使用预测方法对每个子模态分别进行建模预测。

（3）聚类方法。利用聚类方法对各个子模态的预测结果进行聚类，根据属性相似原理将各个子模态的预测结果划分成不同的类簇。

（4）集成学习。使用综合集成方法，对每个类簇中的子模态预测成分分别进行集成学习建模，从而获得最终的预测值。

从图 4.2 可以看出，使用不同的数据分解方法、预测模型、聚类方法及集成学习方法，可以构建不同类型的分解–聚类–集成学习模型。在 4.3 节，我们将利用 EEMD、LSSVR 和 K 均值聚类，构建一个基于 EEMD-LSSVR-K 分解–聚类–集成的汇率预测方法。值得注意的是，基于分解–聚类–集成学习方法构建的预测模型已经被广泛地应用于复杂时间序列预测领域，如太阳能辐射预测（孙少龙，2016；Sun S L et al.，2018d）、金融时间序列预测（Wei et al.，2019）等。

4.3　基于 EEMD-LSSVR-K 的分解–聚类–集成学习方法构建

本节主要介绍基于 EEMD-LSSVR-K 的分解–聚类–集成学习方法的构建过程，我们首先简要介绍该方法涉及的 EEMD 数据分解方法、LSSVR 模型、K 均值聚类。

4.3.1　集成经验模态分解

EEMD 方法是 Wu 和 Huang（2009）于 2009 年提出的，该方法是 EMD（Huang et al.，1998）的改进，EEMD 有效克服了 EMD 中模态混叠的缺陷。该分解方法的主要思路就是依据原始时间序列数据的局部特征尺度将其分解成有限个独立的和近似周期性的本征模态函数和残差项。与传统的数据分解方法傅里叶变换、小波变换及奇异谱分解方法相比较，EEMD 是一种适用于非线性、非平稳性和高波动性时间序列的自适应数据分解方法，目前，该方法已经被广泛应用于复杂数据处理之中，研究结果也表明 EEMD 和 EMD 在复杂数据分解方面取得了很好的效果（Zhang et al.，2008；Yu et al.，2014，2015，2016；Tang et al.，2015）。因此，本节将 EEMD 作为分解–聚类–集成学习方法中数据分解的方法。有关 EMD 的详细内容，感兴趣的读者可以参考相关文献（Huang et al.，1998）。接下来，我们简要介绍 EEMD 分解方法，该方法的具体步骤如下。

（1）给原始的外汇汇率时序数据添加白噪声序列。

（2）使用 EMD 将添加白噪声的外汇汇率时序数据分解成不同的 IMF。

（3）重复步骤（1）和步骤（2），每次迭代使用不同的白噪声序列，对相应的 IMF 和残差项求平均得到最终的分解结果。

增加白噪声序列可以帮助原始的外汇汇率数据提取出真正的 IMF，并通过整体平均可以抵消这些白噪声对数据分解的影响。所添加白噪声的影响可以根据 Wu

和 Huang（2009）提出的统计规则加以控制。

$$\varepsilon_{\mathrm{ne}}=\frac{\varepsilon}{\sqrt{\mathrm{NE}}} \tag{4.1}$$

其中，ε 表示所添加白噪声的振幅；NE 表示集成成员的个数；$\varepsilon_{\mathrm{ne}}$ 表示误差的最终标准差。在以往的研究中，集成成员个数 NE 通常被设为 100，白噪声序列的标准差为 0.1 或 0.2（Wu and Huang，2009）。

4.3.2 最小二乘支持向量回归

SVM 是在分类与回归中常用的监督式学习方法，其基于结构风险最小化准则，通常在小样本数据集 SVM 中展现出很好的分类和回归预测的能力，但面对海量的数据集时，SVM 的训练过程十分耗时。为了解决这一问题，Suykens 和 Vandewalle（1999）就把 SVM 里面的不等式约束变为等式约束，提出了 LSSVM。本章主要关注外汇汇率的预测，因此，接下来简要介绍 SVR 和 LSSVR。

假设有数据集 $\{x_i, y_i\}(i=1,2,\cdots,N)$，其中，$x_i \in R^N$ 为第 i 个输入模式，y_i 为其对应的观测结果。SVR 的基本思路是首先通过非线性映射函数 $\varphi(x)$ 将原始数据 x 映射到高维特征空间；其次，在高维特征空间做线性回归且利用最小均方误差和找到最优分离超平面。回归函数可以表示如下：

$$f(x)=\omega^T\varphi(x)+b \tag{4.2}$$

其中，$\varphi(x)$ 为将输入空间 x_i 映射到高维特征空间的非线性函数；$f(x)$ 为估计值；系数 ω^T 和 b 可通过最小化正则风险函数获得，也可以转化为如下优化问题：

$$\begin{aligned}&\min\quad \frac{1}{2}\omega^T\omega+C\sum_{i=1}^{N}\left(\xi_i+\xi_i^*\right)\\&\text{s.t.}\quad\begin{cases}\omega^T\varphi(x_i)+b-y_i\leqslant\varepsilon+\xi_i, & i=1,2,\cdots,N\\ y_i-\left(\omega^T\varphi(x_i)+b\right)\leqslant\varepsilon+\xi_i^*, & i=1,2,\cdots,N\\ \xi_i,\xi_i^*\geqslant 0, & i=1,2,\cdots,N\end{cases}\end{aligned} \tag{4.3}$$

其中，C 为惩罚参数；非负变量 ξ_i 和 ξ_i^* 为松弛变量；ε 为预先设定的可以将实际值和估计值分离的最小值；C 决定了 $f(x)$ 的平滑度和可容忍的大于 ε 的最大分离度之间的平衡。

由式（4.3）可以明显看出，最优超平面是一个二次规划问题。当一个大尺度二次规划问题被计算时，它将导致很高的计算成本。对于这个缺点，Suykens 和 Vandewalle（1999）提出了 LSSVR，其中原始的优化问题可以转化成如下形式：

$$\begin{aligned} \min \quad & \frac{1}{2}\omega^T\omega + C\sum_{i=1}^{N} e_i^2 \\ \text{s.t.} \quad & y_i = \omega^T\varphi(x_i) + b + e_i, \quad i = 1,2,\cdots,N \end{aligned} \tag{4.4}$$

其中，e_i 表示松弛变量，与 SVR 方法中的 ξ_i 和 ξ_i^* 变量意义相同。通过引入 Lagrangian 函数和最优 KKT 条件，原始问题的最终方案可以表示如下：

$$f(x) = \sum_{i=1}^{N} \omega_i K(x, x_i) + b \tag{4.5}$$

其中，$K(x,x_i)$称为核函数，其可以简化成映射过程，通常任何对称的核函数都应满足 Mercer 条件。本章选择径向基核函数 $K(x,x_i) = \exp\left(\|x - x_i\| / 2\sigma^2\right)$，其中，$\sigma$ 为带宽，并使用网格搜索算法优化 SVR 和 LSSVR 的惩罚参数 C 和核函数的带宽 σ。

4.3.3 K 均值聚类

K 均值是一种无监督学习算法，其用来处理数据的聚类问题。此方法凭借速度快、易操作的特性，在复杂数据处理中的应用十分广泛。K 均值聚类的基本思路是根据聚类准则函数最小化的原则将给定的数据集依照特定的方式划分成不同的类簇。令原始数据集 $X = \{x_1, x_2, \cdots, x_n\}$，聚类个数为 K，通常 K 均值聚类包括以下几个步骤。

（1）随机选择 K 个初始类簇中心$(c_1, c_2, \cdots, c_k)$。

（2）如果$\|x_i - c_k\| \leqslant \|x_i - c_m\|, m = 1,2,\cdots,K, k \neq m$，那就将数据点 x_i 划分到第 k 个类簇中去。

（3）重新计算各类簇的新中心 $c_i = \frac{1}{N_i}\sum_{j=1}^{N_i} x_{ij}, i = 1,2,\cdots,k$。其中，$N_i$ 为分配到类簇 c_i 中的数据点的数目。

（4）计算聚类误差平方和 $Q=\sum_{i=1}^{k}\sum_{j=1}^{N_i}\|x_{ij} - c_i\|^2$。

（5）如果 Q 收敛，则返回$(c_1, c_2, \cdots, c_k)$，算法终止；否则，转步骤（2）。

从上面的步骤可以看出，聚类个数 K 及初始类簇中心的选择对于聚类的最终结果是至关重要的。算法中，每一次的迭代都把数据点划分到与其距离最近的簇中心所在的类簇中去，然后重新计算类簇中心，进而继续迭代，直到每一个数据点都不再重新划分为止。

4.3.4　基于 EEMD-LSSVR-K 的分解-聚类-集成学习方法

本小节主要介绍基于 EEMD-LSSVR-K 的分解-聚类-集成学习汇率预测方法的框架图。给定一个外汇汇率时间序列 $x_t\left(t=1,2,\cdots,T\right)$，利用迭代预测法对外汇汇率进行提前 m 步预测 x_{t+m}，其定义如下：

$$\hat{x}_{t+m}=f\left(x_t,x_{t-1},\cdots,x_{t-(l-1)}\right) \tag{4.6}$$

其中，$\hat{x}_{t+m}$ 为 t 时间提前 m 步的预测值，$m=1,3,6$；x_t 为 t 时间的实际值；l 为汇率数据的滞后阶数。

按照图 4.2 的总体框架及介绍的相关模型方法，一个新颖的基于 EEMD、K 均值和 LSSVR 的分解-聚类-集成学习方法被用来进行外汇汇率预测，其流程如图4.3所示。

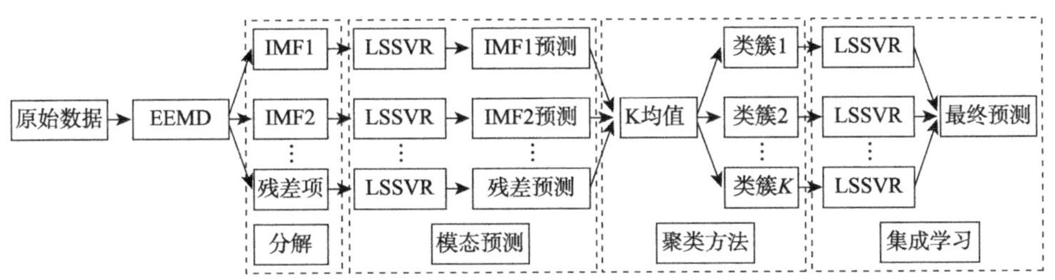

图 4.3　基于 EEMD-LSSVR-K 的分解-聚类-集成学习方法的流程图

由图 4.3 可以看出，所提出的 EEMD-LSSVR-K 集成学习方法主要由以下四个步骤组成。

（1）利用 EEMD 将原始的外汇汇率时间序列 $x_t\left(t=1,2,\cdots,T\right)$ 分解成 n 个 IMF 成分 $c_{j,t}\left(j=1,2,\cdots,n\right)$，以及一个残差成分 $r_{n,t}$。

（2）LSSVR 作为模态预测方法对各个 IMF 成分和残差成分分别建模预测，因此，所有成分对应的预测结果都可以获得。

（3）K 均值聚类被用来区分所有成分预测值之间的差异，并且依据它们的特性将这些数据划分成 K 类，具体而言，各 IMF 成分和残差成分的预测值可以被它划分成不同的类簇，每个类簇之间具有彼此相似的特征。

（4）使用另外 K 个 LSSVR 模型对每个类簇分别集成建模，从而产生原始时间序列 x_t 的最终预测值 $\hat{x}_t$。因为相同类簇中的数据集拥有很多共同的特点，所以对它们分别建立集成模型比对含有不相同特性的数据直接建模精度要高得多，且各自的集成模型可以更加充分地学习输入集与输出集之间的映射关系。

为了验证所提出的基于 EEMD-LSSVR-K 的分解-聚类-集成学习方法的有效性，四个主要外汇汇率数据将被用来建模测试，详见 4.4 节。

4.4 实证研究

本节中，有两个主要问题：①评价我们提出的基于 EEMD-LSSVR-K 的分解-聚类-集成汇率预测方法的有效性；②与其他几种常用的基准模型的预测性能相比，证实所提出的基于 EEMD-LSSVR-K 的分解-聚类-集成汇率预测方法的优越性。为了完成这两项任务，我们采用了四个主要的外汇汇率来测试所提出的基于 EEMD-LSSVR-K 的分解-聚类-集成学习方法。4.4.1 节简要介绍本节研究所用的数据，4.4.2 节详细地给出预测性能的比较，预测结果的统计检验与分析见 4.4.3 节。

4.4.1 数据描述

在本节研究中所用的数据与第 3 章相同。四个主要的外汇汇率是 EUR/USD、USD/CNY、GBP/USD 和 USD/JPY。数据是从 2016 年 1 月 4 日到 2018 年 12 月 31 日的日度数据，数据取自 Wind 数据库。为了测试模型的预测能力，这些数据被划分为训练集与测试集。2016 年 1 月 4 日到 2018 年 5 月 31 日的数据作为训练集用于训练模型，2018 年 6 月 1 日到 2018 年 12 月 31 日的数据作为模型的测试集，以此来验证我们所提出的基于 EEMD-LSSVR-K 的分解-聚类-集成汇率预测方法的预测能力。为了节省空间，具体的数据我们这里没有列出，感兴趣的读者可从 Wind 数据库或笔者处获取。

4.4.2 节将会对模型的预测精度进行比较，而且对其预测结果做了进一步的统计检验。模型的评价准则（MAPE 和 DS）和统计检验方法（DM 检验和 PT 检验）与第 3 章相同。

4.4.2 预测性能比较

为了检验基于 EEMD-LSSVR-K 的分解-聚类-集成学习汇率预测方法的预测能力，将四个单预测模型（ARIMA、MLP、SVR 和 LSSVR）和三个混合集成学习模型（EMD-LSSVR、EEMD-LSSVR 和 EMD-LSSVR-K）作为基准模型进行检验。

首先，ARIMA、MLP、SVR 及 LSSVR 作为基准模型，对四个外汇汇率数据分别进行预测。在单模型预测时，MLP、SVR 和 LSSVR 的输入格式通过自相关函数与偏相关函数确定。对于 SVR 和 LSSVR 模型，其核函数选择高斯核函数，惩罚参数 C 与带宽 σ 使用网格搜索算法自动优化。在 MLP 单模型中，隐含层神经元数目是 7，输出层神经元个数为 1，训练阶段的迭代次数为 10 000 次。ARIMA(p-d-q)中的参数使用施瓦茨准则极小化进行估计。

其次，使用四个混合集成学习方法 EMD-LSSVR、EEMD-LSSVR、EMD-LSSVR-K 和 EEMD-LSSVR-K 进行外汇汇率预测，在 EEMD 分解中，所添加的白噪声的标准差 ε 为 0.2，总体成员 NE 设为 100。对本章所提出的 EEMD-LSSVR-K 方法而言，其在四个外汇汇率数据集训练模型阶段，各模态的预测结果经 K 均值聚类后各类簇的中心以及类簇成员个数见表 4.1~表 4.4。图 4.4~图4.7 展示了四个外汇汇率数据经过 EEMD 分解的结果，其中，所有的本征模态函数 IMF 都是由高频到低频依次列出的，最后是残差序列。分解–聚类–集成学习方法的聚类数目 $K=3$，分别表示上涨、下跌和平稳三种模式（Wei et al., 2019）。本章所有的单模型、集成–分解学习方法和集成–聚类–分解学习方法都是通过 Matlab 2017b 软件实现的。

表 4.1　基于 EEMD-LSSVR-K 方法的聚类中心及成员个数：日度 EUR/USD 数据

预测尺度	类	类中心	个数
提前 1 天	1	（−0.002 1，0.000 6，0.002 3，0.004 6，0.005 3，0.021 6，0.000 6，−0.000 8，1.105 9）	198
	2	（−0.001 8，−0.001 3，−0.002 3，−0.004 5，0.001 0，−0.022 8，−0.035 0，−0.000 7，1.122 7）	185
	3	（−0.002 6，−0.001 5，−0.001 7，−0.005 0，−0.003 1，−0.004 3，−0.005 3，0.000 2，1.210 2）	243
提前 3 天	1	（−0.002 2，−0.002 4，0.005 4，0.006 0，0.006 5，0.021 4，0.000 8，−0.000 8，1.106 0）	186
	2	（−0.005 4，−0.000 6，−0.000 2，−0.000 9，0.002 1，−0.023 0，−0.035 7，−0.000 8，1.122 1）	192
	3	（0.000 7，0.000 8，0.003 1，−0.003 3，−0.010 8，−0.013 1，−0.012 6，0.000 1，1.213 9）	246
提前 6 天	1	（−0.005 9，−0.001 2，0.000 2，0.002 6，−0.005 4，0.019 8，−0.002 7，−0.001 0，1.106 0）	192
	2	（0.000 3，−0.001 0，0.000 5，−0.009 5，0.002 5，−0.023 1，−0.035 8，−0.000 8，1.121 9）	195
	3	（0.006 9，−0.000 5，0.000 3，0.000 3，−0.016 2，−0.021 3，−0.019 0，0.000 1，1.216 8）	234

表 4.2 基于 EEMD-LSSVR-K 方法的聚类中心及成员个数：日度 USD/CNY 数据

预测尺度	类	类中心	个数
提前 1 天	1	(−0.001 7，−0.006 8，−0.000 6，−0.000 8，0.035 4，0.026 4，0.036 1，0.000 1，6.295 5)	194
	2	(−0.002 4，−0.000 6，−0.001 5，−0.006 3，0.006 1，0.089 9，0.068 9，0.000 3，6.724 7)	189
	3	(0.000 4，−0.001 2，0.000 6，−0.007 8，0.029 1，0.033 9，−0.016 0，0.000 0，6.493 8)	201
提前 3 天	1	(0.005 4，−0.009 1，−0.001 3，0.000 2，0.034 5，0.022 2，0.034 4，0.000 0，6.298 3)	185
	2	(0.007 0，−0.002 4，−0.004 4，−0.008 8，0.004 3，0.089 3，0.070 1，0.000 3，6.725 6)	177
	3	(−0.004 8，−0.004 7，−0.006 7，−0.009 4，0.026 8，0.032 9，−0.019 0，0.000 0，6.497 9)	220
提前 6 天	1	(−0.003 4，0.009 7，0.005 2，−0.005 1，0.038 1，0.044 5，0.042 8，0.000 0，6.284 4)	184
	2	(0.002 5，0.000 6，0.002 2，0.001 4，0.0095，0.090 7，0.066 4，0.000 3，6.722 7)	182
	3	(−0.001 4，0.002 5，−0.010 5，−0.008 6，0.024 3，0.031 7，−0.021 8，0.000 1，6.501 9)	213

表 4.3 基于 EEMD-LSSVR-K 方法的聚类中心及成员个数：日度 GBP/USD 数据

预测尺度	类	类中心	个数
提前 1 天	1	(−0.000 9，0.002 1，−0.000 7，−0.000 9，−0.029 9，−0.023 0，0.002 1，−0.000 2，1.505 8)	173
	2	(0.003 2，0.000 9，0.004 0，0.001 2，0.009 9，0.010 3，0.005 0，−0.001 6，1.269 5)	188
	3	(0.004 5，0.000 7，0.004 1，0.008 5，−0.001 1，0.028 4，−0.000 6，−0.002 8，1.416 2)	265
提前 3 天	1	(−0.000 4，0.002 2，−0.006 4，−0.003 4，−0.030 6，−0.022 6，0.002 5，−0.000 3，1.503 2)	182
	2	(0.003 8，0.001 1，−0.000 2，0.002 4，0.013 8，0.007 6，0.000 7，−0.001 9，1.270 0)	184
	3	(0.005 1，0.002 0，0.005 4，−0.010 0，0.032 3，0.034 9，−0.004 9，−0.003 1，1.399 3)	258
提前 6 天	1	(−0.003 4，0.000 0，−0.015 3，−0.005 0，−0.031 8，−0.021 8，0.003 0，−0.000 4，1.499 3)	179
	2	(−0.004 2，−0.003 4，−0.003 9，0.002 7，0.004 7，0.010 9，0.006 9，−0.001 5，1.269 4)	190
	3	(0.002 2，0.001 1，−0.007 0，−0.005 7，0.019 5，0.033 4，−0.003 0，−0.003 0，1.406 1)	252

表 4.4 基于 EEMD-LSSVR-K 方法的聚类中心及成员个数：日度 USD/JPY 数据

预测尺度	类	类中心	个数
提前 1 天	1	（0.239 2，−0.059 9，−1.602 6，−0.036 3，4.530 8，8.465 3，−0.160 1，−0.020 6，106.433 0）	159
	2	（0.112 5，−0.348 5，−0.560 7，0.724 1，−0.415 8，−0.473 0，1.660 4，0.095 7，110.442 2）	269
	3	（−0.496 2，0.255 1，−0.069 7，−0.275 2，4.612 5，−2.108 6，−1.584 5，−0.234 0，108.303 7）	198
提前 3 天	1	（−0.092 5，−0.118 5，−0.476 8，1.566 9，4.822 6，6.442 9，−0.485 2，−0.058 8，106.677 4）	166
	2	（−0.066 7，−0.132 6，0.610 7，1.709 6，−0.869 0，−0.250 3，1.648 5，0.077 6，110.459 6）	257
	3	（−0.131 6，0.381 0，−1.344 9，−1.423 0，1.233 5，−4.343 7，−1.407 6，−0.254 4，108.955 0）	201
提前 6 天	1	（−0.229 6，0.121 2，0.016 1，0.678 6，5.084 9，0.612 9，−1.364 2，−0.178 9，107.620 5）	175
	2	（−0.352 7，−0.020 0，0.103 3，−0.201 1，−0.512 8，−0.845 1，1.768 9，0.229 1，109.991 2）	253
	3	（0.005 5，−0.874 1，−1.431 5，−0.907 8，1.066 2，−4.431 7，−1.388 9，−0.254 4，108.985 2）	193

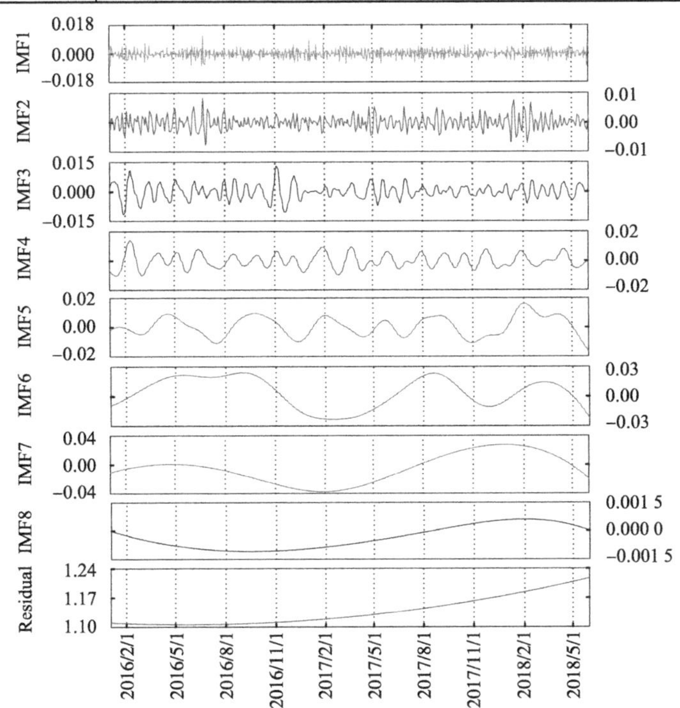

图 4.4 日度 EUR/USD 训练集数据 EEMD 的分解结果

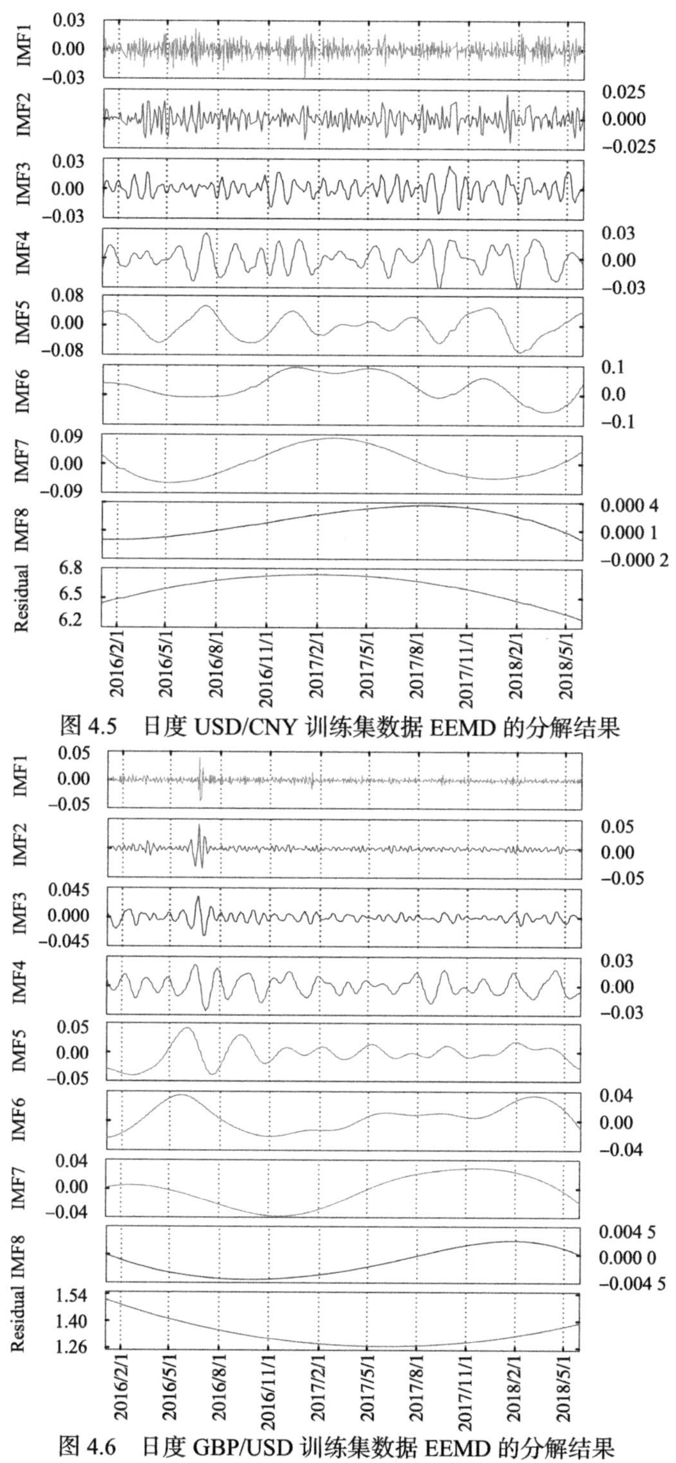

图 4.5 日度 USD/CNY 训练集数据 EEMD 的分解结果

图 4.6 日度 GBP/USD 训练集数据 EEMD 的分解结果

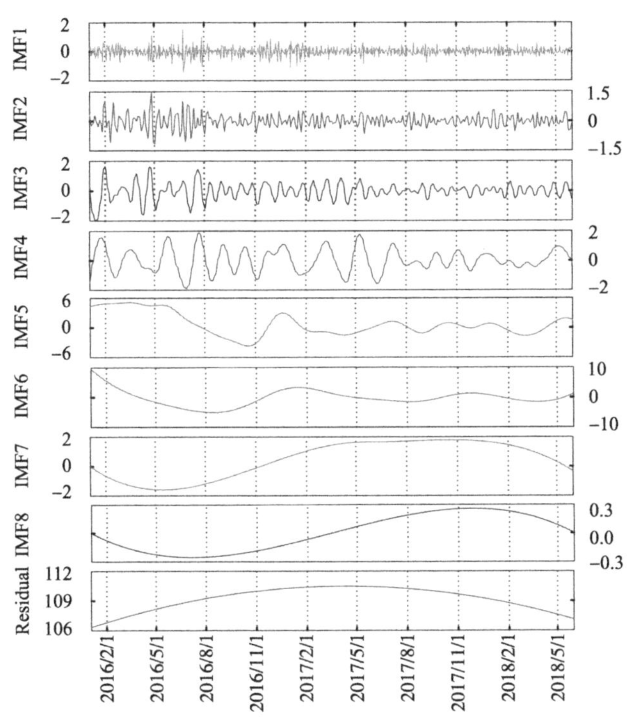

图 4.7 日度 USD/JPY 训练集数据 EEMD 的分解结果

依据 MAPE 和 DS 准则，得到四个外汇汇率在提前 1 天、提前 3 天和提前 6 天预测中的 MAPE 和 DS 预测结果，见表 4.5~表4.7。通过对比 MAPE 和 DS，显而易见，在提前 1 天、提前 3 天和提前 6 天的预测尺度下，本章所提出的 EEMD-LSSVR-K 在四个外汇汇率预测中都显著地优于四个单模型和其他三个混合集成预测模型。

表 4.5 模型预测性能比较：提前 1 天预测结果（二）

模型	EUR/USD		USD/CNY		GBP/USD		USD/JPY	
	MAPE	DS	MAPE	DS	MAPE	DS	MAPE	DS
ARIMA	1.269	48.61	1.143	47.92	1.756	49.31	1.211	49.31
MLP	1.012	57.64	0.978	52.08	1.352	55.56	1.339	56.25
SVR	0.755	59.03	0.704	56.94	0.737	58.33	0.693	59.72
LSSVR	0.631	61.81	0.623	60.42	0.658	62.50	0.612	61.11
EMD-LSSVR	0.417	67.36	0.391	63.89	0.429	65.28	0.401	65.97

续表

模型	EUR/USD		USD/CNY		GBP/USD		USD/JPY	
	MAPE	DS	MAPE	DS	MAPE	DS	MAPE	DS
EEMD-LSSVR	0.385	68.75	0.352	65.97	0.403	66.67	0.364	67.36
EMD-LSSVR-K	0.201	74.31	0.194	68.06	0.243	73.61	0.216	70.14
EEMD-LSSVR-K	0.189	77.78	0.137	70.83	0.215	75.69	0.168	73.61

表 4.6　模型预测性能比较：提前 3 天预测结果（二）

模型	EUR/USD		USD/CNY		GBP/USD		USD/JPY	
	MAPE	DS	MAPE	DS	MAPE	DS	MAPE	DS
ARIMA	1.609	47.22	1.584	46.53	1.804	45.14	1.736	44.44
MLP	1.438	50.00	1.326	50.69	1.513	49.31	1.537	48.61
SVR	1.114	54.86	1.102	53.47	1.206	54.17	1.218	52.78
LSSVR	1.029	59.72	0.943	58.33	1.108	59.03	0.983	57.64
EMD-LSSVR	0.794	61.11	0.753	60.42	0.810	59.72	0.791	60.42
EEMD-LSSVR	0.735	67.36	0.701	62.50	0.771	63.19	0.735	63.89
EMD-LSSVR-K	0.604	68.75	0.592	65.28	0.635	66.67	0.619	65.97
EEMD-LSSVR-K	0.543	70.14	0.483	67.36	0.591	68.06	0.502	68.75

表 4.7　模型预测性能比较：提前 6 天预测结果（二）

模型	EUR/USD		USD/CNY		GBP/USD		USD/JPY	
	MAPE	DS	MAPE	DS	MAPE	DS	MAPE	DS
ARIMA	3.145	46.53	3.026	45.83	3.369	44.44	3.378	43.75
MLP	2.739	47.92	2.735	49.31	2.958	47.22	3.011	47.92
SVR	2.206	51.39	2.254	52.08	2.371	50.69	2.507	52.08
LSSVR	2.112	56.25	1.926	56.94	2.193	54.86	2.026	55.56
EMD-LSSVR	1.567	59.72	1.533	59.03	1.639	56.94	1.742	58.33
EEMD-LSSVR	1.426	64.58	1.403	61.11	1.502	61.81	1.489	61.11
EMD-LSSVR-K	1.184	68.06	1.091	63.89	1.251	65.28	1.235	63.19
EEMD-LSSVR-K	1.035	69.44	0.956	66.67	1.107	67.36	0.894	65.97

依据表 4.5~表 4.7 各模型预测结果，我们可以得出以下结论。

（1）在四个外汇汇率的提前 1 天、提前 3 天和提前 6 天的预测中，本章所提出的 EEMD-LSSVR-K 方法在测试集中的 MAPE 和 DS 都是最优的，如在 EUR/USD 的提前 1 天、提前 3 天和提前 6 天测试集预测中的 MAPE 分别是 0.189%、0.543% 和 1.035%，DS 分别为 77.78%、70.14%和 69.44%，相比于 ARIMA 模型，EEMD-LSSVR-K 的 DS 分别提高了 29.17%、22.92%和 22.91%，这说明所提出的 EEMD-LSSVR-K 是一种有效的外汇汇率预测方法。

（2）在四个外汇汇率的提前 1 天、提前 3 天和提前 6 天的预测中，四个混合集成预测方法的 MAPE 和 DS 明显好于四个单模型，如在 USD/CNY 提前 1 天预测中，相比于 LSSVR 模型测试集预测结果，EMD-LSSVR、EEMD-LSSVR、EMD-LSSVR-K 和 EEMD-LSSVR-K 的 DS 分别提高了 3.47%、5.55%、7.64%和 10.41%，这表明“分解–集成”和“分解–聚类–集成”策略显著地提升了单模型的外汇汇率预测能力。

（3）在四个外汇汇率的提前 1 天、提前 3 天和提前 6 天的预测中，比较四个单模型预测性能可以看出，LSSVR 的 MAPE 与 DS 均是最好的，其余依次是 SVR、MLP，而 ARIMA 的预测性能是最差的，其 DS 均小于 50%，如在 GBP/USD 提前 1 天预测中，相比于 ARIMA 模型测试集预测结果，LSSVR、SVR 和 MLP 的 DS 分别提高了 13.19%、9.02%和 6.25%，可能的原因是，外汇汇率数据具有非线性、高波动性等特征，ARIMA 作为经典的线性模型很难捕获其规律，而人工智能方法更适合外汇汇率数据中的非线性模式。

（4）在四个外汇汇率的提前 1 天、提前 3 天和提前 6 天的预测中，比较四个集成方法预测性能可以看出，EEMD-LSSVR-K 的 MAPE 与 DS 是最好的，其余依次是 EMD-LSSVR-K、EEMD-LSSVR 和 EMD-LSSVR。例如，在 USD/JPY 的提前 1 天、提前 3 天和提前 6 天的预测中，与 EMD-LSSVR 的预测性能相比较，EMD-LSSVR-K 的 DS 提高了 4.17%、5.55%和 4.86%；与 EEMD-LSSVR 的预测能力相比，EEMD-LSSVR-K 的 DS 提高了 6.25%、4.86%和 4.86%。其主要原因是，固定权重集成很难捕获各个模态预测值的特性，这就表明聚类思想显著提高了分解–集成学习方法的预测能力。在 USD/JPY 的提前 1 天、提前 3 天和提前 6 天的预测中，与 EMD-LSSVR 的预测性能相比，EEMD-LSSVR 的 DS 提高了 1.39%、3.47%和 2.78%；与 EMD-LSSVR-K 的预测能力相比，EEMD-LSSVR-K 的 DS 提高了 3.47%、2.78%和 2.78%。可以明显看出，基于 EEMD 分解的混合集成方法在方向精度上胜过基于 EMD 分解的混合集成方法，内在的原因是，EEMD 有效地解决了 EMD 中模态混叠的问题，从而揭示出，在复杂数据处理中，EEMD 是比 EMD 更有效的数据分解方法。

（5）在四个外汇汇率预测中，可以看出，随着预测尺度的增加，每个模型的预测性能在逐渐减弱，也就是说所有模型在提前 1 天预测时预测能力最好，其余依次是在提前 3 天预测和提前 6 天预测中，如 EEMD-LSSVR-K 方法在 USD/CNY 提前 1 天预测中的 DS 比提前 3 天预测和提前 6 天预测分别提高了 3.47%和 4.16%，这主要的原因是，随着预测尺度的增加，在实际的外汇汇率预测中，有些数据的信息没有被模型训练，从而模型的预测能力逐渐减弱。

4.4.3 统计检验与分析

我们也对各模型预测结果进行了 DM 检验，本章研究采用均方误差 MSE 作为 DM 统计量的损失函数。表 4.8~表 4.10 分别是四个外汇汇率提前 1 天预测、提前 3 天预测和提前 6 天预测的 DM 检验结果。

表 4.8 模型预测性能 DM 检验：提前 1 天预测结果（二）

汇率	模型	EEMD-LSSVR-K	EMD-LSSVR-K	EEMD-LSSVR	EMD-LSSVR	LSSVR	SVR	MLP
EUR/USD	EMD-LSSVR-K	−1.976 5 （0.024 0）						
	EEMD-LSSVR	−2.135 8 （0.016 3）	−2.010 3 （0.022 2）					
	EMD-LSSVR	−2.469 1 （0.006 8）	−2.158 4 （0.015 4）	−1.976 5 （0.024 0）				
	LSSVR	−3.210 6 （0.000 7）	−3.121 4 （0.000 9）	−3.102 6 （0.001 0）	−3.022 4 （0.001 3）			
	SVR	−3.487 9 （0.000 2）	−3.304 5 （0.000 5）	−3.241 3 （0.000 6）	−3.078 9 （0.001 0）	−1.826 8 （0.033 9）		
	MLP	−3.604 1 （0.000 2）	−3.564 2 （0.000 2）	−3.411 3 （0.000 3）	−3.386 5 （0.000 4）	−1.980 6 （0.023 8）	−1.756 9 （0.039 5）	
	ARIMA	−4.503 3 （0.000 0）	−4.401 8 （0.000 0）	−4.301 8 （0.000 0）	−4.259 1 （0.000 0）	−3.046 3 （0.001 2）	−2.942 6 （0.001 6）	−2.346 8 （0.009 5）
USD/CNY	EMD-LSSVR-K	−2.035 7 （0.020 9）						
	EEMD-LSSVR	−2.251 6 （0.012 2）	−2.103 3 （0.017 7）					
	EMD-LSSVR	−2.553 8 （0.005 3）	−2.201 7 （0.013 8）	−1.998 7 （0.022 8）				
	LSSVR	−3.320 9 （0.000 4）	−3.216 3 （0.000 6）	−3.203 6 （0.000 7）	−3.132 4 （0.000 9）			
	SVR	−3.507 7 （0.000 2）	−3.413 5 （0.000 3）	−3.345 1 （0.000 4）	−3.174 3 （0.000 8）	−1.914 9 （0.027 8）		
	MLP	−3.690 8 （0.000 1）	−3.593 6 （0.000 2）	−3.498 1 （0.000 2）	−3.395 8 （0.000 3）	−2.012 5 （0.022 1）	−1.815 2 （0.034 7）	
	ARIMA	−4.610 3 （0.000 0）	−4.513 4 （0.000 0）	−4.413 0 （0.000 0）	−4.312 0 （0.000 0）	−3.351 6 （0.000 4）	−3.012 8 （0.001 3）	−2.451 9 （0.007 1）

续表

汇率	模型	EEMD-LSSVR-K	EMD-LSSVR-K	EEMD-LSSVR	EMD-LSSVR	LSSVR	SVR	MLP
GBP/USD	EMD-LSSVR-K	−1.956 7（0.025 2）						
	EEMD-LSSVR	−2.036 7（0.020 8）	−2.103 8（0.017 7）					
	EMD-LSSVR	−2.491 8（0.006 4）	−2.210 3（0.013 5）	−1.897 4（0.028 9）				
	LSSVR	−3.330 6（0.000 4）	−3.178 6（0.000 7）	−3.013 5（0.001 3）	−2.987 8（0.001 4）			
	SVR	−3.401 3（0.000 3）	−3.367 9（0.000 4）	−3.178 9（0.000 7）	−3.127 0（0.000 9）	−1.896 1（0.029 0）		
	MLP	−3.625 8（0.000 1）	−3.602 1（0.000 2）	−3.503 4（0.000 2）	−3.401 4（0.000 3）	−2.067 9（0.019 3）	−1.865 3（0.031 1）	
	ARIMA	−4.450 3（0.000 0）	−4.336 7（0.000 0）	−4.291 8（0.000 0）	−4.105 9（0.000 0）	−3.158 6（0.000 8）	−3.012 5（0.001 3）	−2.339 6（0.009 7）
USD/JPY	EMD-LSSVR-K	−2.103 6（0.017 7）						
	EEMD-LSSVR	−2.239 8（0.012 6）	−2.120 6（0.017 0）					
	EMD-LSSVR	−2.573 3（0.005 0）	−2.410 6（0.008 0）	−1.876 5（0.030 3）				
	LSSVR	−3.410 6（0.000 3）	−3.351 2（0.000 4）	−3.206 8（0.000 7）	−2.988 6（0.001 4）			
	SVR	−3.518 6（0.000 2）	−3.418 2（0.000 3）	−3.336 7（0.000 4）	−3.125 8（0.000 9）	−1.901 3（0.028 6）		
	MLP	−3.713 5（0.000 1）	−3.596 1（0.000 2）	−3.491 8（0.000 2）	−3.386 5（0.000 4）	−1.976 5（0.024 0）	−1.798 3（0.036 1）	
	ARIMA	−4.660 3（0.000 0）	−4.450 2（0.000 0）	−4.401 3（0.000 0）	−4.259 1（0.000 0）	−3.112 4（0.000 9）	−3.002 1（0.001 3）	−2.259 1（0.011 9）

表 4.9 模型预测性能 DM 检验：提前 3 天预测结果（二）

汇率	模型	EEMD-LSSVR-K	EMD-LSSVR-K	EEMD-LSSVR	EMD-LSSVR	LSSVR	SVR	MLP
EUR/USD	EMD-LSSVR-K	−1.836 5（0.033 1）						
	EEMD-LSSVR	−1.914 1（0.027 8）	−1.885 4（0.029 7）					
	EMD-LSSVR	−2.105 6（0.017 6）	−2.011 2（0.022 2）	−1.810 3（0.035 1）				
	LSSVR	−2.731 9（0.003 1）	−2.513 3（0.006 0）	−1.899 5（0.028 7）	−1.835 6（0.033 2）			
	SVR	−3.410 3（0.000 3）	−3.260 8（0.000 6）	−2.123 6（0.016 9）	−2.014 3（0.022 0）	−1.804 1（0.035 6）		
	MLP	−3.532 2（0.000 2）	−3.408 9（0.000 3）	−3.201 1（0.000 7）	−3.013 5（0.001 3）	−1.953 3（0.025 4）	−1.703 9（0.044 2）	

续表

汇率	模型	EEMD-LSSVR-K	EMD-LSSVR-K	EEMD-LSSVR	EMD-LSSVR	LSSVR	SVR	MLP
EUR/USD	ARIMA	−4.329 1 （0.000 0）	−4.189 0 （0.000 0）	−4.012 6 （0.000 0）	−3.785 9 （0.000 1）	−3.221 0 （0.000 6）	−2.596 1 （0.004 7）	−2.415 0 （0.007 9）
USD/CNY	EMD-LSSVR-K	−1.992 5 （0.023 2）						
	EEMD-LSSVR	−2.142 6 （0.016 1）	−1.989 5 （0.023 3）					
	EMD-LSSVR	−2.256 7 （0.012 0）	−2.110 3 （0.017 4）	−1.880 3 （0.030 0）				
	LSSVR	−2.889 3 （0.001 9）	−2.617 7 （0.004 4）	−1.901 1 （0.028 6）	−1.851 1 （0.032 1）			
	SVR	−3.625 4 （0.000 1）	−3.452 6 （0.000 3）	−2.021 9 （0.021 6）	−1.941 6 （0.026 1）	−1.791 3 （0.036 6）		
	MLP	−3.670 5 （0.000 1）	−3.553 1 （0.000 2）	−3.302 9 （0.000 5）	−3.151 7 （0.000 8）	−1.969 8 （0.024 4）	−1.791 2 （0.036 6）	
	ARIMA	−4.402 9 （0.000 0）	−4.210 3 （0.000 0）	−4.001 4 （0.000 0）	−3.891 6 （0.000 0）	−3.234 1 （0.000 6）	−2.601 1 （0.004 6）	−2.304 5 （0.010 6）
GBP/USD	EMD-LSSVR-K	−1.799 5 （0.036 0）						
	EEMD-LSSVR	−1.856 3 （0.031 7）	−1.795 6 （0.036 3）					
	EMD-LSSVR	−1.986 3 （0.023 5）	−1.998 3 （0.022 8）	−1.815 2 （0.034 7）				
	LSSVR	−2.210 6 （0.013 5）	−2.118 3 （0.017 1）	−1.802 5 （0.035 7）	−1.856 4 （0.031 7）			
	SVR	−3.314 2 （0.000 5）	−3.174 5 （0.000 8）	−2.119 5 （0.017 0）	−2.001 6 （0.022 7）	−1.797 4 （0.036 1）		
	MLP	−3.441 3 （0.000 3）	−3.305 3 （0.000 5）	−3.219 4 （0.000 6）	−3.013 5 （0.001 3）	−1.988 7 （0.023 4）	−1.805 2 （0.035 5）	
	ARIMA	−4.110 7 （0.000 0）	−4.013 5 （0.000 0）	−3.898 3 （0.000 0）	−3.696 8 （0.000 1）	−3.116 3 （0.000 9）	−2.410 1 （0.008 0）	−2.216 9 （0.013 3）
USD/JPY	EMD-LSSVR-K	−1.851 1 （0.032 1）						
	EEMD-LSSVR	−1.995 4 （0.023 0）	−1.845 3 （0.032 5）					
	EMD-LSSVR	−2.106 3 （0.017 6）	−2.004 3 （0.022 5）	−1.851 0 （0.032 1）				
	LSSVR	−2.691 7 （0.003 6）	−2.312 0 （0.010 4）	−1.901 3 （0.028 6）	−1.836 3 （0.033 2）			
	SVR	−3.401 1 （0.000 3）	−3.301 7 （0.000 5）	−2.216 3 （0.013 3）	−2.124 7 （0.016 8）	−1.814 2 （0.034 8）		
	MLP	−3.501 1 （0.000 2）	−3.401 7 （0.000 3）	−3.314 2 （0.000 5）	−3.203 5 （0.000 7）	−1.951 1 （0.025 5）	−1.753 3 （0.039 8）	
	ARIMA	−4.298 5 （0.000 0）	−4.106 6 （0.000 0）	−3.985 9 （0.000 0）	−3.795 6 （0.000 1）	−3.301 8 （0.000 5）	−2.538 5 （0.005 6）	−2.103 7 （0.017 7）

表 4.10 模型预测性能 DM 检验：提前 6 天预测结果（二）

汇率	模型	EEMD-LSSVR-K	EMD-LSSVR-K	EEMD-LSSVR	EMD-LSSVR	LSSVR	SVR	MLP
EUR/USD	EMD-LSSVR-K	−1.801 3（0.035 8）						
	EEMD-LSSVR	−2.052 7（0.020 1）	−1.841 6（0.032 8）					
	EMD-LSSVR	−2.201 5（0.013 9）	−2.023 4（0.021 5）	−1.798 3（0.036 1）				
	LSSVR	−2.774 9（0.002 8）	−2.451 7（0.007 1）	−1.854 6（0.031 8）	−1.763 4（0.038 9）			
	SVR	−3.413 5（0.000 3）	−3.263 5（0.000 6）	−2.003 4（0.022 6）	−1.812 5（0.035 0）	−1.701 1（0.044 5）		
	MLP	−3.495 3（0.000 2）	−3.331 2（0.000 4）	−3.105 7（0.000 9）	−2.899 5（0.001 9）	−1.876 9（0.030 3）	−1.695 3（0.044 5）	
	ARIMA	−4.201 1（0.000 0）	−4.106 3（0.000 0）	−3.956 8（0.000 0）	−3.741 2（0.000 1）	−3.025 3（0.001 2）	−2.210 3（0.013 5）	−2.102 2（0.017 8）
USD/CNY	EMD-LSSVR-K	−1.741 3（0.040 8）						
	EEMD-LSSVR	−1.804 1（0.035 6）	−1.799 8（0.035 9）					
	EMD-LSSVR	−2.014 3（0.022 0）	−1.995 1（0.023 0）	−1.765 4（0.038 7）				
	LSSVR	−2.563 9（0.005 2）	−2.367 4（0.009 0）	−1.812 3（0.035 0）	−1.774 1（0.038 0）			
	SVR	−3.369 1（0.000 4）	−3.123 1（0.000 9）	−2.152 6（0.015 7）	−1.952 6（0.025 4）	−1.697 9（0.044 8）		
	MLP	−3.396 1（0.000 3）	−3.296 8（0.000 5）	−3.102 9（0.001 0）	−3.014 7（0.001 3）	−1.856 3（0.031 7）	−1.714 4（0.043 2）	
	ARIMA	−4.214 1（0.000 0）	−4.014 2（0.000 0）	−3.989 6（0.000 0）	−3.636 2（0.000 1）	−2.995 8（0.001 4）	−2.203 6（0.013 8）	−2.003 9（0.022 5）
GBP/USD	EMD-LSSVR-K	−1.795 8（0.036 3）						
	EEMD-LSSVR	−1.901 1（0.028 6）	−1.789 6（0.036 8）					
	EMD-LSSVR	−2.003 4（0.022 6）	−1.956 8（0.025 2）	−1.796 3（0.036 2）				
	LSSVR	−2.496 8（0.006 3）	−2.269 1（0.011 6）	−1.885 6（0.029 7）	−1.798 5（0.036 0）			
	SVR	−3.210 3（0.000 7）	−3.102 9（0.001 0）	−2.036 7（0.020 8）	−2.001 4（0.022 7）	−1.704 2（0.044 2）		
	MLP	−3.296 6（0.000 5）	−3.206 3（0.000 7）	−3.003 7（0.001 3）	−2.956 8（0.001 6）	−1.899 7（0.028 7）	−1.796 6（0.036 2）	
	ARIMA	−4.195 3（0.000 0）	−4.018 3（0.000 0）	−3.856 1（0.000 1）	−3.634 5（0.000 1）	−3.015 2（0.001 3）	−2.367 1（0.009 0）	−2.103 3（0.017 7）

续表

汇率	模型	EEMD-LSSVR-K	EMD-LSSVR-K	EEMD-LSSVR	EMD-LSSVR	LSSVR	SVR	MLP
USD/JPY	EMD-LSSVR-K	−1.701 3 (0.044 4)						
	EEMD-LSSVR	−1.835 4 (0.033 2)	−1.714 2 (0.043 2)					
	EMD-LSSVR	−1.896 4 (0.029 0)	−1.964 8 (0.024 7)	−1.796 9 (0.036 2)				
	LSSVR	−2.124 3 (0.016 8)	−2.035 6 (0.020 9)	−1.915 3 (0.027 7)	−1.801 5 (0.035 8)			
	SVR	−3.142 5 (0.000 8)	−3.014 2 (0.001 3)	−2.014 8 (0.022 0)	−1.968 6 (0.024 5)	−1.712 6 (0.043 4)		
	MLP	−3.401 7 (0.000 3)	−3.364 0 (0.000 4)	−3.102 6 (0.001 0)	−3.014 9 (0.001 3)	−1.815 6 (0.034 7)	−1.695 2 (0.045 0)	
	ARIMA	−4.096 8 (0.000 0)	−3.916 3 (0.000 0)	−3.785 3 (0.000 1)	−3.596 4 (0.000 2)	−2.935 4 (0.001 7)	−2.201 2 (0.013 9)	−2.012 4 (0.022 1)

根据表 4.8~表 4.10 的检验结果，可以得到以下结论。

（1）在四个外汇汇率的提前 1 天、提前 3 天和提前 6 天的预测中，本章所提出的 EEMD-LSSVR-K 方法被当作检验模型时，其他模型的 DM 检验结果均小于−1.70，所对应的 p 值远小于 0.05，这就意味着所提出的方法的预测性能在 95%的置信水平下优于其他所有的基准模型，这就表明所提出的 EEMD-LSSVR-K 方法是一种有效的外汇汇率预测方法。

（2）在四个外汇汇率的提前 1 天、提前 3 天和提前 6 天的预测中，当 ARIMA 模型作为检验模型时，其他测试模型的 DM 检验结果远小于−2.00，所对应的 p 值远小于 0.01，这就表明四个混合集成方法与其他三个模型的预测性能在 99%的置信水平下优于 ARIMA 模型，可能的原因是，外汇汇率数据具有非线性、高波动性和不规则性，进而 ARIMA 模型在外汇汇率预测中性能失效。

（3）在四个外汇汇率的提前 1 天、提前 3 天和提前 6 天的预测中，比较四个集成方法的预测性能可知，EEMD-LSSVR-K 最好，其余依次是 EMD-LSSVR-K、EEMD-LSSVR 和 EMD-LSSVR，表明聚类策略显著提高了分解−集成学习方法的预测性能。

（4）在四个外汇汇率的提前 1 天、提前 3 天和提前 6 天的预测中，当 LSSVR 为测试模型，SVR 和 MLP 分别作为比较模型时，DM 检验结果均小于−1.70，所对应的 p 值远小于 0.05，表明 LSSVR 的水平预测性能在 95%的置信水平下优于 SVR 和 MLP 模型，内在原因是 LSSVR 的样本外预测能力要优于 SVR 和 MLP 模型。

（5）在四个外汇汇率预测中，随着预测尺度的增加，可以发现 DM 检验的 p 值会逐渐增大，也就是说所有模型在提前 1 天预测时预测能力最好，其余依次是在提前 3 天预测和提前 6 天预测中，内在的可能原因是，随着预测尺度的增加，在实际的汇率预测中，有些数据的信息没有被模型训练，从而预测能力逐渐减弱。

此外，本小节也使用了 PT 统计量来检验外汇汇率的实际值和预测值的方向变化是否相同。换句话说，它检查在汇率时间序列的实际涨落之后，预测值的涨落情况。原假设是研究中的模型对相关汇率没有预测能力。表 4.11~表 4.14 提供了所有模型对 EUR/USD、USD/CNY、GBP/USD 和 USD/JPY 汇率的样本外预测的 PT 检验结果。

表 4.11 模型预测性能 PT 检验：日度 EUR/USD 数据（二）

模型	提前 1 天	提前 3 天	提前 6 天
ARIMA	1.985 6（0.047 1）	1.833 5（0.066 7）	1.209 6（0.226 4）
MLP	2.201 3（0.027 7）	2.010 9（0.044 3）	1.980 3（0.047 7）
SVR	2.985 6（0.002 8）	2.799 2（0.005 1）	2.398 1（0.016 5）
LSSVR	3.102 5（0.001 9）	2.851 9（0.004 3）	2.491 3（0.012 7）
EMD-LSSVR	3.884 2（0.000 1）	3.653 9（0.000 3）	3.398 1（0.000 7）
EEMD-LSSVR	3.902 5（0.000 1）	3.713 4（0.000 2）	3.401 1（0.000 7）
EMD-LSSVR-K	4.356 8（0.000 0）	4.098 5（0.000 0）	3.725 1（0.000 2）
EEMD-LSSVR-K	4.915 8（0.000 0）	4.598 5（0.000 0）	4.085 6（0.000 0）

表 4.12 模型预测性能 PT 检验：日度 USD/CNY 数据（二）

模型	提前 1 天	提前 3 天	提前 6 天
ARIMA	1.992 1（0.046 4）	1.843 5（0.065 3）	1.210 9（0.225 9）
MLP	2.210 3（0.027 1）	2.012 7（0.044 1）	1.993 4（0.046 2）
SVR	2.993 6（0.002 8）	2.889 3（0.003 9）	2.500 5（0.012 4）
LSSVR	3.112 7（0.001 9）	2.889 3（0.003 9）	2.500 5（0.012 4）
EMD-LSSVR	3.891 1（0.000 1）	3.669 4（0.000 2）	3.403 8（0.000 7）
EEMD-LSSVR	3.901 3（0.000 1）	3.740 2（0.000 2）	3.516 9（0.000 4）
EMD-LSSVR-K	4.360 2（0.000 0）	4.102 5（0.000 0）	3.735 8（0.000 2）
EEMD-LSSVR-K	4.901 1（0.000 0）	4.589 4（0.000 0）	4.095 2（0.000 0）

表 4.13 模型预测性能 PT 检验：日度 GBP/USD 数据（二）

模型	提前 1 天	提前 3 天	提前 6 天
ARIMA	1.973 5（0.048 4）	1.803 7（0.071 3）	1.200 3（0.230 0）
MLP	2.198 0（0.027 9）	2.001 4（0.045 3）	1.980 2（0.047 7）
SVR	2.891 3（0.003 8）	2.797 1（0.005 2）	2.202 1（0.027 7）
LSSVR	3.010 6（0.002 6）	2.798 5（0.005 1）	2.480 1（0.013 1）
EMD-LSSVR	3.756 9（0.000 2）	3.505 0（0.000 5）	3.391 2（0.000 7）
EEMD-LSSVR	3.795 8（0.000 1）	3.635 8（0.000 3）	3.401 1（0.000 7）
EMD-LSSVR-K	4.201 1（0.000 0）	4.002 3（0.000 1）	3.691 8（0.000 2）
EEMD-LSSVR-K	4.735 1（0.000 0）	4.395 8（0.000 0）	3.996 5（0.000 1）

表 4.14 模型预测性能 PT 检验：日度 USD/JPY 数据（二）

模型	提前 1 天	提前 3 天	提前 6 天
ARIMA	1.982 5（0.047 4）	1.795 3（0.072 6）	1.195 2（0.232 0）
MLP	2.183 3（0.029 0）	1.995 2（0.046 0）	1.973 3（0.048 5）
SVR	2.739 5（0.006 2）	2.710 2（0.006 7）	2.153 7（0.031 3）
LSSVR	3.001 2（0.002 7）	2.652 8（0.008 0）	2.334 1（0.019 6）
EMD-LSSVR	3.602 8（0.000 3）	3.416 7（0.000 6）	3.253 3（0.001 1）
EEMD-LSSVR	3.698 3（0.000 2）	3.494 1（0.000 5）	3.352 0（0.000 8）
EMD-LSSVR-K	4.212 5（0.000 0）	3.899 6（0.000 1）	3.585 3（0.000 3）
EEMD-LSSVR-K	4.698 1（0.000 0）	4.289 6（0.000 0）	3.956 1（0.000 1）

由表 4.11~表 4.14 的 PT 检验结果，可以得到以下结论。

（1）在四个外汇汇率的提前 1 天、提前 3 天和提前 6 天的预测中，本章所提出的 EEMD-LSSVR-K 方法的 PT 检验结果均大于 3.9，对应的 p 值小于等于 0.000 1，这就意味该方法的预测结果几乎在 100%置信水平下拒绝了与实际的运动方向独立的假设，也就意味着 EEMD-LSSVR-K 方法的方向预测能力是最好的，也可以看出 ARIMA 的方向预测能力是最差的。

（2）在四个外汇汇率的提前 1 天、提前 3 天和提前 6 天的预测中，四个集成方法预测结果的 PT 检验值显著大于四个单模型，意味着混合集成方法的方向预测能力要优于单模型，这主要的原因是分解–集成学习方法显著提升了单模型的方向预测能力。

（3）在四个外汇汇率的提前 1 天、提前 3 天和提前 6 天的预测中，从四个混合集成方法的 PT 检验结果可以看出，EEMD-LSSVR-K 的方向预测精度是最高的，其余依次是 EMD-LSSVR-K、EEMD-LSSVR 和 EMD-LSSVR，主要原因是，基于聚类策略显著提升了分解–集成学习方法的方向预测能力。

（4）在四个外汇汇率的提前 1 天、提前 3 天和提前 6 天的预测中，从四个单模型的 PT 检验结果可得到，LSSVR 的方向预测能力好于 SVR 和 MLP 模型，ARIMA 模型的方向预测能力基本是无效的，这主要归因于外汇汇率数据具有非线性、高波动、不规则等特征，单模型很难保证方向预测的精度。

（5）在四个外汇汇率预测中，随着预测尺度的增加，可以发现每个预测模型的 PT 值都会逐渐减小，也就是说所有模型在提前 1 天预测时方向预测能力是最优的，其余依次是在提前 3 天预测和提前 6 天预测中，可能原因是随着预测尺度的增加，在实际的汇率预测中，有些数据的信息没有被模型训练，从而模型方向预测能力逐渐减弱。

4.5 本章小结

本章重点介绍了基于分解–聚类–集成学习方法的总体框架，在该方法框架下，使用 EEMD、LSSVR 和 K 均值聚类方法构建了一个基于 EEMD-LSSVR-K 的分解–聚类–集成外汇汇率预测方法，并将该方法应用于四个主要的外汇汇率预测中，基于实证结果，可以得到以下结论。

（1）在四个外汇汇率的提前 1 天、提前 3 天和提前 6 天的预测中，本章所提出的 EEMD-LSSVR-K 方法的水平预测性能和方向预测能力显著地优于四个单预测模型和其他三种混合集成预测方法。

（2）在四个外汇汇率的提前 1 天、提前 3 天和提前 6 天的预测中，四个混合集成方法的水平预测与方向预测能力均好于其他四个单模型，这主要的原因是分解–集成学习方法显著提升了单模型的水平预测和方向预测能力。

（3）在四个外汇汇率的提前 1 天、提前 3 天和提前 6 天的预测中，从四个单模型的预测结果比较可得，LSSVR 的水平预测精度和方向预测精度是最好的，接下来是 SVR 和 MLP，ARIMA 的预测能力是最差的，这主要有两个原因，一是 LSSVR 的样本外泛化能力要好于 SVR 和 MLP，二是外汇汇率数据的非线性、高波动、不规则等特征，导致线性的 ARIMA 模型水平预测和方向预测均失效。

（4）在四个外汇汇率的提前 1 天、提前 3 天和提前 6 天的预测中，从四个集成方法的预测结果比较可得，本章所提出的 EEMD-LSSVR-K 方法的水平预测和方向预测能力均是最好的，接下来依次是 EMD-LSSVR-K、EEMD-LSSVR 和 EMD-LSSVR，这主要得益于基于聚类策略显著地提升了分解–集成学习方法的水平预测和方向预测能力。

（5）在四个外汇汇率预测中，随着预测尺度的增加，可以发现每个模型的预测性能均会逐渐减弱，也就是说所有模型在提前 1 天预测时水平预测和方向预测能力是最好的，接下来依次是在提前 3 天预测和提前 6 天预测中，可能的原因是随着预测尺度的增加，在实际的汇率预测中，有些数据的信息没有被模型训练，从而导致模型的水平预测和方向预测能力逐渐减弱。

5 投资者关注度与汇率预测——基于集成深度学习方法

本章主要采用集成学习技术、特征工程技术和深度学习方法，提出了一种集成深度学习的预测框架，通过此预测框架构建了一个融合 Bagging、SAE 和 LSTM 的 B-SALS 集成深度学习预测方法，并利用投资者关注度数据、网络搜索数据和外汇市场技术分析指标数据来预测美元兑人民币的汇率走势。实证结果表明，本章所提出的 B-SALS 集成深度学习方法取得了很好的预测效果，其预测性能显著优于其他两种集成学习方法，从而说明了基于集成深度学习方法的优越性。

在本章中，5.1 节首先对相关研究进行简单介绍；5.2 节详细地介绍基于集成深度学习方法的构建过程；5.3 节利用构建的集成深度学习方法，对美元兑人民币汇率进行短期、中期和长期的预测，同时与传统的单模型和其他集成方法的预测性能进行对比，并给出预测结果的统计检验；5.4 节为本章小结。

5.1 引　　言

随着信息技术的发展，越来越多的用户已经参与到互联网信息的创造过程中，如用户在社交媒体发表评论并实时讨论等，互联网上每个网页的访问、搜索引擎中的每个搜索查询都会被记录下来。这些基于互联网用户所产生的大数据能够实时反映用户对某些热点问题的关注、预期及情感倾向，具有非常大的价值，因此，互联网所产生的大数据已经成为公众、企业、政府等重点关注的对象（Chen et al., 2012）。这些大数据中，搜索引擎所产生的搜索数据得到了工业界与学术界的格外重视。互联网用户可以通过搜索引擎了解自己感兴趣的事情，如在百度或者谷歌中输入自己感兴趣的关键词，搜索引擎就会记录下这些关键词在全网的查询量，进而就可以产生反映用户关注度的数据。

自 2009 年以来，基于互联网搜索产生的海量数据已经在社会、宏观经济、金融、能源等领域有了广泛的应用，国内外学术界涌现出一大批优秀的基于互联网搜索数据的研究工作。例如，在社会问题预测中，主要有季节性流感的预测（Ginsberg et al., 2009）、抑郁症发病率预测（Yang et al., 2010）、流产率预测（Reis and Brownstein, 2010）、自杀率预测（Song et al., 2014）、电影票房收入预测（Goel et al., 2010）等；在宏观经济预测中，主要有失业率预测（Smith，2016；Baker and Fradkin，2017）、通货膨胀预测（Vosen and Schmidt，2011）、旅游需求预测（Sun et al., 2019）等；在金融领域预测中，主要有股票市场预测（Engelberg and Gao，2011；Perlin et al., 2017）、外汇汇率预测（Bulut，2018）等；在能源研究中，主要有原油价格预测（Wang et al., 2018a）、家庭用电量预测（Park and Kim, 2018）等。

通过对基于互联网搜索数据的预测研究工作综述发现，目前，还没有研究将日度网络搜索数据应用于外汇汇率的预测。是否可以在官方宏观经济数据发布前，利用互联网搜索数据来代替汇率基本面数据，并以此来预测每日的汇率走势？本章将以美元兑人民币汇率为样本，利用百度指数和谷歌趋势数据来尝试回答这一问题。我们使用互联网搜索数据的目的是，在官方数据发布给市场参与者之前，及时了解经济状况。基本上所有国家发布的政府数据都存在滞后性，市场会在次月中旬或更晚的时候获得这些数据，其中大部分是月度数据。值得注意的是，无论我们使用的是实时数据还是经过修正的官方数据，官方数据的可用性总是存在滞后问题。唯一的区别在于，修正后的官方数据会被提供给滞后程度更高的市场参与者。另外，在百度指数与谷歌趋势数据的帮助下，我们可以每天收集一些有关宏观经济基本面的信息，并利用它们来预测汇率的走势。然而，本章研究的目的并不是寻找官方政府数据的替代品。事实上，官方数据是衡量宏观经济基本面的最佳可用指标，但由于数据发布是滞后的，这些数据本身在做决策时是不可用的。然而，通过使用每日的互联网搜索数据，我们可以得到某些宏观经济基本面当前值的一个替代变量，并利用这些信息对汇率走势做出一些推断。

基于此，为了使用日度互联网搜索数据来预测外汇汇率走势，本章采用集成学习技术、特征工程技术和深度学习方法，提出了基于集成深度学习的预测框架，并通过此框架构建了一个融合 Bagging、SAE 和 LSTM 的基于 B-SALS 的集成深度学习的汇率预测方法，并利用投资者关注度数据，包括网络搜索数据和外汇市场技术分析指标与变化率指标数据来预测美元兑人民币汇率走势。实证结果表明，本章所提出的 B-SALS 方法在美元兑人民币汇率预测中取得了很好的预测效果，其预测能力显著优于单模型和其他两种集成学习方法，从而说明了 B-SALS 方法的优越性。

本章研究的主要目的在于：一是说明如何构造 B-SALS 集成深度学习方法；二是揭示如何使用所提出的 B-SALS 集成深度学习方法融合投资者关注度数据进行样本外汇率预测；三是展示各种模型在汇率预测中的水平精度和方向精度；四是探讨 Bagging 集成技术如何影响所提出的 B-SALS 方法的最终预测能力。接下来我们主要介绍该集成深度学习方法的构建过程，利用构建的 B-SALS 集成深度学习方法对美元兑人民币汇率分别进行提前 1 天、提前 3 天和提前 6 天的预测，并进行实证分析。

5.2 基于 B-SALS 集成深度学习方法框架

在本节中，我们详细地介绍集成深度学习方法的建立过程。首先，我们简要概述 SAE 和 LSTM。其次，依据以前的研究工作，构建 SAE-LSTM（SALS）混合模型。最后，利用 Bagging 集成技术和 SALS 深度学习方法，构建集成深度学习的外汇汇率预测方法。

5.2.1 栈式自编码器

在介绍 SAE 之前，我们首先介绍自编码器的概念。自编码器是一个单一的隐藏层前馈神经网络，在该网络中，输出应该重建输入（Hinton et al.，2006）。图 5.1 表示的是单个自编码器的结构，自编码器的公式如下：

$$
\begin{aligned}
&\min \quad \frac{1}{2m}\sum_{t=1}^{m}\left\|\boldsymbol{X}_I^{(t)}-\boldsymbol{X}_O^{(t)}\right\|_2^2 \\
&\text{s.t.} \begin{cases} \boldsymbol{H}=\operatorname{sigmoid}\left(\boldsymbol{W}_1\boldsymbol{X}_I^{(t)}+\boldsymbol{b}_1\right) \\ \boldsymbol{X}_O^{(t)}=\operatorname{sigmoid}\left(\boldsymbol{W}_2\boldsymbol{H}+\boldsymbol{b}_2\right) \\ \operatorname{sigmoid}(x)=1/\left(1+e^{-x}\right) \end{cases}
\end{aligned}
\tag{5.1}
$$

其中，$\boldsymbol{W}_1$ 为从输入层到隐含层的权重矩阵；$\boldsymbol{W}_2$ 为从隐含层到输出层的权重矩阵；$\boldsymbol{b}_1$ 为输入层的偏置向量；$\boldsymbol{b}_2$ 为隐含层的偏置向量；$\boldsymbol{X}_I$ 为输入向量；$\boldsymbol{X}_O$ 和 $\boldsymbol{H}$ 分别表示由自编码器生成的输出和隐含层向量。在自编码器中，从 $\boldsymbol{X}_I$ 到 $\boldsymbol{H}$ 的转换被称为“编码”，从 $\boldsymbol{H}$ 到 $\boldsymbol{X}_O$ 的转换被称为“解码”。自编码器在输入 $\boldsymbol{X}_I$

和输出 $\boldsymbol{X}_O$ 之间拟合一个识别函数，实现从 $\boldsymbol{X}_I$ 到隐含层矢量 $\boldsymbol{H}$ 的非线性变换。$\boldsymbol{H}$ 的值可以看作 $\boldsymbol{X}_I$ 的替代或高级表示。因此，自编码器是一种常用的非线性特征提取方法。采用反向传播算法对自编码器的权值 $\boldsymbol{W}_j$ 和偏差 $\boldsymbol{b}_j$ 进行调整，更新公式如下：

$$\boldsymbol{W}_j = \boldsymbol{W}_j - \alpha \frac{\partial}{\partial \boldsymbol{W}_j}\left(\frac{1}{2m}\sum_{t=1}^{m}\left\|\boldsymbol{X}_I^{(t)} - \boldsymbol{X}_O^{(t)}\right\|_2^2\right),\ j=1,2 \tag{5.2}$$

$$\boldsymbol{b}_j = \boldsymbol{b}_j - \alpha \frac{\partial}{\partial \boldsymbol{b}_j}\left(\frac{1}{2m}\sum_{t=1}^{m}\left\|\boldsymbol{X}_I^{(t)} - \boldsymbol{X}_O^{(t)}\right\|_2^2\right),\ j=1,2 \tag{5.3}$$

其中，初始权重和偏差在 $[-1,\ 1]$ 中随机产生，而 α 表示学习率。只有特征数据 $\boldsymbol{X}_I$ 被式（5.3）使用。然后，就可以进行无监督训练了。

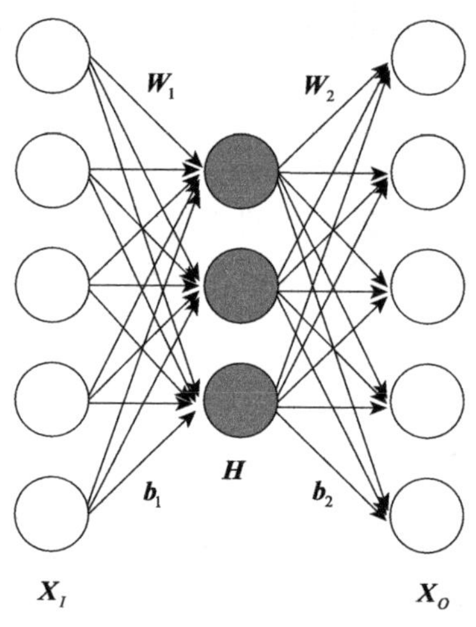

图 5.1　自编码器结构

SAE 是多个自编码器（即深层自编码器）的栈式结构（Bengio et al.，2007）。在 SAE 中，前一个自编码器的隐含层输出被视为下一个自编码器的输入（图 5.2）。给定一个复杂的样本数据，SAE 可以从原始输入中分层学习有效的表示，并自动过滤不相关的特性。直接在整个结构中训练 SAE 非常耗时，特别是在网络深度较大的情况下，可能会出现消失梯度问题。分层训练是深度神经网络学习的核心。SAE 中的每个自编码器首先通过反向传播算法按顺序和无监督的方式进行训练。此后，自编码器的更新参数在 SAE 中共享并维护。经过分层训练后，SAE 参数可以得到局部最优值。

作为一种深度学习方法，SAE 对原始输入特性不敏感。因此，这种鲁棒性降低了人工特征预筛选的必要性。

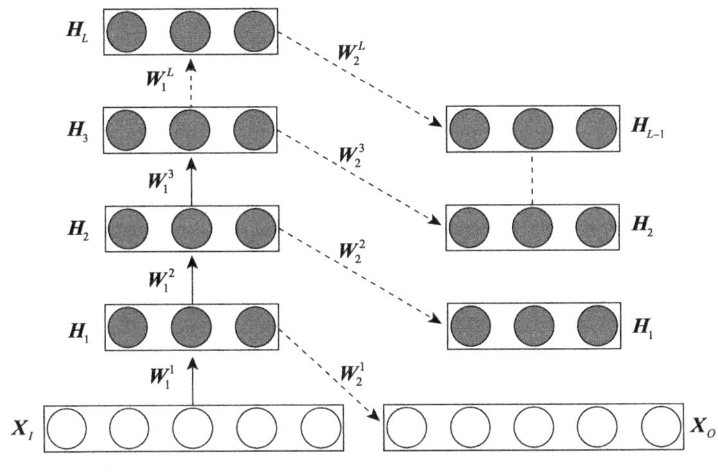

图 5.2 栈式自编码器结构

5.2.2 长短期记忆网络

LSTM 是 Hochreiter 和 Schmidhuber（1997）提出的一种特殊的递归神经网络。LSTM 的主要目的是根据序列数据长期依赖关系建模，并确定时间序列问题的最佳时滞。本小节将介绍 RNN 的网络结构及其用于汇率预测的 LSTM 结构。

RNN 是一种深度神经网络，具有较深的时间维度结构，在时间序列建模和预测中得到了广泛的应用。一个传统的神经网络的假设是，所有输入向量都是独立的。因此，传统的神经网络不能充分利用序列信息。相反，RNN 模型添加了一个由时序信息生成的隐藏状态，其输出取决于隐藏状态。图 5.3 显示了一个 RNN 体系结构被展开成一个完整的网络结构图。

图 5.3 中，$\boldsymbol{x}_t$ 表示输入向量；$\boldsymbol{S}_t$ 为隐藏状态，由输入向量和前一个隐藏状态决定。隐藏状态确定方法如下：

$$\boldsymbol{S}_t = f\left(U\boldsymbol{x}_t + W\boldsymbol{S}_{t-1}\right) \tag{5.4}$$

其中，$f(g)$ 表示激活函数，有许多激活函数方法，如 ReLU 和 sigmoid 函数；初始隐藏状态 $\boldsymbol{S}_0$ 通常初始化为 0；$\boldsymbol{O}_t$ 表示输出向量，$\boldsymbol{O}_t = f\left(V\boldsymbol{S}_t\right)$；$U$ 和 V 分别表示隐含层和输出层的权值；W 表示隐藏状态的转移权值。

尽管 RNN 能很好地拟合时间序列数据，但由于梯度消失的问题，很难建立长期依赖性模型。LSTM 是一种利用存储单元来解决梯度消失问题的有效方法。一个记忆元胞由四个单元组成：输入门限、遗忘门限、输出门限和一个自循环神经元，如图 5.4 所示。这些门限控制相邻的内存单元和内存单元之间的交互。输入信

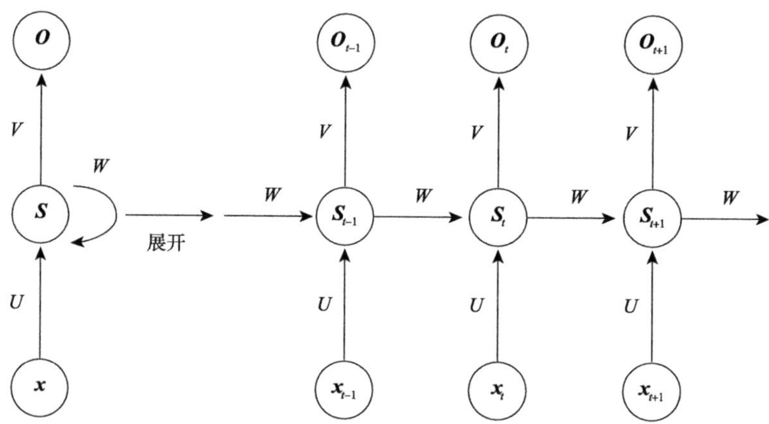

图 5.3 RNN 结构图

号对存储单元状态的影响由输入门限控制。输出门限可以控制存储器单元的状态，以决定是否可以改变其他存储器单元的状态。此外，遗忘门限可以选择记住或遗忘它以前的状态。

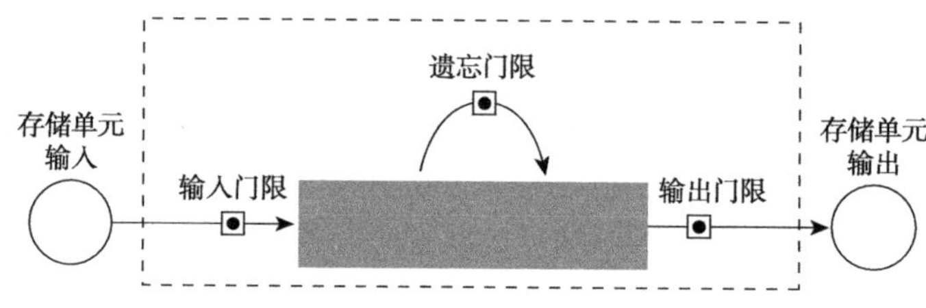

图 5.4 LSTM 存储单元结构

图 5.5 显示了 LSTM 网络展开的结构，它描述了如何更新每个门限的值。图 5.5 中，$\boldsymbol{x}_t$ 为记忆单元的输入向量；$\boldsymbol{W}_i$、$\boldsymbol{W}_f$、$\boldsymbol{W}_c$、$\boldsymbol{W}_o$、$\boldsymbol{U}_i$、$\boldsymbol{U}_f$、$\boldsymbol{U}_c$、$\boldsymbol{U}_o$ 和 $\boldsymbol{V}_o$ 为权值矩阵；$\boldsymbol{b}_i$、$\boldsymbol{b}_f$、$\boldsymbol{b}_c$ 和 $\boldsymbol{b}_o$ 为阈值向量；h_t 为记忆单元的值；i_t 和 $\tilde{C}_t$ 分别为输入门限和记忆单元的候选状态的值。i_t 和 $\tilde{C}_t$ 可以表示如下：

$$i_t = \sigma\left(\boldsymbol{W}_i \boldsymbol{x}_t + \boldsymbol{U}_i h_{t-1} + \boldsymbol{b}_i\right) \tag{5.5}$$

$$\tilde{C}_t = \tanh\left(\boldsymbol{W}_c \boldsymbol{x}_t + \boldsymbol{U}_c h_{t-1} + \boldsymbol{b}_c\right) \tag{5.6}$$

f_t 和 C_t 分别为遗忘门限和记忆单元状态的值。f_t 和 C_t 可以表示如下：

$$f_t = \sigma\left(\boldsymbol{W}_f \boldsymbol{x}_t + \boldsymbol{U}_f h_{t-1} + \boldsymbol{b}_f\right) \tag{5.7}$$

$$C_t = i_t \times \tilde{C}_t + f_t \times C_{t-1} \tag{5.8}$$

o_t 和 h_t 分别为输出门限和记忆单元的值。o_t 和 h_t 可以表示如下：

$$o_t = \sigma\left(\boldsymbol{W}_o \boldsymbol{x}_t + \boldsymbol{U}_o h_{t-1} + \boldsymbol{V}_o C_t + \boldsymbol{b}_o\right) \tag{5.9}$$

$$h_t = o_h \times \tanh\left(C_t\right) \tag{5.10}$$

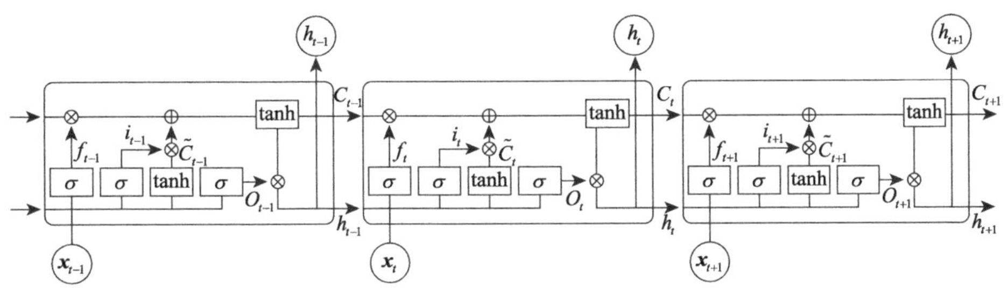

图 5.5 LSTM 结构

LSTM 包括隐含层数和延迟数，延迟数是过去的数据，它们分别表示样本内数据集和样本外数据集。目前，没有经验法则来选择延迟数和隐含层的数量。在本章研究中，通过试错法，将隐含层数和延迟数分别设置为 5 和 3。采用反向传播算法训练 LSTM 的结构。将学习速率、批量大小和 epoch 数量分别设置为 0.05、60 和 1 000。收敛速度由学习速度控制，这是一个随时间递减的函数。将学习速率和 epoch 次数分别设置为 0.05 和 1 000，可以实现训练集数据的收敛。当参数组合发生变化时，一旦收敛，实验结果将趋于稳定。感兴趣的读者可以参考 Hochreiter 和 Schmidhuber（1997）的研究了解更多内容。

结合前文提到的 SAE 方法，在本章中，我们开发了基于 SALS 的深度学习方法来预测外汇汇率趋势。SALS 体系结构如图 5.6 所示。在 SALS 中，首先利用 SAE 从投资者关注度数据（谷歌趋势数据、百度指数数据和外汇市场技术分析指标）中学习提取精炼的预测指标；其次，通过 LSTM 将其联系起来，建立外汇汇率与所提取精炼的预测指标之间的关系模型。

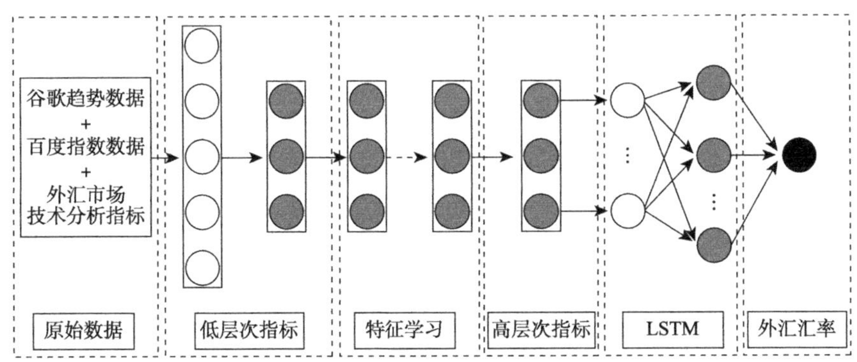

图 5.6 SALS 的流程图

5.2.3 Bagging 集成学习

Bagging 是 Breiman（1996）提出来的，其主要工作是通过生成新的学习集来改进不稳定的过程。在我们的预测中，Bagging 的目的是减小预测的方差。简单地说，一般的想法是使用重采样技术，从原始数据集中提取替换数据来生成额外的样本来训练模型，我们将这些称为重采样的样本。假设生成 K 个这样的样本，对于每个重采样样本，都重复上述构建 SALS 网络的过程，并在每次迭代中进行预测。因此，我们的模型中有 K 组预测，而不是一组预测。为了得到最终的预测，我们通过取平均值或考虑中位数来对 K 组预测进行集成，这与只使用来自原始样本的一组预测相比，预测方差更小。我们应该注意到，在一个横截面的设置中，如果一个人对未来汇率的趋势感兴趣，减少估计标准误差的一种方法是增加样本量，唯一的解决方法就是使用重采样技术。

Bagging 预测涉及生成 K 个样本的过程，故称之为重采样过程。令 $\boldsymbol{y}_t$ 是 t 时刻一个包含所有预测因子的向量，$\boldsymbol{y}_t=\left(1,l_t'\right)'$。假设训练集数据的总数是 T，因此 x_T 代表最近的观察结果。通过 $(T-h)\times(1+q)$ 维矩阵排列训练集数据，如下所示：

$$\boldsymbol{B}=\begin{bmatrix} x_{1+h} & y_1' \\ \vdots & \vdots \\ x_T & y_{T-h}' \end{bmatrix} \tag{5.11}$$

我们可以利用矩阵 $\boldsymbol{B}$ 中 m 行的块进行替换，生成一个 Bootstrap 样本 k，从而获取误差项的依赖关系。它可以表示如下：

$$\boldsymbol{B}^{(k)}=\begin{bmatrix} x_{1+h}^{(k)} & y_1'^{(k)} \\ \vdots & \vdots \\ x_T^{(k)} & y_{T-h}'^{(k)} \end{bmatrix} \tag{5.12}$$

对于每个 Bootstrap 样本，都应该实施模型选择，并从矩阵 $\boldsymbol{B}^{(k)}$ 块中估计模型。拟合矩阵 $\boldsymbol{B}^{(k)}$ 块中最新观测值，得到预测 $\hat{x}_{T+h}^{(k)}$。重复这个过程，$k=1,2,\cdots,K$。最终预测结果如下：

$$\hat{x}_{T+h}^{(\text{bag})}=\frac{1}{K}\sum_{k=1}^{K}\hat{x}_{T+h}^{(k)} \tag{5.13}$$

在本章研究中，Bootstrap 采样样本个数 $K=100$，我们参考的是 Inoue 和 Kilian（2008）的研究。有关 Bagging 更详细的内容，感兴趣的读者可以参考 Breiman（1996）的研究。

5.2.4 多变量预测

与时间序列模型不同，多变量模型不仅考虑了目标序列的自回归效应，还考虑了外生变量对目标序列的影响。它可以被表示成一个函数，为因变量和自变量之间的关系建模，公式如下：

$$y(t+h)=f\left(s(y),s(x_1),\cdots,s(x_C)\right) \tag{5.14}$$

其中，$y(t+h)$为$t+h$时刻因变量的值；$s(x)=\left\{x(t),x(t-1),\cdots,x(t-l_x+1)\right\}$，为外生变量$x$的过去值集合，总数为$l_x$。因此，预测模型的输入值是$m=\sum\left(l_y+l_{x_1}+\cdots+l_{x_C}\right)$。

5.2.5 基于B-SALS集成深度学习方法

图5.7为本章所提出的B-SALS集成深度学习方法的总体流程。该方法主要包括以下五个主要步骤。

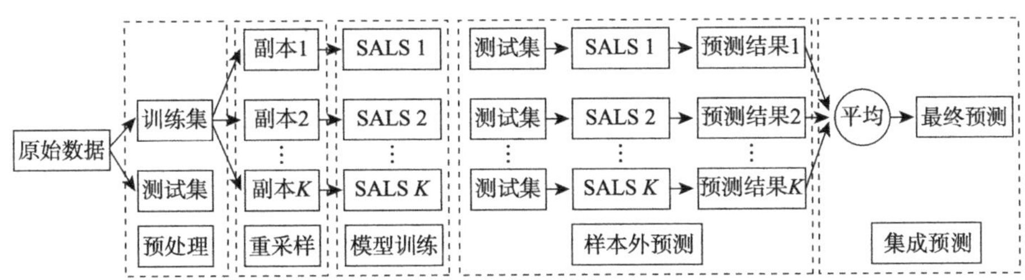

图5.7 基于B-SALS集成深度学习方法的流程图

（1）预处理。将本章研究所用到的多元数据转换并划分为训练样本和测试样本。

（2）重采样。利用Bootstrapping方法生成K个训练集样本。

（3）模型训练。分别用每组训练集样本训练K个SALS模型。

（4）样本外预测。使用K个训练的SALS模型产生K个预测。

（5）集成预测。以K个预测结果的均值作为最终的预测结果。

5.3 实证研究

本节我们先介绍研究用到的投资者关注度数据，包括网络搜索数据和外汇市场技术分析指标与变化率指标数据，然后给出具体的预测结果，同时还对各模型预测结果进行更进一步的统计检验分析。

5.3.1 数据描述

为了验证我们构建的集成深度学习方法，本章主要进行美元兑人民币汇率预测。美元兑人民币汇率数据取自 Wind 数据库。数据是从 2016 年 1 月 4 日到 2018年 12 月 31 日的日度数据。这些数据被划分为训练集与测试集。2016 年 1月 4 日到 2018 年 5 月 31 日数据作为训练集用于训练模型，2018 年 6 月 1 日到 2018年 12月 31 日数据作为模型的测试集，以此来验证我们所提出的集成深度学习方法的预测能力。选择的外汇市场技术分析指标主要有 19 个（余乐安等，2006），如表 5.1 所示，这些数据也取自 Wind 数据库，数据长度与美元兑人民币汇率相同。

表 5.1　外汇市场技术分析指标与变化率指标

指标	定义
价格（P）	$x_t\left(t=1,2,\cdots,n\right)$
随机波动（SO）	$\left[x_t-x_l(m)\right]/\left[x_h(m)-x_l(m)\right]$
移动随机波动（MSO）	$\frac{1}{m}\sum_{i=t-m+1}^{t}\mathrm{SO}_{t-i}$
平缓随机波动（SSO）	$\frac{1}{m}\sum_{i=t-m+1}^{t}\mathrm{MSO}_{t-i}$
价格变化率（ROC）	x_t/x_{t-m}
动量变化率（M）	x_t-x_{t-m}
移动平均（MA）	$\frac{1}{m}\sum_{i=t-m+1}^{t}x_i$
移动方差（MV）	$\frac{1}{m}\sum_{i=t-m+1}^{t}\left(x_i-\overline{x}_t\right)^2$
移动方差比率（MVR）	$\mathrm{MV}_t^2/\mathrm{MV}_{t-m}^2$
指数滑动平均（EMA）	$\alpha x_t+\left(1-\alpha\right)x_{t-m}$
移动平均收敛发散（MACD）	$\sum_{i=t-m+1}^{t}\mathrm{EMA}_{20}(i)-\sum_{i=t-m+1}^{t}\mathrm{EMA}_{40}(i)$
累计/分散震荡（ADO）	$\left[x_l(m)-x_t\right]/\left[x_h(m)-x_l(m)\right]$
Disparity5（D5）	x_t/MA_5

续表

指标	定义
Disparity10（D10）	x_t/MA_{10}
移动震荡（OSCP）	$(\mathrm{MA}_5-\mathrm{MA}_{10})/\mathrm{MA}_5$
顺势指标（CCI）	$(M_t-\mathrm{SM}_t)/0.015D_t$，其中， $M_t=x_h(t)+x(t)+x_l(t),\mathrm{SM}_t=\sum_{i=t-m+1}^{t}M_i/m,$ $D_t=\sum_{i=t-m+i}^{t}\lvert M_i-\mathrm{SM}_t\rvert/m$
相对强弱指标（RSI）	$100-\frac{100}{1+\mathrm{RS}}$，其中，$\mathrm{RS}=\frac{\sum_{i=t-m+1}^{t}\left[x(i)-x(i-1)\right]^{+}}{\sum_{i=t-m+1}^{t}\left[x(i)-x(i-1)\right]^{-}}$
方向指标（DI）	$\mathrm{DI}^{+}=+\mathrm{DM}/\mathrm{TR},\mathrm{DI}^{-}=-\mathrm{DM}/\mathrm{TR}$，其中，DM 表示方向动量，TR 表示真实范围
线性回归线（LRL）	$\frac{m\times\sum_{i=t-m+1}^{t}\left[i\times x(i)\right]-\sum_{i=t-m+1}^{t}i\times\sum_{i=t-m+1}^{t}x(i)}{m\times\sum_{i=t-m+1}^{t}i^2-\left(\sum_{i=t-m+1}^{t}i\right)^2}$

本节中选择的网络搜索数据是谷歌趋势数据和百度指数数据，主要的原因如下。

（1）依据统计数据，截至 2016 年 1 月，在众多的搜索引擎中，谷歌以 65.44% 的市场占有率排名全球第一，接下来是 Bing（15.82%）和百度（8.30%）。因此，谷歌趋势数据具有一定的代表性。由于谷歌已经退出中国市场，本章进一步选取了百度指数数据，与谷歌趋势数据共同刻画投资者关注度。

（2）谷歌趋势数据和百度指数数据都是开源的，也比较容易获得，涵盖的范围比较广，包括很多投资者关注信息。百度指数数据和谷歌趋势数据分别来自“http://index.baidu.com/”和“https://trends.google.com/trends/”，这些搜索数据长度也与美元兑人民币汇率相同。关键词的选择对于网络搜索数据的获得至关重要。在谷歌趋势和百度指数搜索中，选择的与美元兑人民币汇率相关的谷歌趋势关键词有 7 个，百度指数关键词有 8 个，总共 15 个，如表 5.2 所示。为了节省空间，具体的数据我们这里没有列出，感兴趣的读者可从相关网站检索或笔者处获取。

表 5.2 网络搜索数据关键词

搜索引擎	关键词
谷歌	CNY，RMB，USD，USDCNY，CNYUSD，China exchange rate，RMB exchange rate
百度	人民币、美元、人民币兑美元、美元兑人民币、人民币汇率、美元汇率、人民币兑美元汇率、美元兑人民币汇率

5.3.2 预测性能比较

为了验证我们所提出的集成深度学习方法的预测能力，本节选择了六个基准模型，包括四个单模型：LR、MLP、LSTM 和 SALS 模型，以及两个集成学习方法，B-MLP 和 B-LSTM。在本节中，自变量的数据包括历史的美元兑人民币汇率数据，19 个外汇市场技术分析指标数据，15 个网络搜索关键词数据。四个单模型的输入是这些自变量滞后 3 阶的数据，共有 105 个输入。LR 模型的参数通过普通最小二乘法估计。MLP 输出层神经元个数为 1，训练阶段的迭代次数为 10 000 次，隐含层神经元个数是通过试错法确定的，定为 11。通过试错法，将 LSTM 隐含层数和延迟数分别设置为 5 和 3，输出层神经元个数为 1，采用反向传播算法训练 LSTM 神经网络的结构，将学习速率、批量大小和 epoch 数量分别设置为 0.05、60 和 1 000。收敛速度由学习速度控制，这是一个随时间递减的函数。将学习速率和 epoch 次数分别设置为 0.05 和 1 000，可以实现训练集数据的收敛。当参数组合发生变化时，一旦收敛，实验结果将趋于稳定。SAE 的深度设置为 3，学习速率设置为 0.01，训练阶段的迭代次数为 100 次，根据特征空间的大小，将第一层到第三层隐含层的节点数量设置为 200、100 和 10，所有隐含层和输出层都使用 log-sigmoid 传递函数。对于集成方法，集成成员的数量都设置为 100。集成成员数目的选择实际上是在复杂性和准确性之间的权衡。但是，随着集成成员的增长，集成预测误差迅速收敛到一定的水平，因此不需要选择过多的集成成员。所有的模型都是通过 Matlab 2017b 软件实现的。

根据模型的水平预测和方向预测性能评价准则，美元兑人民币汇率在提前 1 天、提前 3 天和提前 6 天预测中，每个模型预测结果的 MAPE 和 DS 如表 5.3 所示。通过比较 MAPE 和 DS 结果，显而易见，本节所提出的融合投资者关注度数据的集成深度学习方法 B-SALS 在美元兑人民币汇率提前 1 天、提前 3 天和提前 6 天的预测中都显著地优于四个单模型和其他两个集成预测方法的预测能力。这就表明所提出的 B-SALS 是一种有效的外汇汇率预测方法。

表 5.3 模型预测性能比较（一）

预测尺度	模型	训练集		测试集	
		MAPE	DS	MAPE	DS
提前 1 天	LR	1.306	52.91	1.389	51.39
	MLP	0.587	65.07	0.661	63.19
	B-MLP	0.451	69.35	0.502	66.67
	LSTM	0.306	74.83	0.368	73.61
	B-LSTM	0.229	79.79	0.253	77.08
	SALS	0.158	83.90	0.172	80.56
	B-SALS	0.101	89.90	0.113	86.81
提前 3 天	LR	1.436	50.86	1.505	50.69
	MLP	0.741	63.06	0.782	61.11
	B-MLP	0.689	66.15	0.703	63.89
	LSTM	0.628	71.99	0.668	70.14
	B-LSTM	0.511	75.09	0.573	73.61
	SALS	0.393	80.93	0.405	77.78
	B-SALS	0.315	84.02	0.328	82.64
提前 6 天	LR	1.507	50.09	1.629	49.31
	MLP	1.004	58.20	1.085	56.25
	B-MLP	0.966	62.00	1.034	59.72
	LSTM	0.921	66.15	0.946	65.28
	B-LSTM	0.858	70.98	0.905	68.06
	SALS	0.743	74.96	0.772	72.92
	B-SALS	0.659	80.83	0.683	78.47

依据表 5.3 的模型预测性能结果，我们可以得出以下结论。

（1）在美元兑人民币的提前 1 天、提前 3 天和提前 6 天预测中，本节所提出的 B-SALS 方法在训练集和测试集中的 MAPE 和 DS 都是最优的，如在提前 1 天、提前 3 天和提前 6 天测试集预测中的 MAPE 分别是 0.113%、0.328%和 0.683%，DS 分别为 86.81%、82.64%和 78.47%。相比于 LR 模型，B-SALS 的 DS 提高了 29.16%~35.42%。

（2）在美元兑人民币的提前 1 天、提前 3 天和提前 6 天预测中，三个集成预测方法 B-SALS、B-LSTM 和 B-MLP 的 MAPE 和 DS 明显好于对应的单模型 SALS、LSTM 和 MLP。例如，在提前 1 天预测中，相比于 SALS、LSTM 和 MLP 模型测试集预测结果，B-SALS、B-LSTM 和 B-MLP 的 DS 分别提高了 6.25%、3.47%和 3.48%，其中的原因是集成策略显著地提升了单模型的汇率预测能力。

（3）在美元兑人民币的提前 1 天、提前 3 天和提前 6 天预测中，比较四个单模型预测性能可以看出，SALS 的水平预测精度与方向预测精度均是最好的，其余依次是 LSTM、MLP，LR 的预测性能是最差的。在三个预测尺度下，相比于 LSTM 测试集的预测能力，SALS 的 DS 提高了 6.95%、7.64%和 7.64%，这表明基于 SAE 的特征工程显著地提高了深度学习的预测能力。

（4）在美元兑人民币的提前 1 天、提前 3 天和提前 6 天预测中，比较三个集成方法预测性能，可以看出 B-SALS 的水平预测精度与方向预测精度是最好的，其余依次是 B-LSTM 和 B-MLP。在三个预测尺度下，与 B-MLP 的测试集预测性能相比较，B-SALS 的 DS 提高了 20.14%、18.75%和 18.75%；与 B-LSTM 的测试集预测能力相比，B-SALS 的 DS 提高了 9.73%、9.03%和 10.41%。这表明基于 SAE 的特征工程也显著地提高了集成深度学习方法的预测能力。

（5）在美元兑人民币汇率预测中，也可以看出，随着预测尺度的增加，每个模型的预测性能在逐渐减弱，也就是说，所有模型在提前 1 天预测时预测能力最好，其余依次是在提前 3 天预测和提前 6 天预测中。例如，B-SALS 方法测试集提前 1 天预测的 DS 比提前 3 天和提前 6 天分别提高了 4.17%和 8.34%，可能的原因是随着预测尺度的增加，在实际的汇率预测中，有些数据的信息没有被模型训练，从而模型预测性能逐渐减弱。

5.3.3 统计检验与分析

在本小节，我们也对各模型预测结果进行了 DM 检验，本小节采用均方误差作为 DM 统计量的损失函数。表 5.4 给出了美元兑人民币汇率在提前 1 天、提前 3 天和提前 6 天预测中的 DM 检验结果。

表 5.4 模型预测性能 DM 检验（一）

预测尺度	模型	B-SALS	SALS	B-LSTM	LSTM	B-MLP	MLP
提前 1 天	SALS	−1.986 2 （0.023 5）					
	B-LSTM	−2.253 6 （0.012 1）	−2.001 6 （0.022 7）				
	LSTM	−2.479 5 （0.006 6）	−2.210 8 （0.013 5）	−1.984 6 （0.023 6）			

续表

预测尺度	模型	B-SALS	SALS	B-LSTM	LSTM	B-MLP	MLP
提前 1 天	B-MLP	−2.765 1 （0.002 8）	−2.452 9 （0.007 1）	−1.993 5 （0.023 1）	−1.976 8 （0.024 0）		
	MLP	−3.789 1 （0.000 1）	−3.741 6 （0.000 1）	−2.993 6 （0.001 4）	−2.512 6 （0.006 0）	−1.992 4 （0.023 2）	
	LR	−4.562 8 （0.000 0）	−4.402 5 （0.000 0）	−3.984 7 （0.000 0）	−3.876 6 （0.000 1）	−3.016 2 （0.001 3）	−2.106 9 （0.017 6）
提前 3 天	SALS	−1.894 3 （0.029 1）					
	B-LSTM	−2.162 9 （0.015 3）	−1.953 3 （0.025 4）				
	LSTM	−2.334 5 （0.009 8）	−2.110 4 （0.017 4）	−1.894 3 （0.029 1）			
	B-MLP	−2.569 8 （0.005 1）	−2.364 2 （0.009 0）	−1.912 5 （0.027 9）	−1.951 1 （0.025 5）		
	MLP	−3.610 4 （0.000 2）	−3.584 6 （0.000 2）	−2.843 6 （0.002 2）	−2.436 2 （0.007 4）	−1.910 6 （0.028 0）	
	LR	−4.409 7 （0.000 0）	−4.304 9 （0.000 0）	−3.794 1 （0.000 1）	−3.765 8 （0.000 1）	−3.102 6 （0.001 0）	−2.014 8 （0.022 0）
提前 6 天	SALS	−1.903 5 （0.028 5）					
	B-LSTM	−2.106 8 （0.017 6）	−1.990 8 （0.023 3）				
	LSTM	−2.236 9 （0.012 6）	−2.211 6 （0.013 5）	−1.901 6 （0.028 6）			
	B-MLP	−2.605 7 （0.004 6）	−2.401 5 （0.008 2）	−1.987 4 （0.023 4）	−1.978 3 （0.023 9）		
	MLP	−3.653 5 （0.000 1）	−3.614 3 （0.000 2）	−2.913 6 （0.001 8）	−2.501 7 （0.006 2）	−1.978 2 （0.024 0）	
	LR	−4.441 8 （0.000 0）	−4.362 7 （0.000 0）	−3.801 3 （0.000 1）	−3.804 6 （0.000 1）	−3.213 1 （0.000 7）	−1.976 8 （0.024 0）

根据表 5.4 的检验结果，我们可以发现以下结论。

（1）在美元兑人民币的提前 1 天、提前 3 天和提前 6 天预测中，本节所提出的 B-SALS 方法被当作测试模型时，其他模型的 DM 检验结果均小于−1.89，所对应的 p 值远小于 0.03，这就意味着所提出的方法的预测性能在 97%的置信水平下优于其他所有的基准模型，可能的原因是综合集成思想显著地提高了模型的预测性能。

（2）在美元兑人民币的提前 1 天、提前 3 天和提前 6 天预测中，当 LR 模型作为检验模型时，其他测试模型的 DM 检验结果远小于−2，所对应的 p 值远小于 0.02，表明三个集成方法与其他三个单模型的预测性能在 98%的置信水平下优于

LR 模型，内在的原因是，外汇汇率具有非线性、高波动性和不规则性，进而线性的 LR 模型在外汇汇率预测中失效。

（3）在美元兑人民币的提前 1 天、提前 3 天和提前 6 天预测中，比较三个集成方法的预测性能可知，B-SALS 预测性能最好，其余依次是 B-LSTM 和 B-MLP，表明本章提出的基于 SAE 的特征工程策略显著地提高了集成深度学习方法的预测能力。

（4）在美元兑人民币的提前 1 天、提前 3 天和提前 6 天预测中，当 SALS 为测试模型，LSTM 与 MLP 作为比较模型时，DM 检验结果均小于−2.1，所对应的 p 值远小于 0.02，意味着 SALS 的水平预测性能在 98%的置信水平下优于 LSTM 和 MLP 模型，这表明基于 SAE 的特征工程也显著地提高了深度学习的预测能力。

（5）在美元兑人民币汇率预测中，随着预测尺度的增加，可以发现 DM 检验的 p 值会逐渐增大，也就是说所有模型在提前 1 天预测时预测能力最好，其余依次是在提前 3 天预测和提前 6 天预测中，可能的原因是随着预测尺度的增加，在实际的汇率预测中，有些数据的信息没有被模型训练，从而模型预测能力逐渐减弱。

此外，本小节也采用了 PT 统计量来检验外汇汇率的实际值和预测值的方向变化是否相同。换句话说，它检查在汇率时间序列的实际涨落之后，预测值的涨落情况。原假设是所提出的模型对相关汇率没有预测能力。表 5.5 提供了所有模型对美元兑人民币汇率的样本外预测的 PT 检验结果。

表 5.5　模型预测性能 PT 检验（一）

模型	提前 1 天	提前 3 天	提前 6 天
LR	1.981 6（0.047 5）	1.891 1（0.058 6）	1.653 7（0.098 2）
MLP	2.898 2（0.003 8）	2.691 3（0.007 1）	2.541 8（0.011 0）
B-MLP	3.241 7（0.001 2）	3.104 9（0.001 9）	2.956 4（0.003 1）
LSTM	3.697 1（0.000 2）	3.451 6（0.000 6）	3.229 8（0.001 2）
B-LSTM	3.921 1（0.000 1）	3.752 6（0.000 2）	3.596 7（0.000 3）
SALS	4.102 9（0.000 0）	3.874 6（0.000 1）	3.774 5（0.000 2）
B-SALS	4.579 1（0.000 0）	4.236 4（0.000 0）	4.085 4（0.000 0）

由表 5.5 的 PT 检验结果，我们也可以得到以下结论。

（1）在美元兑人民币的提前 1 天、提前 3 天和提前 6 天预测中，本章所提出的 B-SALS 方法的 PT 检验结果均大于 4.0，对应的 p 值远小于 0.000 0，表明所提出 B-SALS 方法的预测结果几乎在 100%置信水平下拒绝了与实际的运动方向独立的假设，也就意味着在本章研究所用到的预测模型中，B-SALS 是方向预测能力最好的，也可以看出 LR 模型的方向预测能力是最差的。

（2）在美元兑人民币的提前 1 天、提前 3 天和提前 6 天预测中，三个集成方法预测结果的 PT 检验值显著大于四个单模型，意味着集成方法的方向预测能力要好于单模型，这主要的原因是集成思想显著提升了单模型的方向预测能力。

（3）在美元兑人民币的提前 1 天、提前 3 天和提前 6 天预测中，从三个集成方法的 PT 检验结果可以看出，B-SALS 的方向预测精度是最高的，其余依次是 B-LSTM 和 B-MLP，主要原因是基于 SAE 的特征工程策略显著地提高了集成深度学习方法的预测能力。

（4）在美元兑人民币的提前 1 天、提前 3 天和提前 6 天预测中，从四个单模型的 PT 检验结果可得到，SALS 模型的方向预测能力是最好的，依次为 LSTM 和 MLP 模型，LR 模型方向预测能力最差，这表明基于 SAE 的特征工程也显著地提高了深度学习的预测能力。

（5）在美元兑人民币汇率预测中，可以发现，随着预测尺度的增加，每个预测模型的 PT 值都会减小，也就是说所有模型在提前 1 天预测时方向预测能力是最优的，其余依次是在提前 3 天预测和提前 6 天预测中，可能原因是随着预测尺度的增加，在实际的汇率预测中，有些数据的信息没有被模型训练，从而模型的方向预测能力逐渐减弱。

5.4 本章小结

本章主要采用集成学习技术、特征工程技术和深度学习方法，提出了基于集成深度学习的预测框架，并通过此框架构建了一个融合 Bagging、SAE 和 LSTM 的基于 B-SALS 的集成深度学习的预测方法。利用该方法对美元兑人民币汇率进行了预测对比，依据实证结果，可以获得以下结论。

（1）在美元兑人民币的提前 1 天、提前 3 天和提前 6 天预测中，本章所提出 B-SALS 集成深度学习预测方法的水平预测精度和方向预测精度显著地优于单预测模型和其他两种集成预测方法。

（2）在美元兑人民币的提前 1 天、提前 3 天和提前 6 天预测中，三个集成方法的水平预测能力与方向预测能力均优于其他三个单预测模型，这主要的原因是集成学习的策略显著提升了单模型的水平预测和方向预测能力。

（3）在美元兑人民币的提前 1 天、提前 3 天和提前 6 天预测中，比较三个集成方法的预测性能可知，本章所提出的 B-SALS 集成深度学习方法的水平预测和方向预测能力均是最好的，其余依次是 B-LSTM 和 B-MLP，主要原因可能是基于 SAE 的特征工程策略显著地提高了集成深度学习方法的预测性能。

（4）在美元兑人民币的提前 1 天、提前 3 天和提前 6 天预测中，比较四个单模型的预测性能可知，SALS 模型的水平预测精度和方向预测精度是最好的，接下来是 LSTM 和 MLP 模型，LR 的预测能力是最差的，主要原因有两个，一是基于 SAE 的特征工程提高了深度学习的预测能力，二是汇率数据具有非线性、高波动、不规则等特征，导致线性的 LR 模型水平预测和方向预测能力均失效。

（5）在美元兑人民币汇率预测中，可以发现随着预测尺度的增加，每个模型的预测性能均会逐渐减弱，也就是说所有模型在提前 1 天预测时水平预测和方向预测能力是最好的，其余依次是在提前 3 天预测和提前 6 天预测中，可能的原因是随着预测尺度的增加，在实际的外汇汇率预测中，有些数据的信息没有被模型训练，从而模型的水平预测和方向预测能力逐渐减弱。

6　基于在线外汇新闻情感挖掘的汇率预测方法

基于在线新闻文本的情感分析是一个涉及很多研究方向的课题，如数据爬虫技术、数据预处理技术、数据库技术、自然语言处理和机器学习等。目前对于新闻情感分析主要有两大类方法，基于情感词典的和基于机器学习算法的。由于我们研究的是外汇汇率预测，本章我们选择的是基于情感词典的新闻情感分析。准确理解新闻文本实际要表达的意思是新闻情感分析需要攻克的难题，而一般的通用性的情感词典由于其普适性太强从而很难处理专业性的文本，如新浪新闻中的外汇新闻，所以本章提出了一种快速构造面向外汇市场的情感词典方法。本章主要是在新闻情感分析研究的基础上，研究了新闻情感极性数据与美元兑人民币汇率时序数据之间的因果关系与协整关系，然后，对几种不同预测模型的优缺点进行对比分析，最终提出基于外汇新闻情感挖掘的汇率预测方法。

本章主要包括以下内容：6.1 节简要介绍相关研究；6.2 节简要介绍情感分析相关理论与技术；6.3 节对基于在线外汇新闻情感挖掘的汇率预测方法的构建过程进行详细的介绍；6.4 节利用构建的基于在线外汇新闻情感挖掘的汇率预测方法，对美元兑人民币汇率进行短期、中期和长期预测，同时与其他基准模型进行比较，并给出统计检验的分析结果；6.5 节为本章小结。

6.1　引　　言

外汇市场是当今金融市场的重要组成部分，市场上的投资者和投机者都希望通过分析市场信息来获得更高的利润。金融新闻作为外汇市场信息的主要来源之一，已经被投资者广泛地使用和分析。在大数据时代，在线新闻文章的数量一直在急剧增长，面对如此海量的新闻数据，越来越多的机构已经依靠计算机的高处理能力对其建模分析，这些支持系统给出的预测可以帮助投资者过滤噪声，做出更明智的决定（Cambria and White，2014）。因此，如何对新闻文章进行建模和分析，从而做出更准确的预测是一个关键的问题。

基于词袋方法是通过向量空间模型对新闻文本进行建模，该模型将每个新闻文本转换为词语统计量的向量，如出现的次数等。然后，使用机器学习方法来捕获词语统计模式和外汇汇率变动之间的关系。虽然有些研究工作表明基于词袋的方法具有预测能力（Oliveira et al.，2016；Chan and Chong，2017），但是它们在从新闻文本到最终的方向预测的映射链上缺失了重要的一环，即新闻的情感。新闻冲击对外汇汇率影响的一般情况是，新闻报道首先由投资者解读，然后转化为市场情绪，接着投资者根据情绪解读做出决定，每个投资者的行为最后反映在最终的汇率走势中。因此，将情感分析纳入外汇汇率预测框架将变得更加关键。

情感分析是以情感维度为文本进行建模，不同于仅仅统计词语的频率，每个词语（尤其是那些具有情感极性的词语）都会被分解并由情感特征向量来表示。例如，在知网 HowNet 情感词典中，"喜欢"属于正面情感词语，"悲哀"则属于负面情感词语。情感维度的数量在情感词典中是固定的，通过对文本中每个词语的情感向量求和，就可以用情感值向量表示每个文本。现有的研究也表明基于情感极性表征做出的预测要比基于词袋方法的预测有更多优势（Oliveira et al.，2017）。

虽然情感分析已被广泛应用于金融领域，如原油价格预测（Yu et al.，2005b；Li et al.，2019）、股票市场预测（Antweiler and Frank，2004；Das and Chen，2007；Tetlock，2007；Loughran and McDonald，2011；Oliveira et al.，2017）、风险控制（Groth and Muntermann，2011；Tsai and Wang，2017）等，但在外汇汇率预测方面的研究很少。因此，本章采用在线外汇新闻数据进行情感分析，进而基于情感挖掘结果对外汇汇率进行预测。具体的，首先，采用互信息方法在知网 HowNet 情感词典和台湾大学简体中文情感词典基础上构建外汇领域的专有情感词典；其次，利用生成的词典对在线外汇新闻文本进行情感挖掘，并利用情感分析的结果构建基于 LSTM 深度学习的外汇汇率预测方法；最后，利用提出的预测模型对美元兑人民币汇率进行不同尺度的预测。

本章研究的主要目的如下：一是介绍如何扩展外汇领域的情感词典；二是说明如何构造基于在线外汇新闻情感挖掘的汇率预测方法；三是揭示如何使用所提出的基于在线外汇新闻情感挖掘的汇率预测方法进行样本外汇率预测；四是展示各种方法在汇率预测中的水平精度、方向精度及统计检验的比较；五是探讨外汇新闻数据如何影响预测方法的预测性能。接下来我们主要介绍基于在线外汇新闻情感挖掘的汇率预测方法的构建过程，然后利用该方法对美元兑人民币汇率分别进行提前 1 天、提前 3 天和提前 6 天的预测，并进行实证分析。

6.2 情感分析相关理论与技术

在线新闻情感分析是一个涉及很多研究方向的课题，包括数据采集技术、数据预处理技术、数据存储和自然语言处理等。在本章研究中，我们主要采用的是基于情感词典的情感分析，所以首先介绍有关情感分析的相关理论与技术，在 6.2.1 小节介绍外汇新闻数据采集，6.2.2 小节简述新闻文本预处理技术，6.2.3 小节概述基于情感词典的情感分析方法。

6.2.1 新闻数据采集

本节主要研究工作之一是分析主流金融网站上外汇新闻文本的情感极性。英文的外汇新闻文本数据主要来源于路透社、雅虎财经、雪球、华尔街日报等国外主流金融网站的外汇板块。在国内也有许多类似的网站，如新浪财经、腾讯财经、网易财经、东方财富网等，它们也都提供了中文的全球外汇实时新闻。

由于国外主流金融网站的新闻文本数据很难进行网络爬虫抓取，本节以国内主流的金融网站提供的全球外汇实时新闻文本数据为研究语料库，选择的在线外汇新闻文本数据来源于新浪财经，选取的主要原因如下：①新浪财经有专门针对外汇的新闻板块，包括滚动新闻、24 小时新闻快递、机构观点、专家观点等模块，这就使得外汇新闻的收集非常方便，同时也保证了新闻数据的纯净度，这对后续的研究工作会有很大的帮助；②新浪财经是一个第三方的新闻出版商，这就保证了新闻的客观性；③我们参考了 Alexa 中文官方网站提供的金融类网站的排名，每个网站外汇板块新闻的访问量和领域专家的推荐等信息，新浪财经排名都靠前。

本节的外汇新闻文本数据采用的是新浪财经外汇板块提供的全球实时外汇新闻，在做新闻情感分析的研究时，需要大量的新闻文本数据，因此新闻文本的收集不能通过人工的方式，只能借助于网络爬虫技术。

在本节研究中，主要使用了 Python 语言进行外汇新闻的情感极性分析，因此，我们使用 Python 的一个高效的爬虫框架 Scrapy 来进行外汇新闻数据的采集。Scrapy 是一个快速的网络爬虫框架，专门用于抓取网页中的结构化信息，它主要通过 Twisted 异步网络库来处理通信且含有各种中间件接口，其主要的工作流程如下：首先，从原始的 URL 开始，调度器会把网络地址传给下载器并进行下载；其次，再爬虫进行详细分析，会依据不同的结果进行相应的处理。如果需要更深入抓取一个链接，将这个链接传送给调度器即可；如果需要采集这些数据，将其发送至管道组件让其进行详细分析或者存储即可。另外，在这些数据的传输通道里面还可以编写 Spider 中间件，去实现自己所需要的功能。

6.2.2 文本预处理

得到新闻文本数据后，首先要对得到的新闻文本数据进行预处理，中文文本的预处理主要有三个步骤：中文分词、词性标注和去停用词。

1. 中文分词

在基于新闻文本的情感极性分析中，需要以词条为基础来构建新闻文本的多维度向量空间，进而将新闻转化为计算机可以识别的向量，以便进行接下来的新闻情感极性分类，所以，对新闻文本进行分词处理是比较重要的一步。在基于情感词典的情感分析中，我们也需要识别分词文本中的积极和消极的情感词，才能进行下一步的情感极性分析。

中文分词有时也称为切词，是把一个完整的汉字文本按照某种规则切分为多个有意义的词组。由于英文中单词之间是有空格的，计算机程序很容易就可以识别出词与词之间的分割界限。然而，中文的一段话中词与词之间是没有空格的，所以中文分词相比于英文分词更复杂，同时中文分词也是中文文本情感分析中最为关键的一步。目前，常用的中文分词方法有以下三种。

（1）基于理解的分词方法：基于理解的分词方法的主要思想是训练计算机模拟人对于文本的理解，从而达到分词的效果。该方法具体操作思路就是在中文分词的同时借助句子的句法和语义分析，来解决中文分词中的歧义现象。该分词方法主要包括分词子系统、句法语义子系统和总控三个部分。所以说，基于理解的分词方法是在总控部分的协调下，分词子系统对文本进行分词的同时，句法语义子系统对分词歧义进行分析。该分词方法需要海量的语料知识，由于中国汉语语言极其丰富，并且汉语语言也具有多样性、复杂性等特点，很难将所有的汉语语言信息整理成计算机可读取的形式。因此，基于理解的分词方法还没有在实际工作中得到广泛应用，目前还处于实验阶段。

（2）基于统计的分词方法：从词语的组织形式上来看，词是由稳定的字组合而成的，所以说在上下文中，如果相邻的字同时出现的次数很多，这说明它们构成一个词的可能性很大。因此，相邻的字共同出现的次数也就是它们共现的频率或者概率能够很好地反映成词的可信度。这样我们就可以统计出文本中相邻共现各字组合的频度，并计算它们共现的频率，就可以得出它们的互现信息。其实互现信息就是相邻的字共现的概率，这体现了汉字之间结合关系的紧密度。所以在利用该方法进行分词时，需要预先设定一个阈值，如果相邻的字共现概率大于这个阈值，就认为这个字组可能构成一个词。反之，则不能构成一个词。因为这种方法只需要计算相邻字的共现频率，不需要切分词典，所以称这种分词方法为统计分词法或者无词典分词法。但是该方法也存在一些缺陷，如会分出来一些共现频度高，但不是词的常用字组，如“之一”“有的”“每一”等，且对常用词的识别精度比较差。在实际应用中，基于统计的分词系统都会增加一个常用词词典进行串匹配分词，同时使用统计方法去识别一些新的词，这就将统计分析与串匹配相结合起来，这既发挥了无词典分词识别新词、自动消除歧义的优势，又利用了匹配分词切分速度快、高效的特点。目前，常用统计分词法主要有最大熵（maximum entropy，ME）模型、隐马尔可夫模型（hidden Markov model，HMM）、N 元（N-gram）模型。

（3）基于词典的分词方法：基于词典的分词方法主要是依据分词词典来进行分词处理，所以说分词词典的选取会直接影响分词效果的好坏，因此，我们需要选择一个比较好而且完善的分词词典。基于分词词典的分词过程主要是分词系统按照一定的策略将待分析的汉字串与分词词典中的词条进行对比匹配，如果在分词词典中找到该汉字串，则将这个汉字串切分为一个词组。所以该分词方法也被称为基于字符串匹配的方法，目前，常用的匹配方法主要包括正向最大匹配法（由左到右的方向）、逆向最大匹配法（由右到左的方向）、双向最大匹配法（进行由左到右和由右到左两次扫描）。

目前，国内基于词典的分词方法有很多，基本都是基于辅助语法和语义等方面的规则进行字符串的匹配切分，下面列举四个应用比较广泛的中文分词器。

jieba 分词器。这是一个基于 Python 的中文分词系统，它主要支持三种模式的分词：精确模式、全模式和搜索引擎模式。其中，精确模式是将句子最精确地切开，适用于文本挖掘。全模式是把句子中可能成词的词组全都扫描一遍，速度很快，但是不能解决分词中的歧义问题。搜索引擎模式是在精确模式的基础上对句子中的长词再进行切分操作，从而提高召回率，主要适合搜索引擎的分析。

IK 分词工具。IK 是一个基于 java 语言开发的开源分词系统，它是一个轻量级的中文分词系统，其主要采用了正向迭代最细粒度切分算法，可以支持细粒度分词和智能分词模式。

庖丁解牛分词工具。庖丁解牛分词工具是基于 lucene 的中文分词工具包，其创新之处就在于重新建立了一个 Paoding Analyzer，该 Analyzer 的主要工作是生产一个可以分词的 TokenStream。

ICTCLAS 分词工具。ICTCLAS 的主要功能包括中文分词、词性标注，并且也支持用户词典添加。ICTCLAS 的平均分词速度为 996 KB/s，对一般的文本的分词精度为 98.45%，官方测评结果表示该词典是当今世界上最好的汉语词法分析器。

在本节研究中，我们初步将上面四种分词工具分别用来进行外汇新闻文本的分词，在比较了它们各自的分词准确性后，最终选择了中国科学院计算技术研究所的 ICTCLAS 分词工具。ICTCLAS 缺少金融领域的词典，为了提高金融领域专业词汇的识别能力和后续情感分析的准确性，本节在分词的过程中添加了中国人民大学梁循教授提供的金融词库，该词库包含了 2 万多条金融领域常见的专业词汇。最后我们又重新调用了 ICTCLAS 系统提供的 API（application programming interface，应用程序编程接口），结合上述金融领域的词库，对新浪财经外汇板块中的外汇新闻进行了中文分词，并且标注了词性。

2. 词性标注

词性标注是在中文分词后，使用词性标注集和统计语言模型给中文分词后的每个词组标注词性。

3. 去停用词

停用词是指在进行情感分析中为了提高准确性和效率而被忽略的词语，这些词出现的频率很高但是没有实际的意义。目前，去停用词使用的方法是建立一个停用词词库，然后通过匹配的方式来去除。就是在中文分词后，如果这个词出现在停用词词库中，则删除这个词。本章在基本停用词之外又找了一些与外汇新闻情感分析无关的词。表 6.1 给出了扩展后的停用词类型。

表 6.1 扩展后的停用词类型

停用词类型	代表性词语	来源
基础停用词	的、了、着	哈尔滨工业大学停用词词库
人名、机构名	郭建、李伟、摩根士丹利、金融时报	人工分析整理
时间词	下午、周二、2 月份	人工分析整理

6.2.3 基于情感词典的情感分析方法

使用情感词典进行情感极性分析的一般流程如图 6.1 所示。

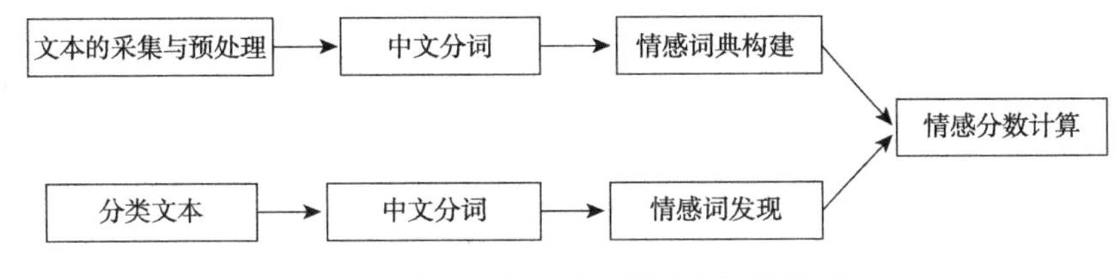

图 6.1 基于情感词典的情感分析流程图

从图 6.1 可以看出，基于情感词典的情感分析方法主要包括五个步骤。

（1）文本的采集与预处理。利用爬虫技术从互联网上采集相关的文本数据，并对文本数据进行预处理。

（2）中文分词。将预处理后的文本数据进行中文分词，使之构成一个词语向量。

（3）情感词典构建。在人工选择或者在中文分词后挑选情感极性突出的词语，并给这些词语手动赋予对应的情感权重，如积极的情感词设置一个正值，消极的情感词设置一个负值。这些词语及对应的权值构成情感词典。

（4）情感词发现。将分词后的词语向量中的每个词语与情感词典中的词语进行匹配操作，得到词语向量中每个词语的情感极性分数。

（5）情感分数计算。利用情感计算函数将词语向量中每个词语的情感极性分数进行综合即可得到文本的情感极性分数。

在基于情感词典的情感分析的五个步骤中，最为重要的是情感词典构建，在现有的研究工作中，通常都是采用人工总结的方式提取相关词语，主要的方法包括人工总结手动添加和分词筛选自动添加两种。

人工总结手动添加的主要流程如下：①定义一个包括正向情感和负向情感的基本种子词库；②在基本种子词库基础上，采用词林扩展平台对种子词库进行扩充；③重复步骤②操作多次，以扩充基础的情感词典；④在基础情感词典构建完成之后，需要将领域的专业词汇和相关词语也加入构建好的基础情感词典中。

分词筛选自动添加的主要思路如下：①构造一个领域词典，包括与金融相关的所有名词、专业名词、动词、形容词及相关的其他常用词；②将构建出来的领域词典和常用词典组合成为一个综合性的词典；③利用步骤②中的综合性词典对文本数据进行分词；④对分词后的词语向量进行词频统计，进而挑选出频率较高的词语，构成高频词语向量；⑤从高频词语中筛选出情感极性突出的词语，并给这些词语手动赋予对应的情感权值，积极情感词为 1，消极情感词为-1；⑥经过步骤①到步骤⑤，所有的情感词语及其对应的权值构成情感词典。

6.3 基于在线外汇新闻情感挖掘的汇率预测方法框架

本节主要对基于在线外汇新闻情感挖掘的汇率预测框架进行研究。首先，我们详细地介绍基础词典的建立过程及外汇词典的扩展方法。其次，给出在线外汇新闻情感极性的计算方法。最后，利用上述方法与技术，构建基于在线外汇新闻情感挖掘的汇率预测框架。

6.3.1 基础词典的构建

本节研究所用到的基础词典主要包括情感词典与辅助词典。情感词典主要包括两种：积极情感词和消极情感词。辅助词典主要由否定词、程度副词与停用词构成。本节研究所用到的基础词典的组织结构如图 6.2 所示。接下来，本小节将详细地介绍所用到的常见的情感词典、情感词典的构建，以及辅助词典的构建。

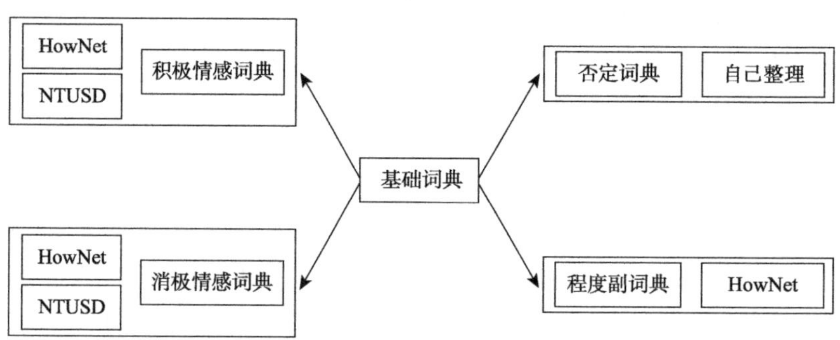

图 6.2 基础词典组成结构

1. 常见的情感词典

一般来说，情感词是指情感极性突出的词语，如喜欢、厌恶、欣赏、讨厌等。我们常见的情感词主要有两种类型：积极情感词与消极情感词，这些词语可以是各种的词性，如动词、名词和形容词，如果把这两种情感词组合起来就构成了情感词典。在基于情感词典的情感分析研究中，情感词典的构建会直接影响情感分析的结果。因此，本节的一个研究重点就是要构建一个比较好而且涉及面广的情感词典。目前，比较常用的中文情感词典包括知网 HowNet 情感词典、台湾大学简体中文情感词典、清华大学李军中文褒贬义词典等。在本节研究中，我们主要使用了知网 HowNet 情感词典和台湾大学简体中文情感词典。

（1）知网 HowNet 情感词典。HowNet 是知网在 2007 年发布的情感分析用词语集，HowNet 包含了中文词典与英文词典各 6 个，中文词典中包含了正面情感词语 836 个、正面评价词语 3 730 个、负面情感词语 1 254 个、负面评价词语 3 116 个、程度级别词语 219 个和主张词语 38 个。HowNet 情感词典的部分情感词如表 6.2 所示。

表 6.2 两种情感词典的情感词组成（部分）

HowNet 情感词典						NTUSD 简体中文情感词典	
正面情感词语	正面评价词语	负面情感词语	负面评价词语	程度级别词语	主张词语	积极情感词语	消极情感词语
爱护	蔼然	哀愁	碍眼	倍加	察觉	入神	刁难
不厌	安好	懊恨	暗地	不得了	触目	上等	下流
采纳	安定	懊恼	跋扈	非常	发觉	大方	下等
称颂	安全	板脸	败坏	极度	发现	小心	亡命
痴恋	按时	悲哀	霸道	绝对	感觉	才艺	乞讨
崇尚	拔尖	悲悯	傲慢	刻骨	见得	才干	土匪
酬谢	宝贵	憋气	肮脏	莫大	窥见	互助	大叫
垂涎	必备	不顾	暗中	甚为	自觉	仁慈	口吃

（2）台湾大学简体中文情感词典。台湾大学简体中文情感极性词典共包含情感词语 11 086 个，其中，积极情感词有 2 810 个，消极情感词有 8 276 个。台湾大学简体中文情感词典的部分情感词如表 6.2 所示。

2. 情感词典的构建

上文简要介绍了知网 HowNet 情感词典和台湾大学简体中文情感词典，这两个词典都是通用性的词典，不会涉及具体的领域，因此，在处理不涉及具体领域的情感分析时，可以获得很好的效果。但如果我们要处理具体领域的问题时，通用性的情感词典的分析效果就不是很好。本节研究所用到的基础词典是由知网 HowNet 情感词典和台湾大学简体中文情感词典组合构建而成的。

基础词典主要由基础的积极情感词典和基础的消极情感词典组成。基础的积极情感词典包括知网 HowNet 情感词典中的正面情感词语、正面评价词语，以及台湾大学简体中文情感词典中的积极情感词语。基础的消极情感词典主要包括知网 HowNet 情感词典中的负面情感词语、负面评价词语，以及台湾大学简体中文情感词典中的消极情感词语。由于知网 HowNet 情感词典和台湾大学简体中文情感词典中会有重复的词语，如“喜欢”这个词语在知网 HowNet 情感词典的正面情感词语和台湾大学简体中文情感词典的积极情感词语中同时出现，因此，我们在合并之后，需要对这种词语进行去重处理。在对基础的积极情感词典和基础的消极情感词典进行去重处理之后，本节研究所需要的基础情感词典就构建好了，总共包含 17 690 个情感词语，其中，基础的积极情感词有 6 506 个，基础的消极情感词有 11 184 个。部分基础的积极情感词和基础的消极情感词如表 6.3 所示。

表 6.3 基础词典中情感词的构成（部分）

基础的积极情感词	基础的消极情感词
尊敬	怨言
尊严	约束
惠顾	越轨
惬意	晕头转向
愉快	晕眩
掌握	云遮雾障
提升	陨落
提高	愤怒
晴朗	惆怅
高兴	远离

3. 辅助词典的构建

本节研究所用到的辅助词典主要由否定词词典、程度副词词典和停用词词典组成。

（1）否定词词典。在文本情感分析中，否定词的作用是非常大的，它可以改变一句话的意思，如“喜欢”这词，其本身是一个积极的情感词，如果在其前面加上否定词，变成“不喜欢”，就会成为消极的情感词，因此，在文本的情感分析研究中，不能只考虑词汇的情感极性，还应该综合考虑到否定词对词汇情感极性的影响。因此，在本节研究中，我们搜索了一些常见的否定词，经过整理之后，就构建成了否定词词典，部分的否定词如表 6.4 所示。

表 6.4　辅助词典的组成（部分）

否定词	程度副词	停用词
尚无	明显	的
不	多	靠
非	更	着
没有	更加	下午
没	快速	可以
别	大幅	可是
无	小幅	况且
未	快	来
难	强烈	例如
何必	谨慎	了

（2）程度副词词典。在文本情感分析时，程度副词是指在某种程度上影响文本情感的倾向程度的词语，可以加强文本情感的极性。例如，“我非常喜欢”这句话，表示的是“喜欢”这个积极的情感，且用程度副词“非常”来加强了这句话的情感倾向。程度副词与否定词不同，它不会改变句子的情感极性，而是增强了情感的倾向性。本章主要采用的程度副词词典是通过对知网 HowNet 情感词典中的程度级别词语进行人工筛选、整理与合并去重之后形成的。部分的程度副词词语如表 6.4 所示。

（3）停用词词典。停用词是指在进行情感分析时为了提高准确性和效率需要被过滤的词语，这些词出现的频率很高但是没有实际的意义。本章所构建的停用词词典是在哈尔滨工业大学整理发布的停用词表基础上，又找了一些与外汇新闻情感分析无关的词进行整理得到的。部分的停用词词语如表 6.4 所示。

6.3.2　外汇领域情感词典的构建

在基于情感词典的情感分析研究中，目前还没有出现专门用于外汇领域的情感词典，我们在 6.3.1 小节构建的基础词典是与领域无关的，所涉及的情感词还是有限的，用上面构建的基础词典对外汇新闻进行情感分析时准确性和效率都不高，为了提高外汇新闻情感分析的效果，本小节将使用相关方法专门构建适用于外汇领域的情感词典。

1. 利用互信息算法扩展词典

本小节主要介绍外汇领域情感词典的构建过程，我们首先选择外汇领域少量情感极性突出的词语作为种子词集，接着使用情感极性计算方法计算未知情感极性的词语与种子词集之间的相关程度，获得该词语的语义倾向性（sematic orientation，SO），从而就可以得到未标注词汇的情感极性，自动形成最终的外汇情感词典。外汇领域情感词典的构建流程如图 6.3 所示。

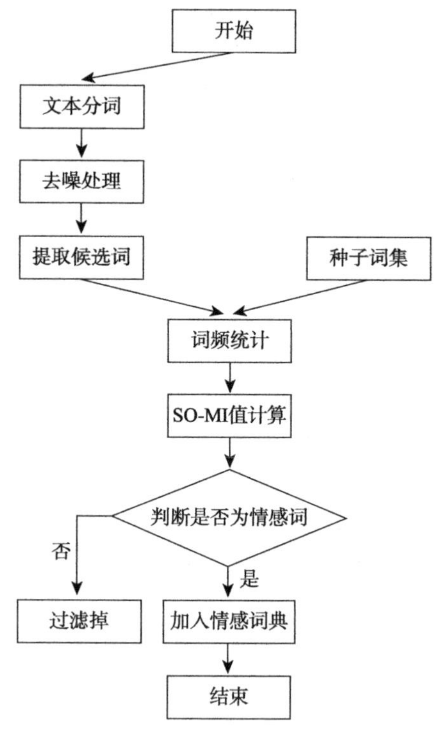

图 6.3　外汇领域情感词典的构建流程

互信息算法常被用来计算中文词语的情感倾向性。互信息算法通过计算两个词语间的共现概率来衡量这两个词语间的关联程度。互信息算法的核心思想是，一个未知情感倾向性的词语和积极情感词集的共现概率越大，则该词语越可能是一个积极情感词；反之，如果一个未知情感倾向性的词语和消极情感词集的共现概率越大，则该词语越可能是一个消极情感词。两个词语之间的相关性计算的具体过程如下所示：

$$\mathrm{MI}(\text{word1},\text{word2})=\log_2\left(\frac{p(\text{word1},\text{word2})}{p(\text{word1})\,p(\text{word2})}\right) \tag{6.1}$$

其中，word1 和 word2 表示两个不同的词汇；$p(\text{word1},\text{word2})$ 表示 word1 和 word2 一起出现在文本中的概率；$p(\text{word1})$ 和 $p(\text{word2})$ 表示词汇 word1 和 word2 分别在文本中出现的概率。词汇 word1 和 word2 在文本中的共现概率计算如下：

$$p(\text{word1},\text{word2})=\frac{N_{\text{word1},\text{word2}}}{N_{\text{total}}} \tag{6.2}$$

其中，$N_{\text{word1},\text{word2}}$ 表示同时包含了词汇 word1 和 word2 的文本个数。

词汇 wordi 在文本中出现的概率计算如下：

$$p(\text{wordi})=\frac{N_{\text{wordi}}}{N_{\text{total}}} \tag{6.3}$$

其中，N_{wordi} 表示包含词汇 wordi 的文本个数；N_{total} 表示所有文本的个数。

在对一个未知情感极性的词语进行语义倾向性判别时，可以先分别计算出该词汇与积极情感词集和消极情感词集间的 MI 值，通过计算两者的差值，就可以得到该词汇的语义倾向性 SO，具体计算公式如下：

$$\text{SO}(\text{word})=\sum_{\text{pword}\in\text{Pwords}}\text{MI}(\text{word},\text{pword})-\sum_{\text{nword}\in\text{Nwords}}\text{MI}(\text{word},\text{nword}) \tag{6.4}$$

其中，Pwords 表示积极种子词集；pword 为积极种子词集中的积极种子词汇；Nwords 表示消极种子词集；nword 为消极种子词集中的消极种子词汇；$\sum_{\text{pword}\in\text{Pwords}}\text{MI}(\text{word},\text{pword})$ 表示在每篇文本中 word 词语与积极种子词集 Pwords 里的每一个积极种子词汇 pword 的 MI 求和；$\sum_{\text{nword}\in\text{Nwords}}\text{MI}(\text{word},\text{nword})$ 表示在每篇文本中 word 词语与消极种子词集 Nwords 里的每一个消极种子词汇 nword 的 MI 求和。

在计算词汇的语义倾向性（SO）时，积极种子词汇和消极种子词汇的个数会不一样，因此，需要对式（6.4）进行修正，具体的修正公式如下所示：

$$\text{SO}(\text{word})=\frac{\sum_{\text{pword}\in\text{Pwords}}\text{MI}(\text{word},\text{pword})}{N_{\text{pword}}}-\frac{\sum_{\text{nword}\in\text{Nwords}}\text{MI}(\text{word},\text{nword})}{N_{\text{nword}}} \tag{6.5}$$

其中，N_{pword} 表示积极种子词汇的个数；N_{nword} 表示消极种子词汇的个数。

$\text{SO}(\text{word})$ 表示基于积极和消极种子词集，每篇文本中 word 词语的情感极性。如果它大于 0，表示词语 word 与积极种子词集的 MI 值更大，则词语 word 为积极的情感词汇。如果它小于 0，表示词语 word 与消极种子词集的 MI 值更大，则词语 word 为消极的情感词汇。由于有些词语 word 属于中性词，不能加入情感词典，所以本节设定了一个阈值，对小于这个阈值的词语进行过滤，再结合人工筛选方式，确定最终的外汇情感词典。在选择种子词集时，积极种子词汇表示人民币升值，如坚挺、乐观等；消极种子词汇表示人民币贬值，如贬值、悲观等。我们利用 ICTCLAS 语义分析系统统计了 300 条新浪财经外汇板块中的外汇新闻的情感词语，依照词频统计结果，选择了情感极性突出的积极情感词语和消极情感词语作为种子词集。最终，种子词集中包含的积极种子词语有 33 个，消极种子词语有 38 个，种子词集中部分种子词语如表 6.5 所示。

表 6.5　种子词集（部分）

积极种子词集	消极种子词集
坚挺	下跌
乐观	悲观
好转	沽空
缓和	贬值
一枝独秀	违约
鸽派	负面冲击
缓解	不信任
救市	下降
上涨	看跌
升值	违约

2. 外汇领域情感词典的生成

具体来说，通过 MI 算法扩展的外汇领域情感词典中包含的积极情感词汇有 98 个，消极情感词汇有 112 个。新扩展的积极情感词汇包括升值、稳健、适度、缓解、坚挺、上涨、强势、领涨、买入、拿稳等。新扩展的消极情感词汇包括恐怖、警告、脱欧、不确定性、降息、减持、打压、缩量、远离、低迷等。在利用 MI 算法对情感词典进行扩展后，再结合本章所使用的基础情感词典，最终构建成基于外汇领域的情感词典，基于外汇领域的情感词典共包括 17 900 个情感词汇，其中，积极情感词汇有 6 604 个，消极情感词汇有 11 296 个。

6.3.3 外汇新闻情感极性计算

如果我们要得到每日外汇新闻情感极性分数，首先，要计算每日每条新闻中各个分句子的情感得分；其次，做线性相加获得整条新闻的情感分数；最后，把每日外汇新闻的情感分数相加就得到了每日的外汇新闻情感极性分数。该计算方法的基本流程如图 6.4 所示。

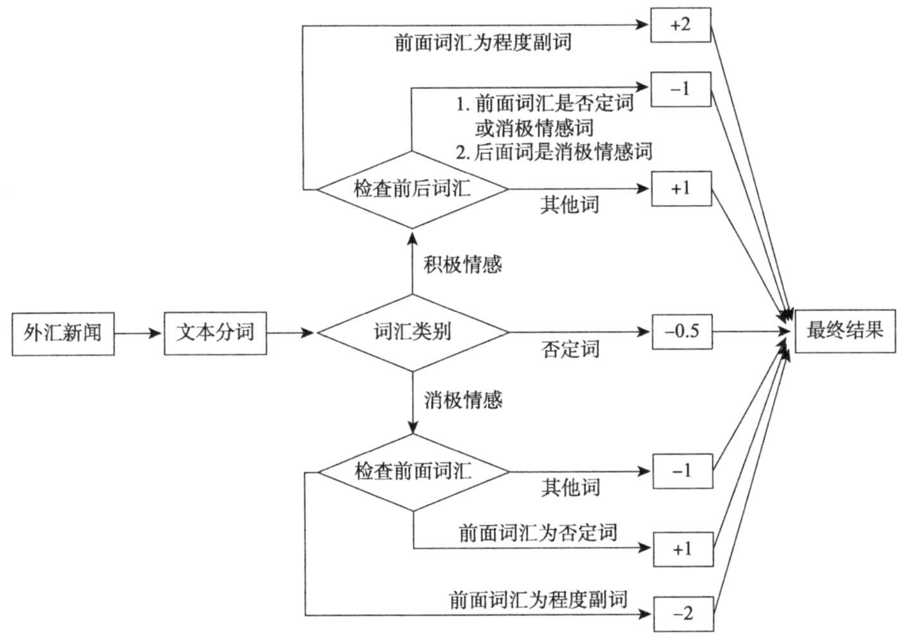

图 6.4 外汇新闻情感极性的计算流程

该方法的输入包括待分析的外汇新闻文本、外汇领域的积极情感词典、外汇领域的消极情感词典、否定词词典、程度副词词典、停用词词典。输出外汇新闻的情感极性分数。

（1）我们使用结合了金融领域词库的 ICTCLAS 分词系统对输入的外汇新闻文本进行中文分词。

（2）接着对分词后的新闻文本进行预处理，包括过滤停用词和特殊符号等。

（3）将整条新闻文本按照句号切分成若干个句子。

（4）将这些处理后的新闻文本加载到之前准备好的词典中。

（5）设一个初始值 a，令 $a=0$，接着对每条新闻中的每个句子进行外汇领域的情感词典的匹配，如果在外汇领域的情感词典中能匹配成功，则执行下一步骤，反之，则跳过该句子，对外汇新闻文本中的下一个句子进行匹配操作。

（6）如果步骤（5）匹配到的词汇在外汇领域的积极情感词典中，我们就检验该词前后的词汇，如果该词汇不是第一个词并且其前面的词语匹配到的是程度副词词典中的词汇，那么 a 取值 +2；如果该词汇不是第一个词并且其前面的词语匹配到的是否定词词典中的词汇或者是外汇领域的消极情感词典中的词汇,那么 a 取值 −1；如果该词汇不是最后一个词并且其后面的词语匹配到的是外汇领域的消极情感词典中的词汇，那么 a 取值 −1；如果该词汇前后都没有词汇或者为其他词汇，那么 a 取值 +1。

（7）如果步骤（5）匹配到的词汇在外汇领域的消极情感词典中，我们就检验该词前后的词汇，如果该词汇不是第一个词并且其前面的词语匹配到的是程度副词词典中的词汇，那么 a 取值 −2；如果该词汇不是第一个词并且其前面的词语匹配到的是否定词词典中的词汇那么 a 取值 +1；如果该词汇前后都没有词汇或者为其他词汇，那么 a 取值 −1。

（8）如果步骤（5）匹配到的词汇在否定词词典中，那么 a 取值 −0.5。

（9）根据上面的计算过程，对整条外汇新闻中的每个句子进行计算，接着做累加分别得到新闻的积极情感极性分数和消极情感极性分数，将积极情感极性分数和消极情感极性分数相加可以得到该条新闻的情感极性，如果大于 0 说明该条新闻是积极的，反之，该条新闻是消极的，这样就可以得到每日积极新闻的数目 N_{pos} 和消极新闻的数目 N_{neg}。最后把每日每条外汇新闻的积极情感极性分数和消极情感极性分数分别相加就得到了每日的外汇新闻积极情感分数 pos_sco 和消极情感分数 neg_sco。

通过上面的计算过程，我们可以得到每日积极新闻的数目 N_{pos}、每日消极新闻的数目 N_{neg}、每日新闻积极情感分数 pos_sco 和每日新闻消极情感分数 neg_sco。本章主要计算两个总情感分数，即整体情感分数 all_sco 和基于对数的情感指数 BI。整体情感分数为每日新闻积极情感分数减去每日新闻消极情感分数。基于对数的情感指数计算公式如下所示：

$$\text{BI} = \ln\left(\frac{1+N_{\text{pos}}}{1+N_{\text{neg}}}\right) \tag{6.6}$$

其中，分子分母都加 1 主要是为了消除每日消极新闻数目为 0 的情况，由式（6.6）可以看出，当每日积极新闻数目大于消极新闻数目时就可以得到正的情感分数，反之会得到负的情感分数。

6.3.4 基于在线外汇新闻情感挖掘的汇率预测方法

本小节主要介绍基于在线外汇新闻情感挖掘的汇率预测方法的总体结构框架（图 6.5）。从中可以看出，基于在线外汇新闻情感挖掘的汇率预测方法由三个步骤组成，即数据提取、数据融合和数据计算。

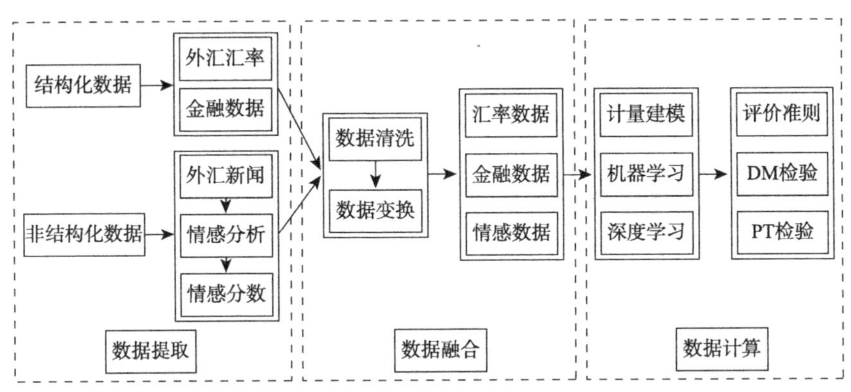

图 6.5　基于在线外汇新闻情感挖掘的汇率预测方法的总体框架

（1）数据提取。数据提取是基于在线外汇新闻情感挖掘的汇率预测方法的基础，考虑到数据的可获得性、可用性和可靠性。根据外汇汇率变动影响因素的数据可获得性，我们收集到的数据主要包括结构化数据和非结构化数据，其中，结构化数据有美元兑人民币汇率数据、道琼斯指数、上海综指和 WTI（West Texas intermediate）国际原油价格数据，非结构化数据主要是新浪财经外汇板块中的实时新闻数据，使用情感分析可以得到外汇新闻的情感极性分数。

（2）数据融合。在数据提取的基础上，接着对其进行数据清洗、数据变换等处理。经过处理后的外汇新闻文本可以表现为二维形式的数据，这样本章所涉及的外汇汇率数据、股票指数、WTI 国际原油价格数据和外汇新闻的情感极性分数均可以使用关系型数据库表示和存储，还可以在这些数据之间建立一种函数映射关系，以方便下一步数据计算。

（3）数据计算。经过数据融合之后，就可以对这些数据进行建模。本章主要是预测美元兑人民币汇率，顾名思义，美元兑人民币汇率是模型的因变量，美元兑人民币汇率滞后数据、道琼斯指数、上证综指、WTI 国际原油价格数据、外汇新闻的情感极性分数均是模型的自变量，我们主要利用第 5 章提出的 LSTM 来建立自变量与因变量之间的关系，从而得到美元兑人民币汇率趋势预测。最后，使用水平预测精度、方向预测精度和统计检验对不同方法的预测结果进行综合评价。

6.4 实 证 研 究

本节主要有两个问题：①评估本章提出的基于在线外汇新闻情感挖掘的汇率预测方法的有效性；②与其他几种常用的基准模型的预测性能相比，证实所提出的基于在线外汇新闻情感挖掘的汇率预测方法的优越性。为了完成这两个任务，本章主要使用美元兑人民币汇率来测试。6.4.1 节简要介绍金融数据与外汇新闻采集，6.4.2 节详细地给出预测性能的比较，预测结果的统计检验见 6.4.3 节。

6.4.1 金融数据与外汇新闻采集

本章主要进行美元兑人民币汇率预测。美元兑人民币汇率数据取自 Wind 数据库。数据是从 2016 年 1 月 4 日到 2018 年 12 月 31 日的日度数据。这些数据被划分为训练集与测试集。2016 年 1 月 4 日到 2018 年 5 月 31 日的数据作为训练集用于训练模型，2018 年 6 月 1 日到 2018 年 12 月 31 日的数据作为模型的测试集，以此来验证本章所提出的基于在线外汇新闻情感挖掘的汇率预测方法的预测能力。我们收集的金融数据主要有道琼斯指数、上证综指和 WTI 国际原油价格数据，这些数据也取自 Wind 数据库，数据长度与美元兑人民币汇率相同。

本章采用的外汇新闻数据是从新浪财经外汇板块通过爬虫得到的，这些新闻数据的起止时间与美元兑人民币汇率数据相同，除去休市日、节假日，共收集了 52 058 条外汇新闻，平均每个交易日有 71.2 条，将这些外汇新闻作为原始的语料数据集，用于构建外汇领域情感词典及计算外汇新闻的情感极性分数。

6.4.2 预测性能比较

本小节检验了美元兑人民币汇率与整体情感分数 all_sco 和基于对数的情感指数 BI 之间的协整关系与格兰杰因果关系。首先，对美元兑人民币汇率和整体情感分数取了对数，即 Log USD/CNY 和 $\text{Log}\ all\_sco$。表 6.6 给出了 Log USD/CNY 与 $\text{Log}\ all\_sco$ 和 BI 之间的平稳性检验和 Johansen 协整检验。通过 ADF 检验可知，Log USD/CNY、$\text{Log}\ all\_sco$ 和 BI 均是平稳的时间序列。协整检验的结果表明，Log USD/CNY 和 $\text{Log}\ all\_sco$ 是协整的，同时，Log USD/CNY 和 BI 也是协整的。

因此，美元兑人民币汇率与外汇新闻的情感极性之间存在长期的协整关系。这些研究结果表明，从计量经济学的角度来说，采用外汇新闻的情感极性来预测美元兑人民币汇率是可行的。

表 6.6 协整分析的结果

ADF 检验				
	t 统计量		p	
Log USD / CNY	−3.826 3		0.002 1	
Log all _ sco	−3.723 8		0.003 8	
BI	−3.510 2		0.009 8	
Log USD / CNY 和 Log all _ sco 协整分析				
	特征值	迹统计量	临界值	p^b
None[a]	0.08	27.75	15.49	0.00
At most 1 [a]	0.07	13.23	3.84	0.00
Log USD / CNY 和 BI 协整分析				
	特征值	迹统计量	临界值	p^b
None[a]	0.07	23.83	15.49	0.00
At most 1 [a]	0.06	15.23	3.84	0.01

注：a 表示在 0.05 置信水平上拒绝原假设；b 表示 MacKinnon-Haug-Michelis（1999）*p*-value

表 6.7 提供了 Log USD / CNY 与 Log all _ sco 和 BI 之间的格兰杰因果关系检验结果。格兰杰因果关系检验的目的是验证这两个外汇新闻情感极性分数是否是美元兑人民币汇率的预测因子。从表 6.7 可以看出，Log all _ sco 和 BI 是 Log USD / CNY 的格兰杰原因，表明这两个外汇新闻情感极性分数数据与美元兑人民币汇率之间存在因果关系。

表 6.7 格兰杰因果关系检验结果

零假设	F 统计量	p
Log all _ sco 不是 Log USD / CNY 的格兰杰原因	33.29	0.00[a]
Log USD / CNY 不是 Log all _ sco 的格兰杰原因	0.89	0.45
BI 不是 Log USD / CNY 的格兰杰原因	26.17	0.00[a]
Log USD / CNY 不是 BI 的格兰杰原因	0.09	0.87

注：a 表示 1%的显著性水平

为了验证本章使用的 LSTM 深度学习方法的预测能力，我们选择了四个基准模型，包括 LR、MLP、SVR 和 KELM 模型。在本章中，自变量的数据包括历史的美元兑人民币汇率数据，3 个金融数据，2 个外汇新闻情感分数数据。这些方法的输入是自变量的滞后 3 阶的数据。LR 模型的参数通过普通最小二乘法估计。MLP 输出层神经元个数为 1，MLP 训练阶段的迭代次数为 10 000 次，隐含层神经元个数通过试错法确定。SVR 和 KELM 输出层也设为 1，核函数选择为高斯核函数，核函数参数采用网格搜索法优化。与第 5 章相同，LSTM 隐含层数和延迟数通过试错法确定，输出层神经元个数为 1，采用反向传播算法训练 LSTM 神经网络的结构。本章所有的预测方法都是通过 Matlab 2017b 软件实现的。

美元兑人民币汇率在提前 1 天、提前 3 天和提前 6 天预测中，每个模型预测结果的 MAPE 和 DS 如表 6.8~表 6.10 所示。可以看出，在提前 1 天、提前 3 天和提前 6 天的预测尺度下，本章所提出的融合金融数据和新闻数据的 LSTM 深度学习方法的预测能力在美元兑人民币汇率预测中显著地优于其他基准模型。这就表明所提出的融合金融数据和新闻数据的 LSTM 深度学习方法是一种有效的外汇汇率预测技术。

表 6.8　模型预测性能比较：提前 1 天预测结果（三）

数据	模型	训练集		测试集	
		MAPE	DS	MAPE	DS
金融数据	LR	1.148	57.02	1.203	52.78
	MLP	0.516	60.96	0.625	58.33
	SVR	0.338	67.98	0.401	64.58
	KELM	0.206	72.95	0.268	70.14
	LSTM	0.115	77.05	0.124	75.69
新闻数据	LR	1.296	54.97	1.401	50.69
	MLP	0.588	55.14	0.717	52.78
	SVR	0.369	63.01	0.458	59.72
	KELM	0.317	69.00	0.394	65.97
	LSTM	0.235	73.97	0.302	71.53
金融数据和新闻数据	LR	0.586	65.07	0.653	63.19
	MLP	0.367	74.83	0.406	69.44
	SVR	0.125	79.62	0.133	74.31
	KELM	0.114	84.93	0.124	81.94
	LSTM	0.098	90.92	0.102	88.19

表 6.9 模型预测性能比较：提前 3 天预测结果（三）

数据	模型	训练集		测试集	
		MAPE	DS	MAPE	DS
金融数据	LR	1.205	53.09	1.298	51.39
	MLP	0.604	56.01	0.703	53.47
	SVR	0.425	63.06	0.491	58.33
	KELM	0.324	70.10	0.354	66.67
	LSTM	0.207	73.02	0.259	70.14
新闻数据	LR	1.026	55.15	1.215	52.78
	MLP	0.456	59.97	0.603	56.25
	SVR	0.273	67.01	0.349	63.89
	KELM	0.225	71.99	0.263	68.75
	LSTM	0.140	78.01	0.210	74.31
金融数据和新闻数据	LR	0.597	64.95	0.662	63.89
	MLP	0.415	73.88	0.491	68.75
	SVR	0.284	79.04	0.302	73.61
	KELM	0.169	85.22	0.205	82.64
	LSTM	0.101	91.24	0.127	88.89

表 6.10 模型预测性能比较：提前 6 天预测结果（三）

数据	模型	训练集		测试集	
		MAPE	DS	MAPE	DS
金融数据	LR	2.215	51.99	2.309	50.00
	MLP	1.239	54.23	1.377	52.78
	SVR	1.140	58.03	1.245	55.56
	KELM	1.028	66.15	1.174	63.89
	LSTM	0.905	70.98	0.973	68.06
新闻数据	LR	1.453	53.02	1.502	50.69
	MLP	1.027	56.99	1.126	53.47
	SVR	0.682	62.00	0.708	59.03
	KELM	0.569	69.08	0.616	65.28
	LSTM	0.541	73.06	0.697	70.14

续表

数据	模型	训练集		测试集	
		MAPE	DS	MAPE	DS
金融数据和新闻数据	LR	1.175	60.10	1.258	57.64
	MLP	0.705	67.18	0.774	64.58
	SVR	0.597	72.88	0.637	68.75
	KELM	0.506	82.04	0.584	79.17
	LSTM	0.493	85.15	0.521	82.64

依据表 6.8~表 6.10 的模型预测性能结果，我们可以得出以下结论。

（1）在美元兑人民币汇率的提前 1 天、提前 3 天和提前 6 天预测中，本章所提出的融合金融数据和新闻数据的 LSTM 深度学习方法在训练集和测试集中的 MAPE 和 DS 都是最好的。例如，在提前 1 天、提前 3 天和提前 6 天测试集预测中的 MAPE 分别是 0.102%、0.127%和 0.521%，DS 分别为 88.19%、88.89%和 82.64%。相比于融合金融数据和新闻数据的 LR 模型，LSTM 的 DS 至少提高了 25%。

（2）在美元兑人民币汇率的提前 1 天、提前 3 天和提前 6 天预测中，在五个预测方法中，融合了金融数据和新闻数据的预测方法的预测性能最好，接下来依次为基于新闻数据的、基于金融数据的，值得注意的是，在提前 1 天预测中，基于新闻数据的预测性能稍微逊色于基于金融数据的预测能力，可能的原因是外汇新闻的情感极性对于外汇汇率具有先行滞后关系。例如，在提前 3 天预测中，相比于基于金融数据和基于新闻数据的测试集预测结果，融合了金融数据和新闻数据的 LSTM 的 DS 分别提高了 18.75%和 14.58%，其中的原因是外汇新闻的情感极性数据显著地提升了基于金融数据预测方法的汇率预测能力。

（3）在美元兑人民币汇率的提前 1 天、提前 3 天和提前 6 天预测中，四个人工智能方法（MLP、SVR、KELM 和 LSTM）的 MAPE 和 DS 明显好于传统的 LR 模型。例如，在提前 1 天预测下中，在融合金融数据和新闻数据预测方法中，相比于 LR 模型测试集预测结果，MLP、SVR、KELM 和 LSTM 的 DS 分别提高了 6.25%、11.12%、18.75%和 25.00%，其中的原因是，外汇汇率具有非线性、高波动性和不规则性等特征，进而 LR 模型在外汇汇率预测中失效。

（4）在美元兑人民币汇率的提前 1 天、提前 3 天和提前 6 天预测中，比较四个人工智能预测方法性能可以看出，LSTM 的水平预测精度与方向预测精度是最好的，其余依次是 KELM、SVR 和 MLP。例如，在提前 1 天预测中，在融合金融数据和新闻数据预测方法中，与 KELM、SVR 和 MLP 的预测性能相比，LSTM 的 DS 分别提高了 6.25%、13.88%和 18.75%，可能的原因是深度学习的网络结构优于基本的机器学习算法从而显著地提高了汇率预测能力。

（5）在美元兑人民币汇率预测中，也可以看出，随着预测尺度的增加，每个模型的预测性能在逐渐减弱，也就是说所有模型在提前 1 天预测时预测能力最好，其余依次是在提前 3 天预测和提前 6 天预测中。可能的原因是随着预测尺度的增加，在实际的汇率预测中，有些数据的信息没有被模型训练，从而模型预测性能逐渐减弱。

6.4.3 统计检验与分析

本小节也对各预测方法的结果进行了 DM 检验，我们使用均方误差 MSE 作为 DM 统计量的损失函数。表 6.11~表 6.13 给出了美元兑人民币汇率在提前 1 天、提前 3 天和提前 6 天预测中的 DM 检验结果。

表 6.11 模型预测性能 DM 检验：提前 1 天预测结果（三）

数据	模型	LSTM	KELM	SVR	MLP
金融数据	KELM	−2.035 1（0.020 9）			
	SVR	−3.135 8（0.000 9）	−2.953 7（0.001 6）		
	MLP	−3.514 7（0.000 2）	−3.336 9（0.000 4）	−2.901 1（0.001 9）	
	LR	−4.503 3（0.000 0）	−4.412 7（0.000 0）	−4.015 3（0.000 0）	−3.901 5（0.000 0）
新闻数据	KELM	−1.982 2（0.023 7）			
	SVR	−2.243 9（0.012 4）	−2.151 6（0.015 7）		
	MLP	−2.835 1（0.002 3）	−2.462 9（0.006 9）	−2.405 8（0.008 1）	
	LR	−4.439 8（0.000 0）	−4.322 7（0.000 0）	−3.991 3（0.000 0）	−3.885 6（0.000 1）
金融数据和新闻数据	KELM	−1.986 5（0.023 5）			
	SVR	−2.215 8（0.013 4）	−2.100 3（0.017 9）		
	MLP	−3.594 1（0.000 2）	−3.434 2（0.000 3）	−3.211 3（0.000 7）	
	LR	−4.720 3（0.000 0）	−4.593 4（0.000 0）	−4.433 0（0.000 0）	−4.169 1（0.000 0）

表 6.12 模型预测性能 DM 检验：提前 3 天预测结果（三）

数据	模型	LSTM	KELM	SVR	MLP
金融数据	KELM	−1.976 3（0.024 1）			
	SVR	−2.538 6（0.005 6）	−2.016 5（0.021 9）		
	MLP	−3.314 7（0.000 5）	−3.267 1（0.000 5）	−2.896 3（0.001 9）	
	LR	−4.412 5（0.000 0）	−4.343 6（0.000 0）	−4.124 1（0.000 0）	−3.899 6（0.000 0）
新闻数据	KELM	−1.856 3（0.031 7）			
	SVR	−1.987 3（0.023 4）	−1.952 3（0.025 5）		
	MLP	−2.854 3（0.002 2）	−2.502 6（0.006 2）	−2.397 4（0.008 3）	
	LR	−4.396 1（0.000 0）	−4.224 5（0.000 0）	−3.897 6（0.000 0）	−3.792 0（0.000 1）
金融数据和新闻数据	KELM	−2.012 3（0.022 1）			
	SVR	−2.221 7（0.013 2）	−1.963 7（0.024 8）		
	MLP	−3.396 5（0.000 3）	−2.863 9（0.002 1）	−1.997 3（0.022 9）	
	LR	−4.602 7（0.000 0）	−4.453 6（0.000 0）	−3.652 7（0.000 0）	−3.016 5（0.001 3）

表 6.13 模型预测性能 DM 检验：提前 6 天预测结果（三）

数据	模型	LSTM	KELM	SVR	MLP
金融数据	KELM	−1.963 8（0.024 8）			
	SVR	−2.102 5（0.017 8）	−1.872 5（0.030 6）		
	MLP	−2.874 4（0.002 0）	−1.965 9（0.024 7）	−1.743 6（0.040 6）	
	LR	−4.012 5（0.000 0）	−3.652 3（0.000 1）	−3.102 2（0.001 0）	−2.996 3（0.001 4）
新闻数据	KELM	−1.665 2（0.047 9）			
	SVR	−1.835 8（0.033 2）	−1.801 6（0.035 8）		
	MLP	−2.432 7（0.007 5）	−2.394 1（0.008 3）	−2.263 7（0.011 8）	
	LR	−4.103 8（0.000 0）	−3.961 4（0.000 0）	−3.856 7（0.000 1）	−3.102 4（0.001 0）
金融数据和新闻数据	KELM	−1.582 7（0.056 7）			
	SVR	−1.841 6（0.032 8）	−1.782 6（0.037 3）		
	MLP	−1.996 3（0.023 0）	−1.961 1（0.024 9）	−1.743 3（0.040 6）	
	LR	−3.012 5（0.001 3）	−2.896 3（0.001 9）	−2.566 3（0.005 1）	−2.436 1（0.007 4）

根据表 6.11~表 6.13 的检验结果，我们可以发现以下结论。

（1）在三个自变量数据集中，在美元兑人民币汇率提前 1 天、提前 3 天和提前 6 天的预测中，本章所使用的 LSTM 方法被当作测试模型时，其他模型的 DM 检验结果均小于−1.7，所对应的 p 值远小于 0.04（除了融合金融数据与新闻数据的提前 6 天的预测），这就意味着所使用的方法的预测性能在 96%的置信水平下优于其他自变量数据集中所有的对比模型，可能的原因是深度学习的网络结构优于传统的统计模型和基本的机器学习算法，从而显著地提高了汇率预测的性能。

（2）在三个自变量数据集中，在美元兑人民币汇率提前 1 天、提前 3 天和提前 6 天的预测中，当 LR 模型作为检验模型时，其他测试模型的 DM 检验结果远小于−2.4，所对应的 p 值远小于 0.01，这就表明人工智能方法的预测性能在 99%的置信水平下优于 LR 模型，内在的原因是外汇汇率具有非线性、高波动性和不规则性等特征，进而线性的 LR 模型在外汇汇率预测中失效。

（3）在三个自变量数据集中，在美元兑人民币汇率的提前 1 天、提前 3 天和提前 6 天的预测中，比较四个人工智能方法预测性能可知，LSTM 预测性能最好，其余依次是 KELM、SVR 和 B-MLP，说明深度学习的网络结构优于基本的机器学习算法，其显著地提高了外汇汇率预测的能力。

（4）在美元兑人民币汇率预测中，随着预测尺度的增加，我们可以发现在三个自变量数据集中所有模型 DM 检验的 p 值会逐渐增大，这意味着所有模型在提前 1 天预测时预测精度最好，其余依次是在提前 3 天预测和提前 6 天预测中，可能的原因是随着预测尺度的增加，在实际的汇率预测中，有些数据的信息没有被模型训练，从而模型预测性能逐渐减弱。

另外，我们采用 PT 统计量来检验外汇汇率的真实值与预测值的方向变化是否相同。它检查在外汇汇率时间序列的实际涨落之后，预测值的涨落情况。原假设是研究中的模型对外汇汇率没有预测能力。表 6.14~表 6.16 提供了三个自变量数据集下所有模型对美元兑人民币汇率的样本外预测的 PT 检验结果。

表 6.14 模型预测性能 PT 检验：基于金融数据

模型	提前 1 天	提前 3 天	提前 6 天
LR	1.976 5（0.048 1）	1.861 9（0.062 6）	1.534 1（0.125 0）
MLP	2.745 6（0.006 0）	2.625 8（0.008 6）	2.417 7（0.015 6）
SVR	3.112 5（0.001 9）	2.902 4（0.003 7）	2.536 7（0.011 2）
KELM	3.794 2（0.000 1）	3.663 5（0.000 2）	3.401 2（0.000 7）
LSTM	4.216 8（0.000 0）	4.087 6（0.000 0）	3.839 5（0.000 1）

表 6.15 模型预测性能 PT 检验：基于新闻数据

模型	提前 1 天	提前 3 天	提前 6 天
LR	1.992 3（0.046 3）	1.841 2（0.065 6）	1.296 4（0.194 8）
MLP	2.253 6（0.024 2）	2.102 4（0.035 5）	1.903 6（0.057 0）
SVR	2.945 8（0.003 2）	2.769 3（0.005 6）	2.490 5（0.012 8）
KELM	3.512 7（0.000 4）	2.929 3（0.003 4）	2.510 5（0.012 1）
LSTM	4.310 2（0.000 0）	4.112 5（0.000 0）	3.655 8（0.000 3）

表 6.16 模型预测性能 PT 检验：融合金融数据与新闻数据

模型	提前 1 天	提前 3 天	提前 6 天
LR	2.098 0（0.035 9）	1.991 4（0.046 4）	1.940 2（0.052 4）
MLP	3.002 6（0.002 7）	2.688 5（0.007 2）	2.230 1（0.025 7）
SVR	3.786 9（0.000 2）	3.495 3（0.000 5）	3.301 2（0.001 0）
KELM	4.595 1（0.000 0）	4.235 8（0.000 0）	3.856 5（0.000 1）
LSTM	4.921 7（0.000 0）	4.539 4（0.000 0）	4.195 2（0.000 0）

由表 6.14~表 6.16 的 PT 检验结果，我们可以得到以下结论。

（1）在三个自变量数据集中，在美元兑人民币汇率的提前 1 天、提前 3 天和提前 6 天的预测中，本章所使用的 LSTM 预测方法的 PT 检验结果均大于 3.6，对应的 p 值小于等于 0.000 3，表明使用的 LSTM 方法的预测结果几乎在 100%置信水平下拒绝了与真实的运动方向独立的假设，也就意味着在本章研究所用到的预测模型中，LSTM 是方向预测能力最好的。

（2）在三个自变量数据集中，在美元兑人民币汇率的提前 1 天、提前 3 天和提前 6 天的预测中，四个人工智能方法预测结果的 PT 检验值显著好于 LR 模型，可以看出，在提前 3 天和提前 6 天的预测中，LR 模型的 PT 检验结果均小于 2.1，对应的 p 值大于 0.05，这就表明人工智能方法的方向预测能力显著优于 LR 模型的预测能力，主要原因是外汇汇率具有非线性、高波动性和不规则性等特征，进而 LR 模型在外汇汇率方向预测能力失效。

（3）在三个自变量数据集中，在美元兑人民币汇率的提前 1 天、提前 3 天或提前 6 天的预测中，从四个人工智能方法的 PT 检验结果看出，LSTM 的方向预测精度是最好的，其余依次是 KELM、SVR 和 B-MLP，主要原因可能是深度学习的网络结构优于基本的机器学习算法，从而显著地提高了外汇汇率方向预测能力。

（4）在美元兑人民币汇率预测中，随着预测尺度的增加，我们可以发现在三个自变量数据集中所有模型的 PT 值都会减小，也就是说所有模型在提前 1 天预测时方向预测能力是最好的，其余依次是在提前 3 天预测和提前 6 天预测中，可能原因是随着预测尺度的增加，在外汇汇率预测中，有些数据的信息没有被模型训练，从而每个模型方向预测能力逐渐减弱。

6.5 本 章 小 结

本章主要研究了基于在线外汇新闻情感挖掘的外汇汇率预测：首先，在知网 HowNet 情感词典和台湾大学简体中文情感词典基础之上，采用互信息理论构建了国际上第一个外汇领域的情感词典；其次，利用该词典对在线的外汇新闻文本进行情感极性分析，在外汇新闻情感极性数据基础上，构建了基于 LSTM 深度学习的外汇汇率预测方法；最后，使用该方法对美元兑人民币汇率进行了不同预测尺度的预测比较。根据实证结果，可以得出以下结论。

（1）在三个自变量数据集中，在美元兑人民币汇率的提前 1 天、提前 3 天或提前 6 天的预测中，本章提出的 LSTM 深度学习方法在训练集和测试集中的 MAPE 和 DS 都是最好的，内在原因是深度学习的网络结构优于传统的统计模型和基本的机器学习算法，从而其显著地提高了外汇汇率预测的能力。

（2）在三个自变量数据集中，在美元兑人民币汇率的提前 1 天、提前 3 天和提前 6 天的预测中，当模型自变量融合了金融数据和新闻数据时，预测性能是最好的，依次为基于新闻数据的和基于金融数据的，其中的原因是外汇新闻的情感极性数据显著地提升了基于金融数据预测方法的汇率预测能力。

（3）在三个自变量数据集中，在美元兑人民币汇率的提前 1 天、提前 3 天或提前 6 天的预测中，四个人工智能方法（MLP、SVR、KELM 和 LSTM）的 MAPE 和 DS 明显好于传统的 LR 模型，这可能是外汇汇率具有的非线性、高波动性和不规则性等特征，导致 LR 模型在外汇汇率预测中失效。

（4）在三个自变量数据集中，在美元兑人民币汇率的提前 1 天、提前 3 天或提前 6 天的预测中，在四个人工智能预测方法性能对比下可以看出，LSTM 的水平预测精度与方向预测精度是最好的，其余依次是 KELM、SVR 和 MLP，可能的原因是深度学习的网络结构优于基本的机器学习算法，从而显著地提高了外汇汇率预测能力。

（5）在美元兑人民币汇率预测中，也可以看出，随着预测尺度的增加，我们可以发现在三个自变量数据集中所有模型的预测性能在逐渐减弱，也就是说所有模型在提前 1 天预测时预测能力最好，其余依次是在提前 3 天预测和提前 6 天预测中。可能的原因是随着预测尺度的增加，在外汇汇率预测中，有些数据的信息没有被模型训练，从而各模型预测能力逐渐减弱。

7　基于多模态数据驱动综合集成方法论的汇率预测方法

本章主要提出一个适用于复杂动态市场价格分析与预测的多模态数据驱动综合集成方法论，并详细介绍该方法论的三个重要模块：多模态数据提取模块、多模态数据驱动建模模块和综合集成学习模块。在该方法论理论框架指导下，基于外汇市场的基本特征，使用集成极限学习机（EELM），将本书第 3~6 章所提出的四种汇率预测方法进行非线性综合集成，构建了一个基于 EELM 的多模态数据驱动综合集成汇率预测方法，并将该方法论应用于美元兑人民币汇率的预测与交易中，与本书第 3~6 章中多模态数据驱动汇率预测方法的预测结果相比，该方法取得了较高的预测精度与年化回报率。

在本章，7.1 节介绍模型产生的背景；7.2 节详细介绍多模态数据驱动综合集成方法论；7.3 节介绍基于 EELM 的多模态数据驱动综合集成汇率预测方法的构建过程；7.4 节给出实证研究的结果；7.5 节为本章小结。

7.1　引　　言

现有的研究已经表明，外汇市场是一个具有高波动性、非线性、不稳定性、不规则性、不确定性和突现性的复杂动态市场。影响外汇汇率的许多因素（如经济、心理预期、信息、政府干预）之间既相互联系，又相互抵消，所以汇率变动的原因极其错综复杂，因此，外汇汇率趋势预测被公认为是当今最富有挑战的研究之一。

自 20 世纪外汇市场建立以来，汇率趋势预测就成为学术界与业界关注的焦点。大量的研究工作已经表明，汇率的趋势变化并不是随机波动的，而是呈现出一种高度非线性的动态形式，因此外汇汇率的趋势变化本质是一个含噪声的复杂非线性过程，从而使得传统的研究方法就不能满足这样一个复杂的动态系统研究的需要。因此，Wang 于 2004 年提出了基于 TEI@I 的外汇汇率预测方法论，并取得了很好的预测效果。该方法论是以集成思想为核心，以神经网络作为系统集成技术，再将文本挖掘、计量建模、智能技术综合集成起来（Wang，2004）。目前，基于 TEI@I 的预测方法论已经得到广泛的应用，如原油价格预测（Wang et al.，2005；余乐安等，2006）、国际收支预测（范洋，2015）、航空客运需求预测（郑雅菲，2016）、港口物流预测（田歆等，2009；Tian et al.，2013）、房价预测预警（闫妍等，2007；郭琨等，2012）、通货膨胀预测（张嘉为等，2010）等。

在 TEI@I 方法论的基础上，本章提出了一个新的适用于复杂动态市场价格分析与预测的多模态数据驱动综合集成方法论。该方法论以综合集成思想为核心，首先，通过不同的方法收集复杂动态市场价格建模分析所需要的多模态数据信息，包括结构化数据、半结构化数据和非结构化数据；其次，构建合适的方法对这些结构化数据、半结构化数据和非结构化数据分别进行计算建模，目的就在于从这些多模态数据中发现潜在有用的知识，以对复杂动态市场价格建模分析提供不同角度的帮助；最后，基于综合集成思想，把这些刻画复杂动态市场价格所需要的多模态数据驱动建模的结果进行综合集成，形成对复杂动态市场价格总体的建模分析，从而达到分析复杂动态市场价格的目的。简言之，该方法论主要由多模态数据提取、多模态数据驱动建模和综合集成学习三个模块构成。

在所提出的多模态数据驱动综合集成方法论框架指导下，基于外汇市场基本特征，使用 EELM 非线性集成技术，将本书第 3~6 章所提出的四种汇率预测方法进行综合集成，构建基于 EELM 的多模态数据驱动综合集成汇率预测方法，并使用该方法对美元兑人民币汇率进行预测和交易。实证结果表明，本章所提出的基于 EELM 的多模态数据驱动综合集成汇率预测方法在美元兑人民币汇率预测和交易中均取得了较高的预测精度与年化回报率。

本章研究的主要目的在于：①说明多模态数据驱动综合集成方法论理论框架；②揭示如何使用所提出基于 EELM 的多模态数据驱动综合集成汇率预测方法进行样本外预测；③展示各种方法在汇率预测中的水平精度和方向精度的比较；④探讨 EELM 非线性集成技术如何影响多模态数据驱动综合集成方法的最终预测能力。接下来我们主要介绍该方法论的总体架构，利用构建的基于 EELM 的多模态数据驱动综合集成汇率预测方法对美元兑人民币汇率分别进行提前 1 天、提前 3 天和提前 6 天的预测和交易，并进行实证分析。

7.2 多模态数据驱动综合集成方法论

由于各种组成要素的交互作用及外部因素的相互影响，复杂动态市场价格一般都具有非线性、不稳定性、不规则性、不确定性和突现性等特征。因此，一些传统的研究分析方法不适用于复杂动态市场价格建模分析研究的需求。为了对复杂动态市场价格进行建模分析研究，必须要有方法论上面的突破与创新。基于此背景，Wang（2004）提出了针对复杂动态市场价格建模分析的 TEI@I 方法论，TEI@I 方法论是一种集成传统计量建模方法与先进的人工智能技术的方法论。顾名思义，TEI@I 方法论是由“文本挖掘（text mining）+计量建模（econometrics）+人工智能（intelligence）@集成技术（integration）”构成的，从而可以看出，该方法论系统性地融合了文本挖掘方法、计量建模方法、人工智能技术及集成技术。在复杂动态市场价格建模分析研究中，TEI@I 方法论的核心思想是“先分解后集成”，就是将复杂动态市场价格先分解，使用计量建模方法来分析复杂动态市场价格中线性的趋势部分，使用人工智能技术来分析复杂动态市场价格呈现出的非线性、不稳定性部分，再采用文本挖掘来分析复杂动态市场价格呈现出的不确定性、不规则性和突现性部分，最后利用集成技术将上述分解的各个部分综合集成起来，从而形成对复杂动态市场价格总体的建模分析。

因此，基于 TEI@I 方法论的“先分解后集成”思想，本书提出了一个新的适用于复杂动态市场价格分析与预测的多模态数据驱动综合集成方法论。值得注意的是，在这些影响复杂动态市场价格的多模态数据中，每个单模态数据均可以为其他单模态数据提供一定的信息，因此，模态之间存在一定的关联性，从而多模态数据驱动综合集成方法论在进行建模分析时将综合利用到多个模态之间的信息，挖掘它们之间的潜在联系，可以显著提高复杂动态市场价格建模分析的能力与效率。

该方法论的总体理论框架如图 7.1 所示，由图可以看出，该方法论主要由多模态数据提取、多模态数据驱动建模和综合集成三个模块构成。

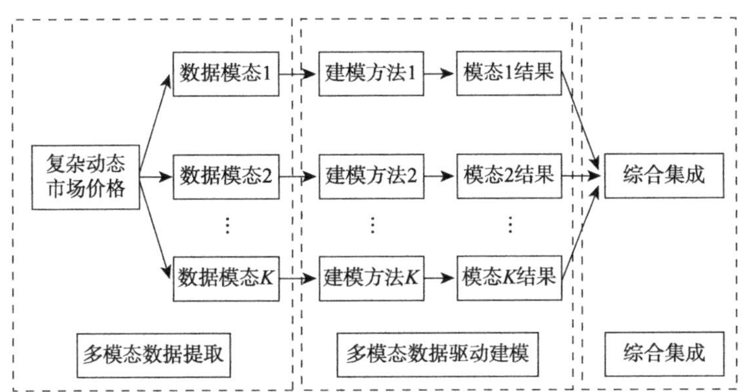

图 7.1　多模态数据驱动综合集成方法论总体框架

（1）多模态数据提取模块。首先分析复杂动态市场价格建模时所需要的所有不同模态的数据，再使用不同方法收集这些多模态数据信息，这些多模态数据主要包括结构化数据、半结构化数据及非结构化数据。结构化数据是指可以使用关系型数据库表示和存储，表现为二维形式的数据；半结构化数据是结构化数据的一种形式，它并不符合关系型数据库或其他类型数据表的形式，但包含相关的标记，可以用来分隔语义元素及对记录和字段进行分层，如 XML 和 JSON 数据；非结构化数据是指没有固定结构的数据，如各种文档、图片、音频、视频等。其次使用合适的方法对这些收集到的多模态数据进行预处理，使用 ETL（extract-transform-load，抽取–转换–加载）工具对结构化数据进行组织、清洗、转换、集成，得到可使用的数据；利用包装器学习半结构化数据的抽取规则进而可以使用所学习的规则对符合关系的数据进行抽取；对于非结构化数据，需要先对其进行正文提取，然后使用自然语言处理技术识别其中的关键实体。最后就可以进行文本内容的情感极性挖掘。

（2）多模态数据驱动建模模块。多模态数据驱动建模模块是该方法论进行复杂动态市场价格建模分析的基础，多模态数据驱动建模就是使用合适的方法对多模态数据提取模块处理后的结构化数据、半结构化数据与非结构化数据分别进行计算建模，这些建模方法主要包括分类、回归、聚类和关联规则四大类，该模块的目的就是使用合适的方法从这些多模态数据中发现潜在有用的知识，以对复杂动态市场价格建模分析提供不同角度的帮助。

（3）综合集成模块。综合集成模块是该方法论的核心，在多模态数据驱动建模模块之后，就会获得基于不同模态数据计算建模之后的结果，然后就可以使用综合集成方法将这些基于不同模态数据计算建模后的结果融合成为最终的基于多模态数据驱动综合集成的分析结果，形成对复杂动态市场价格总体的建模分析，从而达到分析复杂动态市场价格的目的。综合集成方法主要包括线性综合集成方法和非线性综合集成方法，这里就不详细介绍综合集成的具体过程，感兴趣的读者可以参考本书的第 3 章和第 4 章。

7.3 基于 EELM 的多模态数据驱动综合集成汇率预测方法框架

本节主要介绍基于 EELM 的多模态数据驱动综合集成汇率预测方法的构建过程。7.3.1 节介绍本章所用到的基于 EELM 的非线性综合集成技术。7.3.2 节给出基于 EELM 的多模态数据驱动综合集成汇率预测方法的理论框架。

7.3.1 集成极限学习机

在第 3 章，已经介绍过了 ELM，其核心思想是输入权值ω和偏差b是随机产生的，不需要对隐含层参数进行调整，这就导致 ELM 有一个很大的缺陷，就是 ELM 输出非常不稳定（Sun S L et al.，2018b；Sun et al.，2019）。为了解决这个问题，本章提出了一种 EELM 模型，就是将原始 ELM 运行N次，并计算N个预测的平均值作为最终的预测结果，EELM 模型的框架如图 7.2 所示。

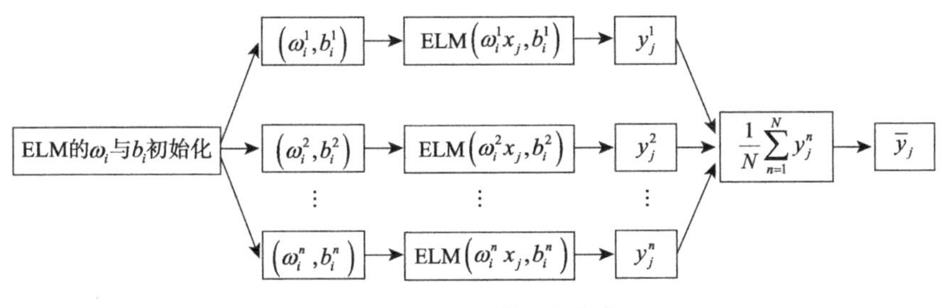

图 7.2 EELM 模型的框架

在图 7.2 中，$y_j^n(n=1,2,\cdots,N)$是第n个 ELM 模型的预测值，$\bar{y}_j=\frac{1}{N}\sum_{n=1}^{N} y_j^n$是最终的预测结果。很显然，集成个数$N$越大，最终的预测结果$\bar{y}_j$就越稳定。EELM 主要有以下四个步骤。

（1）随机初始化第n个 ELM 模型的输入权值ω_i^n和隐含层偏差b_i^n。

（2）采用单 ELM 模型对x_j进行预测，得到输入权值ω_i^n和隐含层偏差b_i^n的预测结果y_j^n。

（3）重复步骤（1）和步骤（2），用不同的输入权值ω_i^n和隐含层偏差b_i^n运行 ELM 模型N次$(n=1,2,\cdots,N)$，从而产生N次不同的预测结果y_j^n。

（4）通过对所有单个预测结果进行平均，计算最终的预测结果，即$\bar{y}_j=\frac{1}{N}\sum_{n=1}^{N} y_j^n$。

7.3.2 基于 EELM 的多模态数据驱动综合集成汇率预测方法

在本小节，我们将介绍构建基于 EELM 的多模态数据驱动综合集成汇率预测方法的过程。为了对这个方法有一个总体的认识，这里先给出这个方法的总体框架和主要建模流程，如图 7.3 所示。

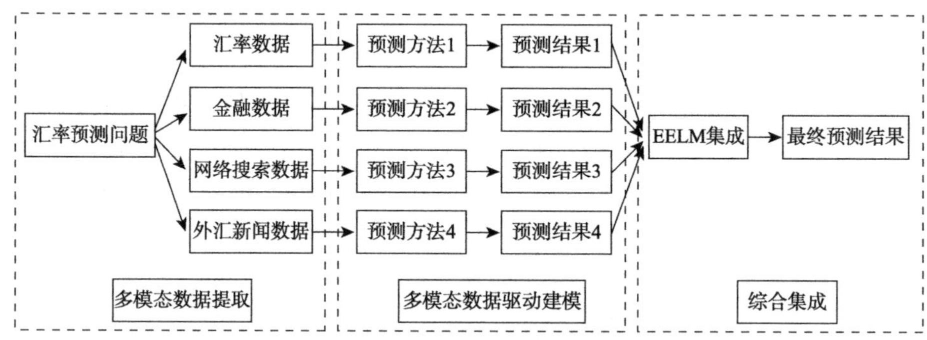

图 7.3 基于 EELM 的多模态数据驱动综合集成汇率预测方法框架

从图 7.3 可以看出，基于 EELM 的多模态数据驱动综合集成汇率预测方法主要由三个步骤组成：多模态数据提取、多模态数据驱动建模和综合集成。下面结合汇率预测问题，对这三个步骤进行详细的介绍。

（1）多模态数据提取。基于外汇市场的基本特点，影响外汇汇率波动的因素主要包括市场因素、投资者关注度（预期）、突发事件等，考虑到数据的可获得性、可用性和可靠性，在多模态数据提取阶段，将使用汇率历史文本、上证综指、道琼斯指数和 WTI 国际原油价格作为市场因素的代理变量，采用相关的互联网搜索数据和外汇市场技术分析指标数据作为投资者关注度的代理变量，使用在线外汇新闻文本数据作为突发事件的代理变量。总的来说，在该阶段提取到的结构化数据包括汇率历史文本、外汇市场技术分析指标数据、上证综指、道琼斯指数和 WTI 国际原油价格，非结构化数据主要是互联网搜索数据和在线外汇新闻文本数据。收集好这些多模态数据后，需要进行相对应的预处理，具体的预处理过程详见本书第 3~6 章相关小节。

（2）多模态数据驱动建模。在多模态数据驱动综合集成方法论的总体框架指导下，多模态数据驱动建模主要从汇率数据特征、汇率数据解构、投资者关注度和在线外汇新闻情感四个角度出发。本书提出了基于聚类的非线性集成学习的汇率预测方法、基于分解–聚类–集成学习的汇率预测方法、基于投资者关注度的集成深度学习汇率预测方法和基于在线外汇新闻情感挖掘的汇率预测方法等四个新的多模态数据驱动汇率预测方法，具体的建模过程可参阅本书第 3~6 章相关小节，图 7.3 中多模态数据驱动建模中的预测方法 1~4 分别代表以上四个新的汇率预测方法。

（3）综合集成。多模态数据驱动建模之后，就会得到基于聚类的非线性集成学习的汇率预测方法、基于分解–聚类–集成学习的汇率预测方法、基于投资者关注度的集成深度学习汇率预测方法和基于在线外汇新闻情感挖掘的汇率预测方法的汇率预测结果，在这四个多模态数据驱动汇率预测方法基础上，使用 EELM 综合集成技术，进行非线性综合集成，构建一个基于 EELM 的多模态数据驱动综合集成汇率预测方法。

7.4 实证研究

本节主要有两个目的：①评价我们所提出的基于 EELM 的多模态数据驱动综合集成汇率预测方法的有效性；②分别与第 3 章到第 6 章中所提出的综合集成方法的预测能力比较，证实我们所提出的基于 EELM 的多模态数据驱动综合集成汇率预测方法的优越性。为了回答这两个问题，我们使用了美元兑人民币汇率来测试所提出的基于 EELM 的多模态数据驱动综合集成学习方法预测性能。7.4.1 小节简要介绍数据来源与评价准则，7.4.2 小节给出每个预测方法的预测性能比较，预测结果的统计检验与分析见 7.4.3 小节。

7.4.1 数据来源与评价准则

为了验证所提出的基于 EELM 的多模态数据驱动综合集成汇率预测方法的性能，本章主要进行美元兑人民币汇率预测。数据是从 2016 年 1 月 4 日到 2018 年 12 月 31 日的日度数据。其中，2016 年 1 月 4 日到 2018 年 5 月 31 日数据作为训练集用于训练模型，2018 年 6 月 1 日到 2018 年 12 月 31 日数据作为模型的测试集，以此来检验所提出的基于 EELM 的多模态数据驱动综合集成汇率预测方法的外推能力。其他多模态数据的收集这里不予赘述，可以参照本书的第 5 章和第 6 章。

本章模型的评价准则使用了 MAPE 和 DS，采用的统计检验方法为 DM 检验和 PT 检验，这都与第 3~6 章相同。值得注意的是，在本章我们不仅使用提前 1 天预测尺度来评价所提出的基于 EELM 的多模态数据驱动综合集成方法的短期外汇汇率预测能力，而且提前 3 天与提前 6 天也被用来测试其中期和长期的预测能力。假设给定一个外汇汇率时间序列 $x_t\left(t=1,2,\cdots,T\right)$，提前 h 步预测定义如下：

$$\hat{x}_{t+h}=f\left(x_t,x_{t-1},\cdots,x_{t-(l-1)}\right) \tag{7.1}$$

其中，$\hat{x}_{t+h}$ 为 t 时间提前 h 步的预测值，$h=1,3,6$；x_t 为 t 时间的实际值；l 为汇率时间序列数据的滞后阶数。

然而，预测模型的统计性能好并不总代表其营利能力就是最好的。在实际的外汇交易中，投资者的最大兴趣就是赚钱。因此，在本章研究中，也用交易策略评价了预测方法的交易性能。该交易策略是在预期回报高于零的时候做多，在预期回报低于零的时候做空。因此，买卖操作是根据预测的涨跌来决定的。“多头”和“空头”美元兑人民币汇率的头寸分别定义为按当前价格买卖美元，当预测收益为 0 时，我们保持头寸。这里的预期回报是基于下面规则来实现的。

如果$(\hat{y}_{t+1}-y_t)>0$，则“买入”，否则“卖出”。其中，$\hat{y}_{t+1}$为$t+1$时刻的预测值，y_t为t时刻的真实值。也就是说，我们利用预测值与真实值的差异来指导外汇的交易。

为了计算交易成本，需要知道交易头寸。例如，对于 500 万~1 000 万美元的可交易金额，其交易成本是做市商之间的每笔单向交易中的 1 个基点。对于美元兑人民币汇率，1 个基点的成本相当于美元兑人民币汇率每个头寸的平均成本为 0.001 6%。因此，在考虑交易成本的条件下，年化收益率、年化波动率及信息率计算公式如表 7.1 所示。

表 7.1　交易性能评价准则

交易性能	描述
年化收益率	$R^A=252\times\frac{1}{N}\sum_{t=1}^{N}R_t-\mathrm{TC}^A$，其中，$R_t$为日收益率，$\mathrm{TC}^A$为年化交易成本
年化波动率	$\sigma^A=\sqrt{252}\times\sqrt{\frac{1}{N-1}\sum_{t=1}^{N}\left(R_t-\bar{R}\right)}$，其中，$\bar{R}$为平均收益率
信息率	$\mathrm{IR}=\frac{R^A}{\sigma^A}$

7.4.2　预测性能比较

本小节的基准模型是本书第 3~6 章所提出的集成预测方法。为了验证所提出的基于 EELM 的多模态数据驱动综合集成汇率预测方法的预测性能，我们还将 SA 与 SMSE 进行对比。

依据预测结果的水平预测精度和方向预测精度评价准则，美元兑人民币汇率在提前 1 天、提前 3 天和提前 6 天预测中，每个综合集成方法预测结果的 MAPE 和 DS 如表 7.2 所示。比较 MAPE 和 DS 发现，在提前 1 天、提前 3 天和提前 6 天的预测尺度下，本章所提出的基于 EELM 的多模态数据驱动综合集成汇率预测方法在美元兑人民币汇率预测中都显著地好于第 3~6 章所提出的集成方法和基于 SA 与基于 SMSE 的多模态数据驱动综合集成汇率预测方法的预测能力，这就表明所提出的基于 EELM 的多模态数据驱动综合集成汇率预测方法是一种有效的汇率预测框架。

表 7.2 模型预测性能比较（二）

模型	提前 1 天		提前 3 天		提前 6 天	
	MAPE	DS	MAPE	DS	MAPE	DS
CNE	0.133	71.53	0.452	68.75	0.914	67.36
DCE	0.137	70.83	0.483	67.36	0.956	66.67
B-SALS	0.113	86.81	0.328	82.64	0.683	78.47
LSTM	0.102	88.19	0.127	88.89	0.521	82.64
SA	0.114	87.50	0.134	86.81	0.419	81.94
SMSE	0.108	89.58	0.118	88.19	0.402	84.03
EELM	0.092	92.36	0.105	90.28	0.385	86.11

比较表 7.2 中各综合集成方法的预测结果，我们可以得出以下结论。

（1）在美元兑人民币的提前 1 天、提前 3 天和提前 6 天预测中，我们所提出的基于 EELM 的多模态数据驱动综合集成汇率预测方法在测试集中的 MAPE 和 DS 都是最好的。例如，在提前 1 天、提前 3 天和提前 6 天测试集预测中的 MAPE 分别是 0.092%、0.105%和 0.385%，DS 分别为 92.36%、90.28%和 86.11%。相比于第 3 章提出的 DCE 方法，在提前 1 天、提前 3 天和提前 6 天的预测中，基于 EELM 的多模态数据驱动综合集成汇率预测方法的 DS 分别提高了 21.53%、22.92%和 19.44%。

（2）在美元兑人民币的提前 1 天、提前 3 天和提前 6 天预测中，三个多模态数据驱动综合集成汇率预测方法（EELM、SMSE 和 SA）的 MAPE 和 DS 基本上优于其他四个综合集成方法（DCE、CNE、B-SALS 和 LSTM）。尤其是在提前 3 天和提前 6 天的预测中，基于多模态数据驱动综合集成汇率预测方法的 MAPE 和 DS 明显好于其他的综合集成汇率预测方法。内在原因可能是多模态数据驱动建模思想显著地提升了综合集成方法的预测能力。

（3）在美元兑人民币的提前 1 天、提前 3 天和提前 6 天预测中，在四个综合集成汇率预测方法预测性能比较下，可以看出 LSTM 和 B-SALS 的水平预测精度与方向预测精度均是最好的，其余依次是 CNE 和 DCE。在三个预测尺度下，相比于 DCE 的预测性能，LSTM 的 DS 分别提高了 17.36%、21.53%和 15.97%，B-SALS 的 DS 分别提高了 15.98%、15.28%和 11.80%，这就表明基于互联网搜索数据的投资者关注度和基于在线外汇新闻的情感挖掘显著地提高了汇率预测的水平和方向精度。

（4）在美元兑人民币的提前 1 天、提前 3 天和提前 6 天预测中，在三个多模态数据驱动综合集成汇率预测方法的预测性能对比下，可以看出基于 EELM 的多模态数据驱动综合集成汇率预测方法的水平预测精度与方向预测精度是最好的，其余依次是 SMSE 和 SA。在三个预测尺度下，与基于 SA 的多模态数据驱动综合集成汇率预测方法预测性能相比较，基于 EELM 的多模态数据驱动综合集成汇率预测方法的 DS 分别提高了 4.86%、3.47%和 4.17%，与基于 SMSE 的多模态数据驱动综合集成汇率预测方法预测能力相比较，基于 EELM 的多模态数据驱动综合集成汇率预测方法的 DS 分别提高了 2.78%、2.09%和 2.08%，这表明非线性的 EELM 综合集成方法显著地优于传统的线性综合集成方法。

（5）在美元兑人民币汇率预测中，也可以看出，随着预测尺度的增加，每个方法的预测性能都在逐渐减弱，也就是说所有模型在提前 1 天预测时预测能力最好，其余依次是在提前 3 天预测和提前 6 天预测中。例如，与基于 EELM 的多模态数据驱动综合集成汇率预测方法提前 3 天预测和提前 6 天预测相比较，基于 EELM 的多模态数据驱动综合集成汇率预测方法提前 1 天预测的 DS 分别提高了 2.08%和 6.25%，说明随着预测尺度的增加，在实际的汇率预测中，有些数据的信息没有被模型训练，从而各模型预测性能逐渐减弱。

可以看出，这七种预测方法在提前1天预测中的水平预测精度和方向预测精度是最好的，所以，接下来会对七种预测方法在提前1天预测尺度中的训练集和测试集汇率交易性能进行评价。本章主要使用考虑交易成本的年化回报率 R 与信息率 IR 两个指标对预测方法的交易能力进行评估。美元兑人民币汇率在提前1天预测中，每个综合集成预测方法在训练集和测试集中的考虑交易成本的年化回报率 R 与信息率 IR 如表 7.3 所示。对比 R 和 IR 发现，无论是在训练集中还是在测试集中，本章所提出的基于 EELM 的多模态数据驱动综合集成汇率预测方法在美元兑人民币汇率交易中显著地优于第 3~6 章所提出的多模态数据驱动汇率预测方法和基于 SA 与基于 SMSE 的多模态数据驱动综合集成汇率预测方法的交易能力。

表 7.3 模型交易性能比较

模型	训练集		测试集	
	R	IR	R	IR
CNE	28.59%	3.06	21.06%	2.02
DCE	27.14%	2.88	19.97%	1.92
B-SALS	30.15%	3.22	20.46%	1.97
LSTM	30.22%	3.24	22.51%	2.16
SA	29.83%	3.20	22.07%	2.12

续表

模型	训练集		测试集	
	R	IR	*R*	IR
SMSE	30.17%	3.25	22.69%	2.17
EELM	33.39%	3.56	24.55%	2.37

从表 7.3 中七种预测方法交易结果的比较来看，可以得出以下结论。

（1）在美元兑人民币的训练集和测试集交易中，值得注意的是，这七种预测方法的年化回报率 *R* 和信息率 IR 都是正值，显而易见，这七种预测方法的预测结果是可以指导投资者交易赚钱的。

（2）在美元兑人民币的训练集和测试集交易中，本章所提出的基于 EELM 的多模态数据驱动综合集成汇率预测方法的年化回报率 *R* 和信息率 IR 都是最高的。例如，在训练集与测试集预测中的年化回报率 *R* 分别是 33.39%和 24.55%，信息率 IR 分别为 3.56 和 2.37。相比于第 3 章提出的 DCE 方法，在训练集与测试集预测中，基于 EELM 的多模态数据驱动综合集成汇率预测方法的年化回报率 *R* 分别提高了 6.25%和 4.58%，信息率 IR 分别提高了 0.68 和 0.45。

（3）在美元兑人民币的训练集和测试集交易中，三个多模态数据驱动综合集成汇率预测方法（EELM、SMSE 和 SA）的年化回报率 *R* 和信息率 IR 基本上优于其他四个多模态数据驱动汇率预测方法（DCE、CNE、B-SALS 和 LSTM）。内在的原因可能是多模态数据驱动综合集成建模思想显著地提升了多模态数据驱动建模方法的汇率预测交易能力。

（4）在美元兑人民币的训练集和测试集交易中，从四个多模态数据驱动汇率预测方法交易能力比较来看，LSTM 和 B-SALS 方法的年化回报率 *R* 和信息率 IR 均是最好的，其余依次是 CNE 和 DCE。在训练集和测试集预测中，相比于 DCE 的交易性能，LSTM 的年化回报率 *R* 分别提高了 3.08%和 2.54%，信息率 IR 分别提高了 0.36 和 0.24，B-SALS 的年化回报率 *R* 分别提高了 3.01%和 0.49%，信息率 IR 分别提高了 0.34 和 0.05，这就表明基于互联网搜索数据的投资者关注度和基于在线外汇新闻的情感挖掘显著地提高了外汇汇率预测交易性能。

（5）在美元兑人民币的训练集和测试集交易中，在三个多模态数据驱动综合集成汇率预测方法的交易性能比较下，可以看出基于 EELM 的多模态数据驱动综合集成汇率预测方法的年化回报率 *R* 和信息率 IR 是最高的，其余依次是 SMSE 和 SA。在训练集和测试集预测中，与基于 SA 的多模态数据驱动综合集成汇率预测方法交易能力相比较，基于 EELM 的多模态数据驱动综合集成汇率预测方法的年化回报率 *R* 分别提高了 3.56%和 2.48%，信息率 IR 分别提高了 0.36 和 0.25，与基于 SMSE 的多模态数据驱动综合集成汇率预测方法交易能力相比较，基于 EELM 的多模态数据驱动综合集成汇率预测方法的年化回报率 *R* 分别提高 3.22%和 1.86%，信息率 IR 分别提高了 0.31 和 0.20。从交易能力的比较也能看出基于 EELM 的非线性综合集成方法显著地优于传统的线性综合集成方法。

（6）在美元兑人民币汇率交易中，可以看出，七种预测方法在训练集中的交易能力明显地好于在测试集中的交易性能。例如，与基于 EELM 的多模态数据驱动综合集成汇率预测方法在测试集交易能力相比较，该方法在训练集交易中的年化回报率 *R* 和信息率 IR 分别提高了 8.84%和 1.19，内在原因是在实际的汇率预测交易中，方法本身的过拟合、模型参数的选择问题及信息的不确定性等因素导致模型在实际的样本外预测和交易中能力会减弱。

7.4.3 统计检验与分析

在本小节，我们也对各模型预测结果进行了 DM 检验，本次研究采用 MSE 和 MAE 作为 DM 统计量的损失函数。表 7.4 给出了美元兑人民币汇率在提前 1 天、提前 3 天和提前 6 天预测中各综合集成方法与随机游走模型预测精度进行比较的 DM 检验结果。

表 7.4 模型预测性能 DM 检验（二）

模型	提前 1 天		提前 3 天		提前 6 天	
	MSE	MAE	MSE	MAE	MSE	MAE
CNE	−6.745**	−7.239**	−6.413**	−6.854**	−6.318**	−6.784**
DCE	−6.543**	−7.012**	−6.015**	−6.637**	−5.986**	−6.243**
B-SALS	−7.153**	−7.784**	−6.924**	−7.373**	−6.746**	−7.106**
LSTM	−7.491**	−8.045**	−7.438**	−8.011**	−6.946**	−7.476**
SA	−7.918**	−7.374**	−7.025**	−7.458**	−7.085**	−7.495**
SMSE	−8.357**	−7.867**	−7.493**	−7.947**	−7.417**	−8.193**
EELM	−9.024**	−8.746**	−8.143**	−8.569**	−7.812**	−8.414**

**表示在 1%显著性水平下拒绝原假设

注：表中的值是计算得出的 DM 统计值

根据表 7.4 的检验结果，可以发现以下结论。

（1）在美元兑人民币的提前 1 天、提前 3 天和提前 6 天预测中，与随机游走模型相比，本书所提出的基于 EELM 的多模态数据驱动综合集成汇率预测方法被用作测试模型时，DM 检验结果均小于−7.812，所对应的 p 值远小于 0.000 0，这就意味着所提出的方法的预测性能在 100%的置信水平下优于随机游走模型，内在原因可能是基于多模态数据驱动综合集成思想显著地提高了汇率预测的精度。

（2）在美元兑人民币的提前 1 天、提前 3 天和提前 6 天预测中，当随机游走模型作为检验模型时，其他测试模型的 DM 检验结果远小于−5.9，所对应的 p 值远小于 0.000 0，这就表明本章的七个综合集成方法的预测性能都在 100%的置信水平下好于随机游走模型，内在原因是汇率数据的非线性、高波动性和不规则性等特征导致随机游走模型在汇率预测中失效。

（3）在美元兑人民币的提前 1 天、提前 3 天和提前 6 天预测中，在三个多模态数据驱动综合集成汇率预测方法的预测性能对比下，基于 EELM 的多模态数据驱动综合集成汇率预测方法预测性能最好，其余依次是基于 SMSE 的多模态数据驱动综合集成汇率预测方法和基于 SA 的多模态数据驱动综合集成汇率预测方法，表明所提出的基于 EELM 的非线性综合集成方法显著提高了多模态数据驱动建模方法的预测精度。

（4）在美元兑人民币的提前 1 天、提前 3 天和提前 6 天预测中，在四个多模态数据驱动汇率预测方法的预测性能对比下，LSTM 与 B-SALS 预测性能最好，其余依次是 CNE 和 DCE。这就表明基于互联网搜索数据的投资者关注度和基于在线外汇新闻的情感挖掘显著地提高了外汇汇率预测精度。

（5）在美元兑人民币汇率预测中，随着预测尺度的增加，可以发现 DM 检验的 p 值会逐渐增大，也就是说所有模型在提前 1 天预测时预测能力最好，其余依次是在提前 3 天预测和提前 6 天预测中，可能的原因是随着预测尺度的增加，在实际的汇率预测中，有些数据的信息没有被模型训练，从而各模型预测性能逐渐减弱。

另外，本节也使用了 PT 统计量来检验外汇汇率的真实值与预测值的方向变化是否相同。也就是说它检查在外汇汇率时间序列的实际涨落之后，预测值的涨落情况。原假设是研究中用到的模型对相关汇率没有预测能力。表 7.5 提供了所有方法对美元兑人民币汇率的样本外预测的 PT 检验结果。

表 7.5 模型预测性能 PT 检验（二）

模型	提前 1 天	提前 3 天	提前 6 天
CNE	4.915 2**	4.452 6**	4.002 5**
DCE	4.901 1**	4.589 4**	4.095 2**
B-SALS	4.579 1**	4.236 4**	4.085 4**

续表

模型	提前 1 天	提前 3 天	提前 6 天
LSTM	4.921 7**	4.539 4**	4.195 2**
SA	4.710 2**	4.405 8**	4.093 3**
SMSE	4.935 5**	4.541 6**	4.249 8**
EELM	5.204 3**	4.987 4**	4.402 1**

**表示在 1%显著性水平下拒绝原假设

注：表中的值是计算得出的 PT 统计值

由表 7.5 的 PT 检验结果，也可以得到以下结论。

（1）在美元兑人民币的提前 1 天、提前 3 天和提前 6 天预测中，四个多模态数据驱动汇率预测方法与三个基于多模态数据驱动综合集成汇率预测方法的 PT 结果均大于 4.0，对应的 p 值远小于 0.000 0，这表明这七个预测方法的预测结果几乎在 100%置信水平下拒绝了与实际的运动方向独立的假设，也就意味着这七个预测方法的方向预测精度都是令人满意的，但是本章所提出的基于 EELM 的多模态数据驱动综合集成汇率预测方法的 PT 检验结果显著地大于 4.4，表明本章所提出的基于 EELM 的多模态数据驱动综合集成汇率预测方法的方向预测性能是最好的，内在原因可能是多模态数据驱动综合集成思想显著地提高了汇率的方向预测性能。

（2）在美元兑人民币的提前 1 天、提前 3 天和提前 6 天预测中，在三个多模态数据驱动综合集成汇率预测方法与四个多模态数据驱动汇率预测方法的 PT 检验结果相比较下，可以发现只有基于 EELM 的多模态数据驱动综合集成汇率预测方法的 PT 检验值显著大于其他四个多模态数据驱动汇率预测方法的 PT 检验值，基于 SMSE 和 SA 多模态数据驱动综合集成汇率预测方法的 PT 检验结果与四个多模态数据驱动汇率预测方法的 PT 检验结果不分伯仲，其内在原因还需要后续进行研究分析。

（3）在美元兑人民币的提前 1 天、提前 3 天和提前 6 天预测中，从三个多模态数据驱动综合集成汇率预测方法的 PT 检验结果看出，基于 EELM 的多模态数据驱动综合集成汇率预测方法的方向预测精度是最高的，其余依次是基于 SMSE 和 SA 的多模态数据驱动综合集成汇率预测方法，主要原因是基于 EELM 的非线性综合集成策略显著地提高了多模态数据驱动汇率预测方法的方向预测能力。

（4）在美元兑人民币的提前 1 天、提前 3 天和提前 6 天预测中，从四个多模态数据驱动汇率预测方法的 PT 检验结果可知，LSTM 方法的方向预测能力是最好的，B-SALS、CNE 和 DCE 不分上下，这表明基于在线外汇新闻情感挖掘的策略显著提高了汇率的方向预测能力。

（5）在美元兑人民币汇率预测中，随着预测尺度的增加，可以发现所有方法的 PT 值都会逐渐减小，也就是说所有方法在提前 1 天预测时方向预测性能是最好的，其余依次是在提前 3 天预测和提前 6 天预测中，可能原因是随着预测尺度的增加，在外汇汇率预测中，有些数据的信息没有被模型训练，从而每个预测方法的方向预测能力逐渐减弱。

7.5 本章小结

在 TEI@I 方法论基础上，本章提出了一个新的适用于复杂动态市场价格分析与预测的多模态数据驱动综合集成方法论，并通过此方法论框架构建了一个融合 EELM 非线性集成技术的多模态数据驱动综合集成汇率预测方法，并使用所提出的基于 EELM 的多模态数据驱动综合集成汇率预测方法对美元兑人民币汇率进行了预测和交易。根据实证结果，可以得到以下结论。

（1）在美元兑人民币的提前 1 天、提前 3 天和提前 6 天预测和交易中，本章所提出的基于 EELM 的多模态数据驱动综合集成汇率预测方法在水平预测精度、方向预测精度和交易性能显著地优于四个多模态数据驱动建模方法和基于 SMSE 与 SA 的多模态数据驱动综合集成汇率预测方法。

（2）在美元兑人民币的提前 1 天、提前 3 天和提前 6 天预测和交易中，三个多模态数据驱动综合集成汇率预测方法的水平预测能力、方向预测能力和交易性能优于四个多模态数据驱动汇率预测方法，主要原因是综合集成策略显著提升了多模态数据驱动汇率预测方法的水平预测精度、方向预测精度和营利能力。

（3）在美元兑人民币的提前 1 天、提前 3 天和提前 6 天预测和交易中，从三个多模态数据驱动综合集成汇率预测方法的预测和交易能力比较中可得，本章所提出的基于 EELM 的多模态数据驱动综合集成汇率预测方法的水平预测能力、方向预测能力和交易性能均是最好的，接下来依次是基于 SMSE 与 SA 的多模态数据驱动综合集成汇率预测方法，主要原因可能是基于 EELM 非线性综合集成策略显著提高了多模态数据驱动综合集成汇率预测方法的预测和营利能力。

（4）在美元兑人民币的提前 1 天、提前 3 天和提前 6 天预测和交易中，从四个多模态数据驱动汇率预测方法的预测和交易能力比较可以看出，LSTM 和 B-SALS 的水平预测精度、方向预测精度和交易能力是最好的，接下来是 CNE 和 DCE，这就表明基于互联网搜索数据的投资者关注度和基于在线外汇新闻的情感挖掘显著地提高了外汇汇率预测和交易性能。

（5）在美元兑人民币汇率预测中，可以发现随着预测尺度的增加，每个方法的预测性能均会逐渐减弱，也就是说所有模型在提前 1 天预测时水平预测精度和方向预测精度是最好的，其余依次是在提前 3 天预测和提前 6 天预测中，可能的原因是随着预测尺度的增加，在外汇汇率预测中，有些数据的信息没有被模型训练，从而导致每个预测方法的水平预测和方向预测能力会逐渐减弱。

参 考 文 献

丁志杰，严灏，丁玥. 2018. 人民币汇率市场化改革四十年：进程、经验与展望[J]. 管理世界，34（10）：30-38.

董倩，孙娜娜，李伟. 2014. 基于网络搜索数据的房地产价格预测[J]. 统计研究，31（10）：81-88.

范洋. 2015. 基于 TEI@I 方法论的中国国际收支研究[D]. 中国科学院大学博士学位论文.

郭琨，崔啸，王珏，等. 2012. “京十二条”房地产调控政策的影响——基于 TEI@I 方法论[J]. 管理科学学报，15（4）：4-11.

郭琨，汪寿阳. 2008. 人民币汇率预测的两种模型[J]. 系统工程理论与实践，28（5）：64-69.

黄乃静，汪寿阳. 2018. 中欧货币汇率的极端风险传播研究[J]. 管理科学学报，21（12）：5-21.

马骊，李阳，樊锁海. 2015. 改进人工鱼群算法在外汇预测和投资组合中的应用[J]. 系统工程理论与实践，35（5）：1256-1266.

孙少龙. 2016. 基于“分解-聚类-集成”学习范式的太阳辐射量预测技术研究及应用[D]. 兰州大学硕士学位论文.

田歆，曹志刚，骆家伟，等. 2009. 基于 TEI@I 方法论的香港集装箱吞吐量预测方法[J]. 运筹与管理，18（4）：82-89.

万蕤叶，陆静. 2018. 金融危机期间汇率风险传染研究[J]. 管理科学学报，168（6）：17-33.

王勇，董恒新. 2017. 大数据背景下中国季度失业率的预测研究——基于网络搜索数据的分析[J]. 系统科学与数学，（2）：460-472.

魏云捷. 2017. 一个新的综合集成汇率预测方法[D]. 中国科学院大学博士学位论文.

闫妍，徐伟，部慧，等. 2007. 基于 TEI@I 方法论的房价预测方法[J]. 系统工程理论与实践，27（7）：1-9.

余乐安，汪寿阳，黎建强. 2006. 外汇汇率与国际原油价格波动预测：TEI@I 方法论[M]. 长沙：湖南大学出版社.

张斌儒. 2017. 互联网环境下基于消费者搜索的旅游需求预测研究[D]. 首都经济贸易大学博士学位论文.

张崇，吕本富，彭赓，等. 2012. 网络搜索数据与 CPI 的相关性研究[J]. 管理科学学报，（7）：50-59.

张嘉为，索丽娜，齐晓楠，等. 2010. 基于 TEI@I 方法论的通货膨胀问题分析与预测[J]. 系统工程理论与实践，30（12）：2157-2164.

郑雅菲. 2016. 基于 TEI@I 方法论的中国航空客运需求预测方法研究[D]. 中国科学院大学博士学位论文.

Abbate A，Marcellino M. 2018. Point，interval and density forecasts of exchange rates with time varying parameter models[J]. Journal of the Royal Statistical Society：Series A（Statistics in Society），181（1）：155-179.

Adeodato P J L，Arnaud A L，Vasconcelos G C，et al. 2011. MLP ensembles improve long term prediction accuracy over single networks[J]. International Journal of Forecasting，27（3）：661-671.

Afkhami M，Cormack L，Ghoddusi H. 2017. Google search keywords that best predict energy price volatility[J]. Energy Economics，67：17-27.

Anastasakis L，Mort N. 2009. Exchange rate forecasting using a combined parametric and nonparametric self-organising modelling approach[J]. Expert Systems With Applications，36（10）：12001-12011.

Andersen T G，Bollerslev T，Diebold F X，et al. 2001. The distribution of realized exchange rate volatility[J]. Journal of the American Statistical Association，96（453）：42-55.

Andersen T G，Bollerslev T，Diebold F X，et al. 2007. Real-time price discovery in global stock，bond and foreign exchange markets[J]. Journal of International Economics，73（2）：251-277.

Antweiler W，Frank M Z. 2004. Is all that talk just noise？The information content of internet stock message boards[J]. The Journal of Finance，59（3）：1259-1294.

Araz O M，Bentley D，Muelleman R L. 2014. Using Google Flu Trends data in forecasting influenza-like-illness related ED visits in Omaha，Nebraska[J]. The American Journal of Emergency Medicine，32（9）：1016-1023.

Athanasopoulos G，Hyndman R J. 2011. The value of feedback in forecasting competitions[J]. International Journal of Forecasting，27（3）：845-849.

Aydemir O，Demirhan B. 2017. The relationship between stock prices and exchange rates：evidence from MENA countries[C]//Khosrow-Pour M. Handbook of Research on Global Enterprise Operations and Opportunities. IGI Global：171-185.

Bacchetta P，van Wincoop E. 2006. Can information heterogeneity explain the exchange rate determination puzzle？[J]. American Economic Review，96（3）：552-576.

Bäck T，Schwefel H P. 1993. An overview of evolutionary algorithms for parameter optimization[J]. Evolutionary Computation，1（1）：1-23.

Bagheri A，Peyhani H M，Akbari M. 2014. Financial forecasting using ANFIS networks with quantum-behaved particle swarm optimization[J]. Expert Systems with Applications，41（14）：

6235-6250.

Bahmani-Oskooee M, Chang T, Lee K C. 2016. Purchasing power parity in emerging markets: a panel stationary test with both sharp and smooth breaks[J]. Economic Systems, 40（3）: 453-460.

Baker S R, Fradkin A. 2017. The impact of unemployment insurance on job search: evidence from Google search data[J]. Review of Economics and Statistics, 99（5）: 756-768.

Bal D P, Rath B N. 2015. Nonlinear causality between crude oil price and exchange rate: a comparative study of China and India[J]. Energy Economics, 51: 149-156.

Ban G Y, El Karoui N, Lim A E B. 2016. Machine learning and portfolio optimization[J]. Management Science, 64（3）: 1136-1154.

Bao Y, Xiong T, Hu Z. 2014a. Multi-step-ahead time series prediction using multiple-output support vector regression[J]. Neurocomputing, 129: 482-493.

Bao Y, Xiong T, Hu Z. 2014b. PSO-MISMO modeling strategy for multistep-ahead time series prediction[J]. IEEE Transactions on Cybernetics, 44（5）: 655-668.

Barrow D K, Crone S F. 2016a. A comparison of AdaBoost algorithms for time series forecast combination[J]. International Journal of Forecasting, 32（4）: 1103-1119.

Barrow D K, Crone S F. 2016b. Cross-validation aggregation for combining autoregressive neural network forecasts[J]. International Journal of Forecasting, 32（4）: 1120-1137.

Barunik J, Krehlik T, Vacha L. 2016. Modeling and forecasting exchange rate volatility in time-frequency domain[J]. European Journal of Operational Research, 251（1）: 329-340.

Basher S A, Haug A A, Sadorsky P. 2016. The impact of oil shocks on exchange rates: a Markov-switching approach[J]. Energy Economics, 54: 11-23.

Basher S A, Mohsin M. 2004. PPP tests in cointegrated panels: evidence from Asian developing countries[J]. Applied Economics Letters, 11（3）: 163-166.

Bates J M, Granger C W J. 1969. The combination of forecasts[J]. Journal of the Operational Research Society, 20（4）: 451-468.

Batten J A, Kinateder H, Wagner N. 2014. Multi-fractality and value-at-risk forecasting of exchange rates[J]. Physica A: Statistical Mechanics and its Applications, 401: 71-81.

Beckmann J, Schüssler R. 2016. Forecasting exchange rates under parameter and model uncertainty[J]. Journal of International Money and Finance, 60: 267-288.

Bengio Y, Lamblin P, Popovici D, et al. 2007. Greedy layer-wise training of deep networks[C]// Proceedings of the 19th International Conference on Neural Information Processing Systems: 153-160.

Berg T O. 2016. Multivariate forecasting with BVARs and DSGE models[J]. Journal of Forecasting, 35（8）: 718-740.

Bhattacharya R, Patnaik I, Shah A. 2011. Monetary policy transmission in an emerging market setting[R]. IMF Working Papers：1-25.

Boero G，Marrocu E. 2002. The performance of non-linear exchange rate models：a forecasting comparison[J]. Journal of Forecasting，21（7）：513-542.

Boone T，Ganeshan R，Hicks R L，et al. 2018. Can Google trends improve your sales forecast? [J]. Production and Operations Management，27（10）：1770-1774.

Box G E P, Jenkins G M, Reinsel G C, et al. 2015. Time Series Analysis：Forecasting and Control[M]. Hoboken：John Wiley.

Breiman L. 1996. Bagging predictors[J]. Machine Learning，24（2）：123-140.

Bulut L. 2018. Google trends and the forecasting performance of exchange rate models[J]. Journal of Forecasting，37（3）：303-315.

Burns K，Moosa I A. 2015. Enhancing the forecasting power of exchange rate models by introducing nonlinearity：does it work? [J]. Economic Modelling，50：27-39.

Byrne J P, Korobilis D, Ribeiro P J. 2016. Exchange rate predictability in a changing world[J]. Journal of International Money and Finance，62：1-24.

Calvo G A, Rodriguez C A. 1977. A model of exchange rate determination under currency substitution and rational expectations[J]. Journal of Political Economy，85（3）：617-625.

Cambria E, White B. 2014. Jumping NLP curves：a review of natural language processing research[J]. IEEE Computational Intelligence Magazine，9（2）：48-57.

Caraiani P. 2017. Evaluating exchange rate forecasts along time and frequency[J]. International Review of Economics & Finance，51：60-81.

Carapuço J, Neves R, Horta N. 2018. Reinforcement learning applied to forex trading[J]. Applied Soft Computing，73：783-794.

Cassel G. 1918. Abnormal deviations in international exchanges[J]. The Economic Journal，28（112）：413-415.

Cavusoglu N，Neveu A R. 2015. The predictive power of survey-based exchange rate forecasts：is there a role for dispersion? [J]. Journal of Forecasting，34（5）：337-353.

Ca'Zorzi M，Kocięcki A，Rubaszek M. 2015. Bayesian forecasting of real exchange rates with a Dornbusch prior[J]. Economic Modelling，46：53-60.

Chan S W K，Chong M W C. 2017. Sentiment analysis in financial texts[J]. Decision Support Systems，94：53-64.

Chappell D，Padmore J，Mistry P，et al. 1996. A threshold model for the French franc/Deutschmark exchange rate[J]. Journal of Forecasting，15（3）：155-164.

Chatrath A，Miao H，Ramchander S，et al. 2014. Currency jumps，cojumps and the role of macro news[J]. Journal of International Money and Finance，40：42-62.

Chen A S，Leung M T，Daouk H. 2003. Application of neural networks to an emerging financial market: forecasting and trading the Taiwan Stock Index[J]. Computers & Operations Research, 30（6）: 901-923.

Chen A S, Leung M T. 2004. Regression neural network for error correction in foreign exchange forecasting and trading[J]. Computers & Operations Research, 31（7）: 1049-1068.

Chen H, Chiang R H L, Storey V C. 2012. Business intelligence and analytics: from big data to big impact[J]. MIS Quarterly, 36（4）: 1165-1188.

Chen M Y, Chen B T. 2014. Online fuzzy time series analysis based on entropy discretization and a fast Fourier transform[J]. Applied Soft Computing, 14: 156-166.

Chen Y, Peng L, Abraham A. 2006. Exchange rate forecasting using flexible neural trees[C]//International Symposium on Neural Networks. Berlin, Heidelberg: Springer: 518-523.

Cheung Y W, Chinn M D, Pascual A G. 2005. Empirical exchange rate models of the nineties: are any fit to survive? [J]. Journal of International Money and Finance, 24（7）: 1150-1175.

Chinn M D, Zhang Y. 2018. Uncovered interest parity and monetary policy near and far from the zero lower bound[J]. Open Economies Review, 29（1）: 1-30.

Chong E, Han C, Park F C. 2017. Deep learning networks for stock market analysis and prediction: methodology, data representations, and case studies[J]. Expert Systems with Applications, 83: 187-205.

Chortareas G, Jiang Y, Nankervis J C. 2011. Forecasting exchange rate volatility using high-frequency data: is the Euro different? [J]. International Journal of Forecasting, 27（4）: 1089-1107.

Christou C, Gupta R, Hassapis C, et al. 2018. The role of economic uncertainty in forecasting exchange rate returns and realized volatility: evidence from quantile predictive regressions[J]. Journal of Forecasting, 37（7）: 705-719.

Clarida R H, Sarno L, Taylor M P, et al. 2003. The out-of-sample success of term structure models as exchange rate predictors: a step beyond[J]. Journal of International Economics, 60（1）: 61-83.

Clemen R T. 1989. Combining forecasts: a review and annotated bibliography[J]. International Journal of Forecasting, 5（4）: 559-583.

Clements K W, Lan Y. 2010. A new approach to forecasting exchange rates[J]. Journal of International Money and Finance, 29（7）: 1424-1437.

Coe P J, Serletis A. 2002. Bounds tests of the theory of purchasing power parity[J]. Journal of Banking & Finance, 26（1）: 179-199.

Costantini M, Cuaresma J C, Hlouskova J. 2016. Forecasting errors, directional accuracy and profitability of currency trading: the case of EUR/USD exchange rate[J]. Journal of Forecasting, 35（7）: 652-668.

Crespo C J, Fortin I, Hlouskova J. 2018. Exchange rate forecasting and the performance of currency portfolios[J]. Journal of Forecasting, 37（5）: 519-540.

Crone S F，Koeppel C. 2014. Predicting exchange rates with sentiment indicators：an empirical evaluation using text mining and multilayer perceptrons[C]//2014 IEEE Conference on Computational Intelligence for Financial Engineering & Economics. IEEE：114-121.

Cuestas J C. 2009. Purchasing power parity in Central and Eastern European countries：an analysis of unit roots and nonlinearities[J]. Applied Economics Letters，16（1）：87-94.

D'Amuri F，Marcucci J. 2017. The predictive power of Google searches in forecasting US unemployment[J]. International Journal of Forecasting，33（4）：801-816.

Das S R，Chen M Y. 2007. Yahoo! for Amazon：sentiment extraction from small talk on the web[J]. Management Science，53（9）：1375-1388.

Dash R. 2018. Performance analysis of a higher order neural network with an improved shuffled frog leaping algorithm for currency exchange rate prediction[J]. Applied Soft Computing，67：215-231.

Degiannakis S，Potamia A. 2017. Multiple-days-ahead value-at-risk and expected shortfall forecasting for stock indices，commodities and exchange rates：inter-day versus intra-day data[J]. International Review of Financial Analysis，49：176-190.

Diebold F X，Mariano R S. 2002. Comparing predictive accuracy[J]. Journal of Business & Economic Statistics，20（1）：134-144.

Ding R，Hou W. 2015. Retail investor attention and stock liquidity[J]. Journal of International Financial Markets，Institutions and Money，37：12-26.

Doganlar M. 1999. Testing long-run validity of purchasing power parity for Asian countries[J]. Applied Economics Letters，6（3）：147-151.

Dornbusch R. 1976. Expectations and exchange rate dynamics[J]. Journal of Political Economy，84（6）：1161-1176.

Dunis C L，Huang X. 2002. Forecasting and trading currency volatility：an application of recurrent neural regression and model combination[J]. Journal of Forecasting，21（5）：317-354.

Dunis C L，Laws J，Sermpinis G. 2011. Higher order and recurrent neural architectures for trading the EUR/USD exchange rate[J]. Quantitative Finance，11（4）：615-629.

Eberhart R，Kennedy J. 1995. Particle swarm optimization[C]//Proceedings of the IEEE International Conference on Neural Networks：1942-1948.

Edwards S. 1988. Real and monetary determinants of real exchange rate behavior：theory and evidence from developing countries[J]. Journal of Development Economics，29（3）：311-341.

Engel C. 2016. Exchange rates，interest rates，and the risk premium[J]. American Economic Review，106（2）：436-474.

Engelberg J，Gao P. 2011. In search of attention[J]. The Journal of Finance，66（5）：1461-1499.

Engle R F，Granger C W J. 1987. Co-integration and error correction：representation，estimation， and testing[J]. Econometrica，55（2）：251-276.

Epaphra M. 2016. Modeling exchange rate volatility：application of the GARCH and EGARCH models[J]. Journal of Mathematical Finance，7（1）：121-143.

Evans C，Pappas K，Xhafa F. 2013. Utilizing artificial neural networks and genetic algorithms to build an algo-trading model for intra-day foreign exchange speculation[J]. Mathematical and Computer Modelling，58：1249-1266.

Evans G W. 1986. A test for speculative bubbles in the sterling-dollar exchange rate：1981-84[J]. American Economic Review，76（4）：621-636.

Evans M D D，Lyons R K. 2005. Meese-Rogoff redux：micro-based exchange-rate forecasting[J]. American Economic Review，95（2）：405-414.

Evans M D D，Lyons R K. 2008. How is macro news transmitted to exchange rates? [J]. Journal of Financial Economics，88（1）：26-50.

Exterkate P，Groenen P J F，Heij C，et al. 2016. Nonlinear forecasting with many predictors using kernel ridge regression[J]. International Journal of Forecasting，32（3）：736-753.

Fama E F. 1965. Portfolio analysis in a stable Paretian market[J]. Management Science，11（3）：404-419.

Fang J，Wu W，Lu Z，et al. 2017. Using Baidu index to nowcast mobile phone sales in China[J]. The Singapore Economic Review，64（3）：1-14.

Fantazzini D，Toktamysova Z. 2015. Forecasting German car sales using Google data and multivariate models[J]. International Journal of Production Economics，170：97-135.

Faust J，Rogers J H，Wright J H. 2003. Exchange rate forecasting：the errors we've really made[J]. Journal of International Economics，60（1）：35-59.

Ferraro D，Rogoff K，Rossi B. 2015. Can oil prices forecast exchange rates? An empirical analysis of the relationship between commodity prices and exchange rates[J]. Journal of International Money and Finance，54：116-141.

Fischer T，Krauss C. 2018. Deep learning with long short-term memory networks for financial market predictions[J]. European Journal of Operational Research，270（2）：654-669.

Frank M Z，Stengos T. 1988. Some evidence concerning macroeconomic chaos[J]. Journal of Monetary Economics，22（3）：423-438.

Frankel J A. 1979. A theory of floating exchange rates based on real interest differentials[J]. American Economic Review，69（4）：610-622.

Gaglianone W P，Marins J T M. 2017. Evaluation of exchange rate point and density forecasts：an application to Brazil[J]. International Journal of Forecasting，33（3）：707-728.

Galeshchuk S. 2016. Neural networks performance in exchange rate prediction[J]. Neurocomputing，172：446-452.

Garratt A，Mise E. 2014. Forecasting exchange rates using panel model and model averaging[J]. Economic Modelling，37：32-40.

Ghandar A，Michalewicz Z，Zurbruegg R. 2016. The relationship between model complexity and forecasting performance for computer intelligence optimization in finance[J]. International Journal of Forecasting，32（3）：598-613.

Giles C L，Lawrence S，Tsoi A C. 2001. Noisy time series prediction using recurrent neural networks and grammatical inference[J]. Machine Learning，44（1/2）：161-183.

Ginsberg J，Mohebbi M H，Patel R S，et al. 2009. Detecting influenza epidemics using search engine query data[J]. Nature，457（7232）：1012-1014.

Ginzburg I，Horn D. 1994. Combined neural networks for time series analysis[C]//Advances in Neural Information Processing Systems：224-231.

Girton L，Roper D. 1977. A monetary model of exchange market pressure applied to the postwar Canadian experience[J]. American Economic Review，67：537-548.

Goel S，Hofman J M，Lahaie S，et al. 2010. Predicting consumer behavior with web search[J]. Proceedings of the National Academy of Sciences，107（41）：17486-17490.

Goodman S H. 1979. Foreign exchange rate forecasting techniques：implications for business and policy[J]. The Journal of Finance，34（2）：415-427.

Götz T B，Knetsch T A. 2019. Google data in bridge equation models for German GDP[J]. International Journal of Forecasting，35（1）：45-66.

Grilli V，Kaminsky G. 1991. Nominal exchange rate regimes and the real exchange rate：evidence from the United States and Great Britain，1885-1986[J]. Journal of Monetary Economics，27（2）：191-212.

Groen J J J. 2000. The monetary exchange rate model as a long-run phenomenon[J]. Journal of International Economics，52（2）：299-319.

Groth S S，Muntermann J. 2011. An intraday market risk management approach based on textual analysis[J]. Decision Support Systems，50（4）：680-691.

Hann T H，Steurer E. 1996. Much ado about nothing? Exchange rate forecasting：neural networks vs. linear models using monthly and weekly data[J]. Neurocomputing，10（4）：323-339.

Hansen L P，Hodrick R J. 1980. Forward exchange rates as optimal predictors of future spot rates：an econometric analysis[J]. Journal of Political Economy，88（5）：829-853.

Harchaoui T M，Janssen R V. 2018. How can big data enhance the timeliness of official statistics? The case of the US consumer price index[J]. International Journal of Forecasting，34（2）：225-234.

Haykin S，Lippmann R. 1994. Neural networks，a comprehensive foundation[J]. International Journal of Neural Systems，5（4）：363-364.

He K，Yu L，Lai K K. 2012. Crude oil price analysis and forecasting using wavelet decomposed ensemble model[J]. Energy，46（1）：564-574.

Hill T，O'Connor M，Remus W. 1996. Neural network models for time series forecasts[J]. Management Science，42（7）：1082-1092.

Hinton G E，Osindero S，Teh Y W. 2006. A fast learning algorithm for deep belief nets[J]. Neural Computation，18（7）：1527-1554.

Hochreiter S，Schmidhuber J. 1997. Long short-term memory[J]. Neural Computation，9（8）：1735-1780.

Hoffman D L，Rasche R H. 1996. Assessing forecast performance in a cointegrated system[J]. Journal of Applied Econometrics，11（5）：495-517.

Holland J H. 1975. Adaptation in Natural and Artificial Systems[M]. Ann Arbor：University of Michigan Press.

Hsieh T J，Hsiao H F，Yeh W C. 2011. Forecasting stock markets using wavelet transforms and recurrent neural networks：an integrated system based on artificial bee colony algorithm[J]. Applied Soft Computing，11（2）：2510-2525.

Hu M Y，Zhang G，Jiang C X，et al. 1999. A cross-validation analysis of neural network out-of-sample performance in exchange rate forecasting[J]. Decision Sciences，30（1）：197-216.

Huang G B. 2014. An insight into extreme learning machines：random neurons，random features and kernels[J]. Cognitive Computation，6（3）：376-390.

Huang G B，Zhu Q Y，Siew C K. 2004b. Extreme learning machine：a new learning scheme of feedforward neural networks[J]. Neural Networks，2：985-990.

Huang N E，Shen Z，Long S R，et al. 1998. The empirical mode decomposition and the Hilbert spectrum for nonlinear and non-stationary time series analysis[J]. Proceedings of the Royal Society of London. Series A：Mathematical，Physical and Engineering Sciences，454：903-995.

Huang S C，Chuang P J，Wu C F，et al. 2010. Chaos-based support vector regressions for exchange rate forecasting[J]. Expert Systems with Applications，37（12）：8590-8598.

Huang W，Lai K K，Nakamori Y，et al. 2004a. Forecasting foreign exchange rates with artificial neural networks：a review[J]. International Journal of Information Technology & Decision Making，3（1）：145-165.

Ince H，Trafalis T B. 2006. A hybrid model for exchange rate prediction[J]. Decision Support Systems，42（2）：1054-1062.

Ince O. 2014. Forecasting exchange rates out-of-sample with panel methods and real-time data[J]. Journal of International Money and Finance，43：1-18.

Ince O，Molodtsova T. 2017. Rationality and forecasting accuracy of exchange rate expectations：evidence from survey-based forecasts[J]. Journal of International Financial Markets，Institutions and Money，47：131-151.

Ince O，Molodtsova T，Papell D H. 2016. Taylor rule deviations and out-of-sample exchange rate predictability[J]. Journal of International Money and Finance，69：22-44.

Inoue A，Jin L，Rossi B. 2017. Rolling window selection for out-of-sample forecasting with time-varying parameters[J]. Journal of Econometrics，196（1）：55-67.

Inoue A，Kilian L. 2008. How useful is bagging in forecasting economic time series? A case study of US consumer price inflation[J]. Journal of the American Statistical Association，103（482）：511-522.

Izumi K，Ueda K. 2001. Phase transition in a foreign exchange market-analysis based on an artificial market approach[J]. IEEE Transactions on Evolutionary Computation，5（5）：456-470.

Jin F，Self N，Saraf P，et al. 2013. Forex-foreteller：currency trend modeling using news articles[C]//Proceedings of the 19th ACM SIGKDD International Conference on Knowledge Discovery and Data Mining. ACM：1470-1473.

Johansen S. 1991. Estimation and hypothesis testing of cointegration vectors in Gaussian vector autoregressive models[J]. Econometrica：1551-1580.

Joseph N L. 2001. Model specification and forecasting foreign exchange rates with vector autoregressions[J]. Journal of Forecasting，20（7）：451-484.

Junttila J，Korhonen M. 2011. Utilizing financial market information in forecasting real growth，inflation and real exchange rate[J]. International Review of Economics & Finance，20（2）：281-301.

Kang M，Zhong H，He J，et al. 2013. Using Google trends for influenza surveillance in South China[J]. PloS One，8（1）：e55205.

Karatahansopoulos A，Sermpinis G，Laws J，et al. 2014. Modelling and trading the Greek stock market with gene expression and genetic programing algorithms[J]. Journal of Forecasting，33（8）：596-610.

Karathanasopoulos A，Theofilatos K A，Sermpinis G，et al. 2016. Stock market prediction using evolutionary support vector machines：an application to the ASE20 index[J]. The European Journal of Finance，22（12）：1145-1163.

Keynes J M. 1923. A Tract on Monetary Reform[M]. London：Macmillan.

Khashei M，Bijari M，Ardali G A R. 2009. Improvement of auto-regressive integrated moving average models using fuzzy logic and artificial neural networks（ANNs）[J]. Neurocomputing，72（4/6）：956-967.

Khashei M，Hejazi S R，Bijari M. 2008. A new hybrid artificial neural networks and fuzzy regression model for time series forecasting[J]. Fuzzy Sets and Systems，159（7）：769-786.

Kilian L，Taylor M P. 2003. Why is it so difficult to beat the random walk forecast of exchange rates? [J]. Journal of International Economics，60（1）：85-107.

Kim S，Roubini N. 2000. Exchange rate anomalies in the industrial countries：a solution with a structural VAR approach[J]. Journal of Monetary Economics，45（3）：561-586.

Kim S H，Chun S H. 1998. Graded forecasting using an array of bipolar predictions：application of probabilistic neural networks to a stock market index[J]. International Journal of Forecasting，14（3）：323-337.

Kohonen T. 1990. The self-organizing map[J]. Neurocomputing，21：1-6.

Korobilis D. 2013. VAR forecasting using Bayesian variable selection[J]. Journal of Applied Econometrics，28（2）：204-230.

Korol T. 2014. A fuzzy logic model for forecasting exchange rates[J]. Knowledge-based Systems，67：49-60.

Kouri P J K. 1976. The exchange rate and the balance of payments in the short run and in the long run：a monetary approach[J]. The Scandinavian Journal of Economics，78：280-304.

Kouwenberg R，Markiewicz A，Verhoeks R，et al. 2017. Model uncertainty and exchange rate forecasting[J]. Journal of Financial and Quantitative Analysis，52（1）：341-363.

Krishna G J，Ravi V. 2016. Evolutionary computing applied to customer relationship management：a survey[J]. Engineering Applications of Artificial Intelligence，56：30-59.

Kulkarni G，Kannan P K，Moe W. 2012. Using online search data to forecast new product sales[J]. Decision Support Systems，52（3）：604-611.

Kuremoto T，Kimura S，Kobayashi K，et al. 2014. Time series forecasting using a deep belief network with restricted Boltzmann machines[J]. Neurocomputing，137：47-56.

Lahmiri S. 2018. Minute-ahead stock price forecasting based on singular spectrum analysis and support vector regression[J]. Applied Mathematics and Computation，320：444-451.

Lee C H，Chou P I. 2013. The behavior of real exchange rate：nonlinearity and breaks[J]. International Review of Economics & Finance，27：125-133.

Leu Y，Lee C P，Jou Y Z. 2009. A distance-based fuzzy time series model for exchange rates forecasting[J]. Expert Systems with Applications，36（4）：8107-8114.

Leung M T，Chen A S，Daouk H. 2000. Forecasting exchange rates using general regression neural networks[J]. Computers & Operations Research，27：1093-1110.

Li M，Fan S H. 2013. Forex prediction based on SVR optimized by artificial fish swarm algorithm[C]//2013 Fourth Global Congress on Intelligent Systems. IEEE：47-52.

Li S，Chen T，Wang L，et al. 2018. Effective tourist volume forecasting supported by PCA and improved BPNN using Baidu index[J]. Tourism Management，68：116-126.

Li X，Shang W，Wang S Y，et al. 2015. A MIDAS modelling framework for Chinese inflation index forecast incorporating Google search data[J]. Electronic Commerce Research and Applications，

14（2）：112-125.

Li X，Shang W，Wang S Y. 2019. Text-based crude oil price forecasting：a deep learning approach[J]. International Journal of Forecasting，35（4）：1548-1560.

Lin C S，Chiu S H，Lin T Y. 2012. Empirical mode decomposition-based least squares support vector regression for foreign exchange rate forecasting[J]. Economic Modelling，29（6）：2583-2590.

Lin H，Wu C，Zhou G. 2017. Forecasting corporate bond returns with a large set of predictors：an iterated combination approach[J]. Management Science，64（9）：4218-4238.

Lin S，Ye H. 2009. Does inflation targeting make a difference in developing countries？[J]. Journal of Development Economics，89（1）：118-123.

Liu C，Hou W，Liu D. 2017. Foreign exchange rates forecasting with convolutional neural network[J]. Neural Processing Letters，46（3）：1095-1119.

Lothian J R，Taylor M P. 2000. Purchasing power parity over two centuries，strengthening the case for real exchange rate stability：a reply to Cuddington and Liang[J]. Journal of International Money and Finance，19（5）：759-764.

Lothian J R，Taylor M P. 2008. Real exchange rates over the past two centuries：how important is the Harrod-Balassa-Samuelson effect？[J]. The Economic Journal，118（532）：1742-1763.

Loughran T，McDonald B. 2011. When is a liability not a liability？Textual analysis，dictionaries，and 10-Ks[J]. The Journal of Finance，66（1）：35-65.

Ma W，Li H，Park S Y. 2017. Empirical conditional quantile test for purchasing power parity：evidence from East Asian countries[J]. International Review of Economics & Finance，49：211-222.

MacDonald R. 1993. Long-run purchasing power parity：is it for real？[J]. The Review of Economics and Statistics，75：690-695.

Marcellino M，Stock J H，Watson M W. 2003. Macroeconomic forecasting in the euro area：country specific versus area-wide information[J]. European Economic Review，47（1）：1-18.

Mark N C. 1990. Real and nominal exchange rates in the long run：an empirical investigation[J]. Journal of International Economics，28：115-136.

Mark N C，Sul D. 2001. Nominal exchange rates and monetary fundamentals：evidence from a small post-Bretton Woods panel[J]. Journal of International Economics，53（1）：29-52.

McCrae M，Lin Y X，Pavlik D，et al. 2002. Can cointegration-based forecasting outperform univariate models？An application to Asian exchange rates[J]. Journal of Forecasting，21（5）：355-380.

Medeiros M C，Veiga A，Pedreira C E. 2001. Modeling exchange rates：smooth transitions，neural networks，and linear models[J]. IEEE Transactions on Neural Networks，12（4）：755-764.

Meese R A，Rogoff K. 1983. Empirical exchange rate models of the seventies：do they fit out of sample？[J]. Journal of International Economics，14（1/2）：3-24.

Meese R A，Rogoff K. 1988. Was it real？The exchange rate-interest differential relation over the modern floating-rate period[J]. The Journal of Finance，43（4）：933-948.

Mitra S，Karathanasopoulos A，Sermpinis G，et al. 2015. Operational risk：emerging markets，sectors and measurement[J]. European Journal of Operational Research，241（1）：122-132.

Molodtsova T，Papell D H. 2009. Out-of-sample exchange rate predictability with Taylor rule fundamentals[J]. Journal of International Economics，77（2）：167-180.

Moosa I A，Vaz J J. 2016. Cointegration，error correction and exchange rate forecasting[J]. Journal of International Financial Markets，Institutions and Money，44：21-34.

Morales-Arias L，Moura G V. 2013. Adaptive forecasting of exchange rates with panel data[J]. International Journal of Forecasting，29（3）：493-509.

Morana C. 2017. The US Dollar/Euro exchange rate：structural modeling and forecasting during the recent financial crises[J]. Journal of Forecasting，36（8）：919-935.

Moshiri S，Cameron N. 2000. Neural network versus econometric models in forecasting inflation[J]. Journal of Forecasting，19（3）：201-217.

Mueller P，Tahbaz-Salehi A，Vedolin A. 2017. Exchange rates and monetary policy uncertainty[J]. The Journal of Finance，72（3）：1213-1252.

Nag A K，Mitra A. 2002. Forecasting daily foreign exchange rates using genetically optimized neural networks[J]. Journal of Forecasting，21（7）：501-511.

Nassirtoussi A K，Aghabozorgi S，Wah T Y，et al. 2015. Text mining of news-headlines for Forex market prediction：a multi-layer dimension reduction algorithm with semantics and sentiment[J]. Expert Systems with Applications，42（1）：306-324.

Nayakovit S，Khantanapoka K，Jaritngam U. 2010. Prediction exchange rate of USD/GBP with intelligence cyberspace experimental[C]//2010 International Conference on Electronics and Information Engineering. IEEE：2-15.

Ni H，Yin H. 2009. Exchange rate prediction using hybrid neural networks and trading indicators[J]. Neurocomputing，72（13/15）：2815-2823.

Nikolsko-Rzhevskyy A，Prodan R. 2012. Markov switching and exchange rate predictability[J]. International Journal of Forecasting，28（2）：353-365.

Obstfeld M，Rogoff K. 2000. New directions for stochastic open economy models[J]. Journal of International Economics，50（1）：117-153.

Oliveira N，Cortez P，Areal N. 2016. Stock market sentiment lexicon acquisition using microblogging data and statistical measures[J]. Decision Support Systems，85：62-73.

Oliveira N，Cortez P，Areal N. 2017. The impact of microblogging data for stock market prediction：using Twitter to predict returns，volatility，trading volume and survey sentiment indices[J]. Expert Systems with Applications，73：125-144.

Özorhan M O，Toroslu İ H，Şehitoğlu O T. 2017. A strength-biased prediction model for forecasting exchange rates using support vector machines and genetic algorithms[J]. Soft Computing, 21（22）：6653-6671.

Ozturk M, Toroslu I H, Fidan G. 2016. Heuristic based trading system on Forex data using technical indicator rules[J]. Applied Soft Computing, 43: 170-186.

Pan B, Wu C G, Song H Y. 2012. Forecasting hotel room demand using search engine data[J]. Journal of Hospitality and Tourism Technology, 3（3）：196-210.

Panda C, Narasimhan V. 2007. Forecasting exchange rate better with artificial neural network[J]. Journal of Policy Modeling, 29（2）：227-236.

Park S, Kim J. 2018. The effect of interest in renewable energy on US household electricity consumption: an analysis using Google trends data[J]. Renewable Energy, 127: 1004-1010.

Patton A J. 2006. Modelling asymmetric exchange rate dependence[J]. International Economic Review, 47（2）：527-556.

Perlin M S, Caldeira J F, Santos A A P, et al. 2017. Can we predict the financial markets based on Google's search queries? [J]. Journal of Forecasting, 36（4）：454-467.

Pesaran M H, Timmermann A. 1992. A simple nonparametric test of predictive performance[J]. Journal of Business & Economic Statistics, 10（4）：461-465.

Petropoulos A, Chatzis S P, Siakoulis V, et al. 2017. A stacked generalization system for automated Forex portfolio trading[J]. Expert Systems with Applications, 90: 290-302.

Plakandaras V, Gogas P, Papadimitriou T, et al. 2017. The informational content of the term spread in forecasting the us inflation rate: a nonlinear approach[J]. Journal of Forecasting, 36（2）：109-121.

Plakandaras V, Papadimitriou T, Gogas P. 2015. Forecasting daily and monthly exchange rates with machine learning techniques[J]. Journal of Forecasting, 34（7）：560-573.

Poon S H, Granger C W J. 2003. Forecasting volatility in financial markets: a review[J]. Journal of Economic Literature, 41（2）：478-539.

Pradeepkumar D, Ravi V. 2018. Soft computing hybrids for Forex rate prediction: a comprehensive review[J]. Computers & Operations Research, 99: 262-284.

Price D J D S. 1965. Networks of scientific papers[J]. Science, 149（3683）：510-515.

Psaradellis I, Sermpinis G. 2016. Modelling and trading the US implied volatility indices. Evidence from the VIX, VXN and VXD indices[J]. International Journal of Forecasting, 32（4）: 1268-1283.

Qi M, Zhang G P. 2008. Trend time-series modeling and forecasting with neural networks[J]. IEEE Transactions on Neural Networks, 19（5）：808-816.

Rapach D E, Wohar M E. 2004. Testing the monetary model of exchange rate determination: a closer look at panels[J]. Journal of International Money and Finance, 23（6）：867-895.

Rapach D E, Wohar M E. 2006. The out-of-sample forecasting performance of nonlinear models of real exchange rate behavior[J]. International Journal of Forecasting，22（2）：341-361.

Ravi V，Pradeepkumar D，Deb K. 2017. Financial time series prediction using hybrids of chaos theory，multi-layer perceptron and multi-objective evolutionary algorithms[J]. Swarm and Evolutionary Computation，36：136-149.

Rehman M，Khan G M，Mahmud S A. 2014. Foreign currency exchange rates prediction using CGP and recurrent neural network[J]. IERI Procedia，10：239-244.

Reinsel G C，Ahn S K. 1992. Vector autoregressive models with unit roots and reduced rank structure：estimation. likelihood ratio test，and forecasting[J]. Journal of Time Series Analysis，13（4）：353-375.

Reis B Y，Brownstein J S. 2010. Measuring the impact of health policies using Internet search patterns：the case of abortion[J]. BMC Public Health，10（1）：514-518.

Ribeiro P J. 2017. Selecting exchange rate fundamentals by bootstrap[J]. International Journal of Forecasting，33（4）：894-914.

Rime D，Sarno L，Sojli E. 2009. Exchange rate forecasting，order flow and macroeconomic information[J]. Journal of International Economics，80（1）：72-88.

Robinson J. 1943. The foreign exchanges[J]. The Economic Journal，53：381-383.

Rogoff K S，Stavrakeva V，2008. The continuing puzzle of short horizon exchange rate forecasting[R]. NBER Working Papers 14071，National Bureau of Economic Research.

Romero F P. 2017. How does the Philippine peso exchange rate respond to inflation，industrial production and trade balance? A Granger causality analysis[J]. Advanced Science Letters，23（1）：272-276.

Rossi B. 2013. Exchange rate predictability[J]. Journal of Economic Literature，51（4）：1063-1119.

Rout M，Majhi B，Majhi R，et al. 2014. Forecasting of currency exchange rates using an adaptive ARMA model with differential evolution based training[J]. Journal of King Saud University-Computer and Information Sciences，26（1）：7-18.

Rubio G，Pomares H，Rojas I，et al. 2011. A heuristic method for parameter selection in LS-SVM：application to time series prediction[J]. International Journal of Forecasting，27（3）：725-739.

Saad E W，Prokhorov D V，Wunsch D C. 1998. Comparative study of stock trend prediction using time delay，recurrent and probabilistic neural networks[J]. IEEE Transactions on Neural Networks，9（6）：1456-1470.

Scheinkman J A，LeBaron B. 1989. Nonlinear dynamics and stock returns[J]. Journal of Business，62：311-337.

Sermpinis G，Dunis C，Laws J，et al. 2012a. Forecasting and trading the EUR/USD exchange rate with stochastic neural network combination and time-varying leverage[J]. Decision Support Systems，54（1）：316-329.

Sermpinis G，Laws J，Karathanasopoulos A，et al. 2012b. Forecasting and trading the EUR/USD exchange rate with gene expression and Psi-Sigma neural networks[J]. Expert Systems with Applications，39（10）：8865-8877.

Sermpinis G，Stasinakis C，Dunis C. 2014. Stochastic and genetic neural network combinations in trading and hybrid time-varying leverage effects[J]. Journal of International Financial Markets，Institutions and Money，30：21-54.

Sermpinis G，Stasinakis C，Hassanniakalager A. 2017a. Reverse adaptive krill herd locally weighted support vector regression for forecasting and trading exchange traded funds[J]. European Journal of Operational Research，263（2）：540-558.

Sermpinis G，Stasinakis C，Rosillo R，et al. 2017b. European exchange trading funds trading with locally weighted support vector regression[J]. European Journal of Operational Research，258（1）：372-384.

Sermpinis G，Stasinakis C，Theofilatos K，et al. 2015. Modeling，forecasting and trading the EUR exchange rates with hybrid rolling genetic algorithms-support vector regression forecast combinations[J]. European Journal of Operational Research，247（3）：831-846.

Sermpinis G，Theofilatos K，Karathanasopoulos A，et al. 2013. Forecasting foreign exchange rates with adaptive neural networks using radial-basis functions and particle swarm optimization[J]. European Journal of Operational Research，225（3）：528-540.

Sermpinis G，Verousis T，Theofilatos K. 2016. Adaptive evolutionary neural networks for forecasting and trading without a data-snooping bias[J]. Journal of Forecasting，35（1）：1-12.

Setiono R，Baesens B，Mues C. 2008. Recursive neural network rule extraction for data with mixed attributes[J]. IEEE Transactions on Neural Networks，19（2）：299-307.

Shen F，Chao J，Zhao J. 2015. Forecasting exchange rate using deep belief networks and conjugate gradient method[J]. Neurocomputing，167：243-253.

Shin T，Han I. 2000. Optimal signal multi-resolution by genetic algorithms to support artificial neural networks for exchange-rate forecasting[J]. Expert Systems with Applications，18（4）：257-269.

Smith P. 2016. Google's MIDAS touch：predicting UK unemployment with internet search data[J]. Journal of Forecasting，35（3）：263-284.

Song T M，Song J，An J Y，et al. 2014. Psychological and social factors affecting Internet searches on suicide in Korea：a big data analysis of Google search trends[J]. Yonsei Medical Journal，55（1）：254-263.

Spronk R，Verschoor W F C，Zwinkels R C J. 2013. Carry trade and foreign exchange rate puzzles[J]. European Economic Review，60：17-31.

Stasinakis C，Sermpinis G，Psaradellis I，et al. 2016. Krill-herd support vector regression and heterogeneous autoregressive leverage：evidence from forecasting and trading commodities[J].

Quantitative Finance，16（12）：1901-1915.

Sun L M，Zhu L，Stephenson A，et al. 2018. Measuring and forecasting the volatility of USD/CNY exchange rate with multi-fractal theory[J]. Soft Computing，22：5395-5406.

Sun S L，Qiao H，Wei Y J，et al. 2017. A new dynamic integrated approach for wind speed forecasting[J]. Applied Energy，197：151-162.

Sun S L，Sun Y Y，Wang S Y，et al. 2018a. Interval decomposition ensemble approach for crude oil price forecasting[J]. Energy Economics，76：274-287.

Sun S L，Wang S Y，Wei Y J，et al. 2018b. A clustering-based nonlinear ensemble approach for exchange rates forecasting[J]. IEEE Transactions on Systems，Man，and Cybernetics：Systems，（99）：1-9.

Sun S L，Wang S Y，Wei Y J. 2018c. A new multiscale decomposition ensemble approach for forecasting exchange rates[J]. Economic Modelling，81：49-58.

Sun S L，Wang S Y，Zhang G W，et al. 2018d. A decomposition-clustering-ensemble learning approach for solar radiation forecasting[J]. Solar Energy，163：189-199.

Sun S L，Wei Y J，Tsui K L，et al. 2019. Forecasting tourist arrivals with machine learning and internet search index[J]. Tourism Management，70：1-10.

Suykens J A K，Vandewalle J. 1999. Least squares support vector machine classifiers[J]. Neural Processing Letters，9（3）：293-300.

Takens F. 1981. Detecting Strange Attractors in Turbulence[M]. Berlin：Springer-Verlag.

Tang L，Dai W，Yu L，et al. 2015. A novel CEEMD-based EELM ensemble learning paradigm for crude oil price forecasting[J]. International Journal of Information Technology & Decision Making，14（1）：141-169.

Tang L，Yu L，Wang S，et al. 2012. A novel hybrid ensemble learning paradigm for nuclear energy consumption forecasting[J]. Applied Energy，93：432-443.

Taylor A M. 2002. A century of purchasing-power parity[J]. Review of Economics and Statistics，84（1）：139-150.

Taylor M P. 1995. The economics of exchange rates[J]. Journal of Economic Literature，33（1）：13-47.

Taylor M P. 2003. Purchasing power parity[J]. Review of International Economics，11（3）：436-452.

Taylor M P，Sarno L. 1998. The behavior of real exchange rates during the post-Bretton Woods period[J]. Journal of International Economics，46（2）：281-312.

Tetlock P C. 2007. Giving content to investor sentiment：The role of media in the stock market[J]. The Journal of Finance，62（3）：1139-1168.

Thakur M，Kumar D. 2018. A hybrid financial trading support system using multi-category classifiers and random forest[J]. Applied Soft Computing，67：337-349.

Thomson M E，Pollock A C，Gönül M S，et al. 2013. Effects of trend strength and direction on performance and consistency in judgmental exchange rate forecasting[J]. International Journal of Forecasting, 29（2）: 337-353.

Tian X, Liu L, Lai K K, et al. 2013. Analysis and forecasting of port logistics using TEI@I methodology[J]. Transportation Planning and Technology, 36（8）: 685-702.

Tsai M F, Wang C J. 2017. On the risk prediction and analysis of soft information in finance reports[J]. European Journal of Operational Research, 257（1）: 243-250.

Tseng F M, Tzeng G H, Yu H C, et al. 2001. Fuzzy ARIMA model for forecasting the foreign exchange market[J]. Fuzzy Sets and Systems, 118（1）: 9-19.

van Gestel T, Espinoza M, Baesens B, et al. 2006. A Bayesian nonlinear support vector machine error correction model[J]. Journal of Forecasting, 25（2）: 77-100.

Vesanto J, Alhoniemi E. 2000. Clustering of the self-organizing map[J]. IEEE Transactions on Neural Networks, 11（3）: 586-600.

Vilasuso J. 2002. Forecasting exchange rate volatility[J]. Economics Letters, 76（1）: 59-64.

Vosen S, Schmidt T. 2011. Forecasting private consumption: survey-based indicators vs. Google trends[J]. Journal of Forecasting, 30（6）: 565-578.

Vozlyublennaia N. 2014. Investor attention, index performance, and return predictability[J]. Journal of Banking & Finance, 41: 17-35.

Wang J, Athanasopoulos G, Hyndman R J, et al. 2018b. Crude oil price forecasting based on internet concern using an extreme learning machine[J]. International Journal of Forecasting, 34（4）: 665-677.

Wang J, Wang J. 2017. Forecasting stochastic neural network based on financial empirical mode decomposition[J]. Neural Networks, 90: 8-20.

Wang Q, Xu W, Zheng H. 2018a. Combining the wisdom of crowds and technical analysis for financial market prediction using deep random subspace ensembles[J]. Neurocomputing, 299: 51-61.

Wang S Y. 2004. TEI@I: A new methodology for studying complex systems[R]//The International Workshop on Complexity Science, Tsukuba, Japan.

Wang S Y, Yu L, Lai K K. 2005. Crude oil price forecasting with TEI@I methodology[J]. Journal of Systems Science and Complexity, 18（2）: 145-166.

Wang S Y, Yu L, Tang L, et al. 2011. A novel seasonal decomposition based least squares support vector regression ensemble learning approach for hydropower consumption forecasting in China[J]. Energy, 36（11）: 6542-6554.

Wang Y, Liu L, Ma F, et al. 2016. What the investors need to know about forecasting oil futures return volatility[J]. Energy Economics, 57: 128-139.

Wang Y, Zhang B, Diao X, et al. 2015. Commodity price changes and the predictability of economic policy uncertainty[J]. Economics Letters, 127: 39-42.

Wei Y J, Sun S L, Lai K K, et al. 2018. A KELM-based ensemble learning approach for exchange rate forecasting[J]. Journal of Systems Science and Information, 6（4）: 289-301.

Wei Y J, Sun S L, Ma J, et al. 2019. A decomposition clustering ensemble learning approach for forecasting foreign exchange rates[J]. Journal of Management Science and Engineering, 4（1）: 45-54.

West K D, Cho D. 1995. The predictive ability of several models of exchange rate volatility[J]. Journal of Econometrics, 69（2）: 367-391.

Winkler R L, Clemen R T. 1992. Sensitivity of weights in combining forecasts[J]. Operations Research, 40（3）: 609-614.

Wolff C C P. 1987. Time-varying parameters and the out-of-sample forecasting performance of structural exchange rate models[J]. Journal of Business & Economic Statistics, 5（1）: 87-97.

Wright J H. 2008. Bayesian model averaging and exchange rate forecasts[J]. Journal of Econometrics, 146（2）: 329-341.

Wu L, Brynjolfsson E. 2015. The future of prediction: how Google searches foreshadow housing prices and sales[C]//Goldfarb A, Greenstein S M, Tucker C E. Economic Analysis of the Digital Economy. Chicago: University of Chicago Press: 89-118.

Wu Z, Huang N E. 2009. Ensemble empirical mode decomposition: a noise-assisted data analysis method[J]. Advances in Adaptive Data Analysis, 1（1）: 1-41.

Xie T, Yang Z, Yang S, et al. 2014. Correlation between reported human infection with avian influenza A H7N9 virus and cyber user awareness: what can we learn from digital epidemiology? [J]. International Journal of Infectious Diseases, 22: 1-3.

Xiong T, Li C, Bao Y. 2017. Interval-valued time series forecasting using a novel hybrid Holt[I] and MSVR model[J]. Economic Modelling, 60: 11-23.

Yang A C, Huang N E, Peng C K, et al. 2010. Do seasons have an influence on the incidence of depression? The use of an internet search engine query data as a proxy of human affect[J]. PloS One, 5（10）: e13728.

Yang H L, Lin H C. 2017. Applying the hybrid model of EMD, PSR, and ELM to exchange rates forecasting[J]. Computational Economics, 49（1）: 99-116.

Yang L, Cai X J, Hamori S. 2017. Does the crude oil price influence the exchange rates of oil-importing and oil-exporting countries differently? A wavelet coherence analysis[J]. International Review of Economics & Finance, 49: 536-547.

Yao J, Tan C L. 2000. A case study on using neural networks to perform technical forecasting of Forex[J]. Neurocomputing, 34（1/4）: 79-98.

Yu L, Dai W, Tang L. 2016. A novel decomposition ensemble model with extended extreme learning machine for crude oil price forecasting[J]. Engineering Applications of Artificial Intelligence, 47: 110-121.

Yu L, Lai K K, Wang S Y. 2008a. Multistage RBF neural network ensemble learning for exchange rates forecasting[J]. Neurocomputing, 71（16/18）: 3295-3302.

Yu L, Wang S Y, Lai K K. 2005a. A novel nonlinear ensemble forecasting model incorporating GLAR and ANN for foreign exchange rates[J]. Computers & Operations Research, 32（10）: 2523-2541.

Yu L, Wang S Y, Lai K K. 2005b. A rough-set-refined text mining approach for crude oil market tendency forecasting[J]. International Journal of Knowledge and Systems Sciences, 2(1): 33-46.

Yu L, Wang S Y, Lai K K. 2008b. Forecasting crude oil price with an EMD-based neural network ensemble learning paradigm[J]. Energy Economics, 30（5）: 2623-2635.

Yu L, Wang S Y, Lai K K. 2010. Foreign-Exchange-Rate Forecasting with Artificial Neural Networks[M]. Berlin: Springer-Verlag.

Yu L, Wang S, Lai K K. 2009. A neural-network-based nonlinear meta-modeling approach to financial time series forecasting[J]. Applied Soft Computing, 9（2）: 563-574.

Yu L, Wang Z, Tang L. 2015. A decomposition-ensemble model with data-characteristic-driven reconstruction for crude oil price forecasting[J]. Applied Energy, 156: 251-267.

Yu L, Yang Z, Tang L. 2018a. Quantile estimators with orthogonal pinball loss function[J]. Journal of Forecasting, 37（3）: 401-417.

Yu L, Zhao Y, Tang L, et al. 2019. Online big data-driven oil consumption forecasting with Google trends[J]. International Journal of Forecasting, 35（1）: 213-223.

Yu L, Zhao Y, Tang L. 2014. A compressed sensing based AI learning paradigm for crude oil price forecasting[J]. Energy Economics, 46: 236-245.

Yu L, Zhao Y, Tang L. 2017. Ensemble forecasting for complex time series using sparse representation and neural networks[J]. Journal of Forecasting, 36（2）: 122-138.

Yu L, Zhou R, Tang L, et al. 2018b. A DBN-based resampling SVM ensemble learning paradigm for credit classification with imbalanced data[J]. Applied Soft Computing, 69: 192-202.

Yuan Q, Nsoesie E O, Lv B, et al. 2013. Monitoring influenza epidemics in China with search query from Baidu[J]. PloS One, 8（5）: e64323.

Yuan Y. 2013. Forecasting the movement direction of exchange rate with polynomial smooth support vector machine[J]. Mathematical and Computer Modelling, 57（3/4）: 932-944.

Zhang G P. 2003. Time series forecasting using a hybrid ARIMA and neural network model[J]. Neurocomputing, 50: 159-175.

Zhang G P. 2007. A neural network ensemble method with jittered training data for time series forecasting[J]. Information Sciences, 177（23）: 5329-5346.

Zhang G P, Berardi V L. 2001. Time series forecasting with neural network ensembles: an application for exchange rate prediction[J]. Journal of the Operational Research Society, 52（6）: 652-664.

Zhang G P, Kline D M. 2007. Quarterly time-series forecasting with neural networks[J]. IEEE Transactions on Neural Networks, 18（6）: 1800-1814.

Zhang G P, Patuwo B E, Hu M Y. 2001. A simulation study of artificial neural networks for nonlinear time-series forecasting[J]. Computers & Operations Research, 28（4）: 381-396.

Zhang G P, Qi M. 2005. Neural network forecasting for seasonal and trend time series[J]. European Journal of Operational Research, 160（2）: 501-514.

Zhang G Q, Hu M Y. 1998. Neural network forecasting of the British pound/US dollar exchange rate[J]. Omega, 26（4）: 495-506.

Zhang G Q, Patuwo B E, Hu M Y. 1998. Forecasting with artificial neural networks: the state of the art[J]. International Journal of Forecasting, 14（1）: 35-62.

Zhang H J, Dufour J M, Galbraith J W. 2016. Exchange rates and commodity prices: measuring causality at multiple horizons[J]. Journal of Empirical Finance, 36: 100-120.

Zhang J L, Zhang Y J, Zhang L. 2015. A novel hybrid method for crude oil price forecasting[J]. Energy Economics, 49: 649-659.

Zhang X, Lai K K, Wang S Y. 2008. A new approach for crude oil price analysis based on empirical mode decomposition[J]. Energy Economics, 30（3）: 905-918.

Zhang Y Q, Wan X. 2007. Statistical fuzzy interval neural networks for currency exchange rate time series prediction[J]. Applied Soft Computing, 7（4）: 1149-1156.

Zhao Y, Stasinakis C, Sermpinis G, et al. 2018. Neural network copula portfolio optimization for exchange traded funds[J]. Quantitative Finance, 18（5）: 761-775.

Zheng J, Fu X, Zhang G. 2017. Research on exchange rate forecasting based on deep belief network[J]. Neural Computing and Applications, 31（S1）: 573-582.

Zorzi M C, Kolasa M, Rubaszek M. 2017. Exchange rate forecasting with DSGE models[J]. Journal of International Economics, 107: 127-146.